中国光学事业的基石
之江传

陈崇斌 ◎ 著

科学家学术成长资料采集工程
科学院院士传记丛书

1930年	1949年	1956年	1961年	1964年	1965年	1984年	1991年
出生于浙江杭州	考入大连大学工学院	提出高级像差理论	成功研制中国第一台红宝石激光器	领导开展"640-3"工程激光反导探索	出版《光学设计理论基础》	任上海光机所所长	当选为中国科学院院士

老科学家学术成长资料采集工程
中国科学院院士传记丛书

中国光学事业的基石

王之江传

陈崇斌◎著

中国科学技术出版社
·北京·

图书在版编目（CIP）数据

中国光学事业的基石：王之江传 / 陈崇斌著 . -- 北京：中国科学技术出版社，2024.5
（老科学家学术成长资料采集工程丛书 . 中国科学院院士传记丛书）
ISBN 978-7-5236-0596-7

Ⅰ.①中… Ⅱ.①陈… Ⅲ.①王之江 – 传记 Ⅳ.① K826.11

中国国家版本馆 CIP 数据核字（2024）第 067308 号

责任编辑	何红哲	
责任校对	焦　宁	
责任印制	徐　飞	
版式设计	中文天地	

出　　版	中国科学技术出版社
发　　行	中国科学技术出版社有限公司发行部
地　　址	北京市海淀区中关村南大街 16 号
邮　　编	100081
发行电话	010-62173865
传　　真	010-62173081
网　　址	http://www.cspbooks.com.cn

开　　本	787mm×1092mm　1/16
字　　数	313 千字
印　　张	20.25
彩　　插	2
版　　次	2024 年 5 月第 1 版
印　　次	2024 年 5 月第 1 次印刷
印　　刷	北京顶佳世纪印刷有限公司
书　　号	ISBN 978-7-5236-0596-7 / K・386
定　　价	139.00 元

（凡购买本社图书，如有缺页、倒页、脱页者，本社发行部负责调换）

老科学家学术成长资料采集工程专家委员会

主　任：韩启德

委　员：（以姓氏拼音为序）

　　　　陈佳洱　方　新　傅志寰　李静海　刘　旭
　　　　齐　让　王进展　王礼恒　赵沁平

老科学家学术成长资料采集工程丛书组织机构

特邀顾问（以姓氏拼音为序）

　　樊洪亚　方　新　谢克昌

编 委 会

主　编：老科学家学术成长资料采集工程领导小组办公室

编　委：（以姓氏拼音为序）

　　　　艾素珍　陈维成　定宜庄　董庆九　胡化凯
　　　　胡宗刚　吕瑞花　孟令耘　潘晓山　秦德继
　　　　阮　草　谭华霖　王扬宗　熊卫民　姚　力
　　　　张大庆　张　剑　张　藜　周德进

编委会办公室

主　任：董　阳　董亚峥

副主任：韩　颖

成　员：（以姓氏拼音为序）

　　　　高文静　胡艳红　李　梅　刘如溪　罗兴波
　　　　王传超　张珩旭　张佳静

老科学家学术成长资料采集工程简介

老科学家学术成长资料采集工程（以下简称"采集工程"）是根据国务院领导同志的指示精神，由国家科教领导小组于2010年正式启动，中国科协牵头，联合中组部、教育部、科技部、工信部、财政部、文化部、国资委、解放军总政治部、中国科学院、中国工程院、国家自然科学基金委员会等11部委共同实施的一项抢救性工程，旨在通过实物采集、口述访谈、录音录像等方法，把反映老科学家学术成长历程的关键事件、重要节点、师承关系等各方面的资料保存下来，为深入研究科技人才成长规律，宣传优秀科技人物提供第一手资料和原始素材。

采集工程是一项开创性工作。为确保采集工作规范科学，启动之初即成立了由中国科协主要领导任组长、12个部委分管领导任成员的领导小组，负责采集工程的宏观指导和重要政策措施制定，同时成立领导小组专家委员会负责采集原则确定、采集名单审定和学术咨询，委托科学史学者承担学术指导与组织工作，建立专门的馆藏基地确保采集资料的永久性收藏和提供使用，并研究制定了《采集工作流程》《采集工作规范》等一系列基础文件，作为采集人员的工作指南。截至2021年8月，采集工程已启动592位科学家的学术成长资料采集项目，获得实物原件资料132922件、数字化资料318092件、视频资料443783分钟、音频资料527093分钟，具有重要的史料价值。

采集工程的成果目前主要有三种体现形式，一是建设"中国科学家博物馆网络版"，提供学术研究和弘扬科学精神、宣传科学家之用；二是编辑制作科学家专题资料片系列，以视频形式播出；三是研究撰写客观反映老科学家学术成长经历的研究报告，以学术传记的形式，与中国科学院、中国工程院联合出版。随着采集工程的不断拓展和深入，将有更多形式的采集成果问世，为社会公众了解老科学家的感人事迹，探索科技人才成长规律，研究中国科技事业的发展历程提供客观翔实的史料支撑。

总序一

中国科学技术协会主席 韩启德

老科学家是共和国建设的重要参与者，也是新中国科技发展历史的亲历者和见证者，他们的学术成长历程生动反映了近现代中国科技事业与科技教育的进展，本身就是新中国科技发展历史的重要组成部分。针对近年来老科学家相继辞世、学术成长资料大量散失的突出问题，中国科协于2009年向国务院提出抢救老科学家学术成长资料的建议，受到国务院领导同志的高度重视和充分肯定，并明确责成中国科协牵头，联合相关部门共同组织实施。根据国务院批复的《老科学家学术成长资料采集工程实施方案》，中国科协联合中组部、教育部、科技部、工业和信息化部、财政部、文化部、国资委、解放军总政治部、中国科学院、中国工程院、国家自然科学基金委员会等11部委共同组成领导小组，从2010年开始组织实施老科学家学术成长资料采集工程。

老科学家学术成长资料采集是一项系统工程，通过文献与口述资料的搜集和整理、录音录像、实物采集等形式，把反映老科学家求学历程、师承关系、科研活动、学术成就等学术成长中关键节点和重要事件的口述资料、实物资料和音像资料完整系统地保存下来，对于充实新中国科技发展的历史文献，理清我国科技界学术传承脉络，探索我国科技发展规律和科技人才成长规律，弘扬我国科技工作者求真务实、无私奉献的精神，在全社会营造爱科学、学科学、用科学的良好氛围，是一件很有意义的事情。采集工程把重点放在年龄在80岁以上、学术成长经历丰富的两院院士，以及虽然不是两院院士、但在我国科技事业发展中作出突出贡献的老科技工作者，充分体现了党和国家对老科学家的关心和爱护。

自2010年启动实施以来，采集工程以对历史负责、对国家负责、对科技事业负责的精神，开展了一系列工作，获得大量反映老科学家学术成长历程的文字资料、实物资料和音视频资料，其中有一些资料具有很高的史料价值和学术价值，弥足珍贵。

以传记丛书的形式把采集工程的成果展现给社会公众，是采集工程的目标之一，也是社会各界的共同期待。在我看来，这些传记丛书大都是在充分挖掘档案和书信等各种文献资料、与口述访谈相互印证校核、严密考证的基础之上形成的，内中还有许多很有价值的照片、手稿影印件等珍贵图片，基本做到了图文并茂，语言生动，既体现了历史的鲜活，又立体化地刻画了人物，较好地实现了真实性、专业性、可读性的有机统一。通过这套传记丛书，学者能够获得更加丰富扎实的文献依据，公众能够更加系统深入地了解老一辈科学家的成就、贡献、经历和品格，青少年可以更真实地了解科学家、了解科技活动，进而充分激发对科学家职业的浓厚兴趣。

借此机会，向所有接受采集的老科学家及其亲属朋友，向参与采集工程的工作人员和单位，表示衷心感谢。真诚希望这套丛书能够得到学术界的认可和读者的喜爱，希望采集工程能够得到更广泛的关注和支持。我期待并相信，随着时间的流逝，采集工程的成果将以更加丰富多样的形式呈现给社会公众，采集工程的意义也将越来越彰显于天下。

是为序。

总序二

中国科学院院长　白春礼

　　由国家科教领导小组直接启动，中国科学技术协会和中国科学院等12个部门和单位共同组织实施的老科学家学术成长资料采集工程，是国务院交办的一项重要任务，也是中国科技界的一件大事。值此采集工程传记丛书出版之际，我向采集工程的顺利实施表示热烈祝贺，向参与采集工程的老科学家和工作人员表示衷心感谢！

　　按照国务院批准实施的《老科学家学术成长资料采集工程实施方案》，开展这一工作的主要目的就是要通过录音录像、实物采集等多种方式，把反映老科学家学术成长历史的重要资料保存下来，丰富新中国科技发展的历史资料，推动形成新中国的学术传统，激发科技工作者的创新热情和创造活力，在全社会营造爱科学、学科学、用科学的良好氛围。通过实施采集工程，系统搜集、整理反映这些老科学家学术成长历程的关键事件、重要节点、学术传承关系等的各类文献、实物和音视频资料，并结合不同时期的社会发展和国际相关学科领域的发展背景加以梳理和研究，不仅有利于深入了解新中国科学发展的进程特别是老科学家所在学科的发展脉络，而且有利于发现老科学家成长成才中的关键人物、关键事件、关键因素，探索和把握高层次人才培养规律和创新人才成长规律，更有利于理清我国科技界学术传承脉络，深入了解我国科学传统的形成过程，在全社会范围内宣传弘扬老科学家的科学思想、卓越贡献和高尚品质，推动社会主义科学文化和创新文化建设。从这个意义上说，采集工程不仅是一项文化工程，更是一项严肃认真的学术建设工作。

中国科学院是科技事业的国家队，也是凝聚和团结广大院士的大家庭。早在1955年，中国科学院选举产生了第一批学部委员，1993年国务院决定中国科学院学部委员改称中国科学院院士。半个多世纪以来，从学部委员到院士，经历了一个艰难的制度化进程，在我国科学事业发展史上书写了浓墨重彩的一笔。在目前已接受采集的老科学家中，有很大一部分即是上个世纪80、90年代当选的中国科学院学部委员、院士，其中既有学科领域的奠基人和开拓者，也有作出过重大科学成就的著名科学家，更有毕生在专门学科领域默默耕耘的一流学者。作为声誉卓著的学术带头人，他们以发展科技、服务国家、造福人民为己任，求真务实、开拓创新，为我国经济建设、社会发展、科技进步和国家安全作出了重要贡献；作为杰出的科学教育家，他们着力培养、大力提携青年人才，在弘扬科学精神、倡树科学理念方面书写了可歌可泣的光辉篇章。他们的学术成就和成长经历既是新中国科技发展的一个缩影，也是国家和社会的宝贵财富。通过采集工程为老科学家树碑立传，不仅对老科学家们的成就和贡献是一份肯定和安慰，也使我们多年的夙愿得偿！

鲁迅说过，"跨过那站着的前人"。过去的辉煌历史是老一辈科学家铸就的，新的历史篇章需要我们来谱写。衷心希望广大科技工作者能够通过"采集工程"的这套老科学家传记丛书和院士丛书等类似著作，深入具体地了解和学习老一辈科学家学术成长历程中的感人事迹和优秀品质；继承和弘扬老一辈科学家求真务实、勇于创新的科学精神，不畏艰险、勇攀高峰的探索精神，团结协作、淡泊名利的团队精神，报效祖国、服务社会的奉献精神，在推动科技发展和创新型国家建设的广阔道路上取得更辉煌的成绩。

总序三

中国工程院院长　周　济

由中国科协联合相关部门共同组织实施的老科学家学术成长资料采集工程，是一项经国务院批准开展的弘扬老一辈科技专家崇高精神、加强科学道德建设的重要工作，也是我国科技界的共同责任。中国工程院作为采集工程领导小组的成员单位，能够直接参与此项工作，深感责任重大、意义非凡。

在新的历史时期，科学技术作为第一生产力，已经日益成为经济社会发展的主要驱动力。科技工作者作为先进生产力的开拓者和先进文化的传播者，在推动科学技术进步和科技事业发展方面发挥着关键的决定的作用。

新中国成立以来，特别是改革开放30多年来，我们国家的工程科技取得了伟大的历史性成就，为祖国的现代化事业作出了巨大的历史性贡献。两弹一星、三峡工程、高速铁路、载人航天、杂交水稻、载人深潜、超级计算机……一项项重大工程为社会主义事业的蓬勃发展和祖国富强书写了浓墨重彩的篇章。

这些伟大的重大工程成就，凝聚和倾注了以钱学森、朱光亚、周光召、侯祥麟、袁隆平等为代表的一代又一代科技专家们的心血和智慧。他们克服重重困难，攻克无数技术难关，潜心开展科技研究，致力推动创新发展，为实现我国工程科技水平大幅提升和国家综合实力显著增强作出了杰出贡献。他们热爱祖国，忠于人民，自觉把个人事业融入到国家建设大局之中，为实现国家富强而不断奋斗；他们求真务实，勇于创新，用科技为中华民族的伟大复兴铸就了辉煌；他们治学严谨，鞠躬尽瘁，具有崇高的科学精神和科学道德，是我们后代学习的楷模。科学家们的一生是一本珍贵的教科书，他们坚定的理想信念和淡泊名利的崇高品格是中华民族自强不息精神的宝贵财富，永远值得后人铭记和敬仰。

通过实施采集工程，把反映老科学家学术成长经历的重要文字资料、实物资料和音像资料保存下来，把他们卓越的技术成就和可贵的精神品质记录下来，并编辑出版他们的学术传记，对于进一步宣传他们为我国科技发展和民族进步作出的不朽功勋，引导青年科技工作者学习继承他们的可贵精神和优秀品质，不断攀登世界科技高峰，推动在全社会弘扬科学精神，营造爱科学、讲科学、学科学、用科学的良好氛围，无疑有着十分重要的意义。

中国工程院是我国工程科技界的最高荣誉性、咨询性学术机构，集中了一大批成就卓著、德高望重的老科技专家。以各种形式把他们的学术成长经历留存下来，为后人提供启迪，为社会提供借鉴，为共和国的科技发展留下一份珍贵资料。这是我们的愿望和责任，也是科技界和全社会的共同期待。

周济

序 一

我在不同时期的大风大浪中度过了90多年，现在回头看看，真是十分幸运。1952年，我进入中国科学院长春光学精密机械与物理研究所，当时正值国家的第一个五年计划，到处百废待兴，我有幸接触各种光学问题，从而引发思考和学习，并在完成各种课题的过程中逐渐成长，得益于多年以来一起工作的老同事、老朋友们的帮助和支持，以及当年中国科学院党组和所党委的保护，使我在大风浪中没有沉没。

我们的激光研究并不值得赞扬，因为它并非首创，不过是选择了一个好方向并幸运地实现了。当时分析，传统光学有许多目标不能实现，是光不能放大之故，而激光将会把光学面貌大大改变。这个分析和激光出现后的实际情况还是符合的。

现在年轻一代的工作条件比我们当年要好得多，希望你们好好学习，独立思考，多作贡献。中国虽比当年强盛得多，但是从根本上看，还很落后。我们用来认识世界的自然科学，比如数学、物理、化学、生物学等，几乎完全是外国人创立的。从衣食住行到通信，生活上的各种新技术也几乎是外国人发明的，我们的创造发明对人类的影响太小了。

希望年轻一代敢为天下先，用中国的创造发明推进人类社会向前更进一步。

2022 年 10 月 9 日

序 二

2021年，中国激光事业刚刚走过了一甲子；再过两年，因激光而诞生的中国科学院上海光学精密机械研究所（简称上海光机所）也即将迎来甲子之年。在两个甲子的交汇之年，《中国光学事业的基石：王之江传》的出版具有重要而特殊的意义。

以王之江院士为代表的科学家发明了中国第一台激光器，开辟了中国激光科技事业，占领并保持了中国在激光领域科技竞争中的重要地位。时至今日，激光已经成为具有极强渗透能力和孵化能力的战略支撑技术，正在加深与其他技术和应用的融合，为我们认识与改造世界提供了前所未有的新工具、新手段，并正在改变信息通信、能源环境、智能制造、医疗健康、航空航天、国防安全等多个领域。在科技成为第一生产力的今天，我们通过本传记回望前辈们来时的路，从王之江院士艰苦而坚定、求真亦求实的科研生涯中汲取力量，勇于承担高水平科技自立自强使命，开拓激光事业新一甲子的历史征程。

本书详细记录了王之江院士这位战略科学家的成长路径，具体阐述了王之江院士在光学领域卓越的学术成就与贡献，值得青年们尤其是科研青年们认真研读与借鉴。王之江院士敏锐的科学判断力和前瞻的战略眼光源自其开阔深邃的学术思维、独立创新的科学方法、植根于深处的爱国情怀。高山仰止，我自回国来到上海光机所就一直保持着和王之江院士的紧密联络，他身上闪耀着的科学家精神，也正是我们近年来挖掘并弘扬的"上光精神"的写照。

绳锯木断，水滴石穿。科研工作不是简单的重复劳动，而是在复杂多变和不完全确定的环境下完全依靠自己的知识和智慧进行创造性工作，推动科技进步和理论创新。王之江院士用一辈子的时光坚守着自己科技报国的人生信仰，年华朝复暮，逐光人不老！祝王院士身体康健、松柏常青！

中国科学院上海光学精密机械研究所所长

2022 年 11 月 26 日

王之江

2018年11月9日，陈崇斌（左二）与王之江院士（左三）、何绍康（左一）、高瑞昌（左四）合影

2019年11月6日，陈崇斌（右）访谈王之江院士（左）时合影

目 录

老科学家学术成长资料采集工程简介

总序一 ··韩启德

总序二 ··白春礼

总序三 ··周　济

序一 ··王之江

序二 ··陈卫标

导言 ···1

| 第一章 | 敬业父亲升厂长　懵懂少年变学霸 ···················· 11
　　　敬业的父亲 ···12

    懵懂少年 …………………………………………… 14
    省立常州中学学霸 ……………………………… 17

| 第二章 | 心向东北解放区　求学大连工学院 …………… 23

    心向解放区 ……………………………………… 23
    博览马列与科技经典 …………………………… 26
    转学应用物理系 ………………………………… 29
    应用物理系老师们的教诲 ……………………… 32

| 第三章 | 潜心光学设计　创新像差理论 ………………… 37

    为了国家需要去做不喜欢的工作——光学设计 ………… 37
    自学光学设计理论 ……………………………… 41
    仿制、自行设计与修复光学仪器 ……………… 45
    理论创新——高级像差理论的形成 …………… 47
    光学设计工作得到严济慈的赞赏 ……………… 49

| 第四章 | 楔入"肃反""反右"，初品跌宕人生 ……………… 51

    成为"肃反"对象 ……………………………… 51
    连累新婚妻子丢了"党票" …………………… 52
    获评八级助研和"吉林省先进工作者" ……… 54
    没戴帽子的"右派" …………………………… 57

| 第五章 | 奠定应用光学发展根基　突破国防光学"要害技术" … 60

    开办光学设计培训班 …………………………… 61
    "大跃进"运动中的先进典型 ………………… 66
    诊断"60号"任务光学设计失败的原因 …… 71

设计"150工程"的光学系统 ································ 74
奠定中国应用光学发展根基 ································ 80

第六章 研制红宝石激光器　开创中国激光事业 ································ 88

研究激光——"大跃进"运动中的"黑题目" ················ 89
制定红宝石激光器的实验方案 ···························· 93
加工红宝石激光器器件 ·································· 96
红宝石激光器成功出光 ·································· 99
提高激光器装置性能 ··································· 101
公开第一台红宝石激光器研究成果 ······················· 104

第七章 筹建上海光机所　开展激光反导探索 ································ 107

筹建上海光机所 ······································· 108
接受"640-3"工程——激光反导任务 ····················· 111
提高激光输出能量 ····································· 114
超前提出高能激光的亮度指标 ··························· 118
提高激光亮度与打靶实验 ······························· 122
力主终止"640-3"工程 ································· 125

第八章 历尽艰难磨难　实现入党夙愿 ································ 131

"反动学术权威" ······································· 131
被抄家 ··· 132
遭受"特务"嫌疑审查 ··································· 135
重返科研岗位 ··· 136
光荣入党 ··· 137

第九章 结交国际学术同行　建言光学发展大计 ……………… 141

- 让五星红旗登上了外文期刊封面 …………………………… 141
- 主持中国加入国际光学学术组织活动 ……………………… 144
- 起草、制订强激光研究计划 ………………………………… 150
- 指导"863-410"强激光主题探索 …………………………… 152
- 建议建立专利制度 …………………………………………… 155
- 主持制订光电子发展战略规划 ……………………………… 158

第十章 紧跟国际发展趋势　开拓光学前沿研究 ……………… 161

- 编写光学设计计算机程序 …………………………………… 161
- 开展光信息处理与光计算研究 ……………………………… 164
- 研制光刻机 …………………………………………………… 168
- 研制自由电子激光器 ………………………………………… 174
- 开展激光分离同位素研究 …………………………………… 181

第十一章 走上所长岗位　主持发展大局 ……………………… 189

- 坚持基础研究　反对研究所产业化 ………………………… 189
- 规范所务管理 ………………………………………………… 195
- 加强研究生培养 ……………………………………………… 200
- 推动上海激光技术研究所改革 ……………………………… 204

第十二章 推进激光实用化　再讲光学设计课 ………………… 211

- 开展半导体激光泵浦光纤激光器研究 ……………………… 211
- 兼任大族激光副董事长、总工程师 ………………………… 217
- 再讲光学设计课 ……………………………………………… 221

| 第十三章 | 言传身教育子女　儿孙满堂享天伦 ·················· 225

  指导子女读书 ··· 225
  助力长子成为激光专家 ··· 228
  乐享天伦 ·· 231

| 结　语 | ··· 234

  名师指教　奠定成才基础 ··· 234
  国家需求　提供成才动力 ··· 236
  善思笃行　成就独特科研品质 ·· 238
  开拓创新　奠定中国光学事业基石 ·································· 241

| 附录一　王之江年表 ·· 244

| 附录二　王之江主要论著目录 ··· 267

| 参考文献 ·· 284

| 后　记 ·· 293

图片目录

图 1-1　1957 年王之江与家人合影照 ················· 11
图 1-2　王之江的父亲王翼初 ······················ 12
图 1-3　王之江的中学照 ························ 15
图 1-4　王之江在常州中学时的成绩单 ················· 17
图 1-5　2007 年王之江回母校作报告 ·················· 21
图 1-6　2007 年王之江为常州中学题词 ················· 21
图 2-1　王之江在大连工学院的毕业照 ················· 27
图 2-2　王之江在大连工学院时的成绩单 ················ 31
图 2-3　大连工学院首届毕业生合影 ·················· 33
图 3-1　20 世纪 50 年代王之江在长春时的照片 ············ 39
图 3-2　王之江高级像差理论手稿 ··················· 48
图 3-3　1959 年王之江编写的光学设计培训班讲义 ··········· 48
图 4-1　1984 年王之江与妻子顾美玲游玩照 ·············· 53
图 4-2　王之江与王大珩合影 ····················· 55
图 4-3　王之江 1981 年在长春光机所 ················· 56
图 4-4　王之江与姚骏恩 ························ 58
图 5-1　1956 年光学设计组合影 ··················· 62
图 5-2　《光学设计理论基础》封面 ·················· 65
图 5-3　多倍投影仪 ·························· 70
图 5-4　高温金相显微镜 ························ 70
图 5-5　1978 年多倍投影仪获吉林省重大科技成果奖 ········· 70
图 5-6　"150-1" 大型电影经纬仪 ··················· 76
图 5-7　王之江等人于 1987 年获得的国家科学技术进步奖特等奖证书 ····· 80
图 6-1　球形照明系统设计手稿 ···················· 95
图 6-2　中国第一台红宝石激光器 ··················· 99

图 6-3	1978年第一台红宝石激光器研究获吉林省重大科技成果奖	106
图 7-1	1965年中国科学院颁发的高能钕玻璃激光器研究奖状	116
图 7-2	高能钕玻璃激光研究获1978年中国科学院重大科技成果奖	126
图 7-3	王之江与张劲夫	127
图 8-1	王之江被评为全国科学大会先进工作者	138
图 9-1	*Laser Focus*期刊1979年第9期封面	142
图 9-2	*Laser Focus*编辑对王之江的访谈摘录	142
图 9-3	1979年王之江在美国亚利桑那大学光学中心与美国学者交谈	143
图 9-4	王之江与诺贝尔奖获得者美国激光科学家布鲁姆伯根	145
图 9-5	王之江与诺贝尔奖获得者苏联科学院院士普罗霍洛夫	145
图 9-6	王之江、唐九华等人参观美国国家航空航天局哥达德航天中心	146
图 9-7	王之江与王大珩等人参加1990年第15届国际光学学会会议	147
图 9-8	1993年王之江参加世界（华人）光学大会	149
图 9-9	1985年王大珩为提高王之江待遇所写的评价签名页	149
图 9-10	1988年哈尔滨"863-410"会议专家合影	153
图 10-1	王之江在家中工作	163
图 10-2	《成像光学》封面	167
图 10-3	王之江在作学术报告	168
图 10-4	I型扫描式投影光刻机	169
图 10-5	I型扫描式投影光刻机获上海市科学技术进步奖一等奖	170
图 10-6	开展极紫外光刻技术研究建议的手稿	172
图 10-7	8毫米波段拉曼自由电子激光器	175
图 10-8	激光分离同位素铜蒸气激光系统	185
图 10-9	激光分离同位素激光合束系统	185
图 10-10	激光分离同位素研究获中国科学院科学技术进步奖一等奖	187
图 11-1	上海光机所历任所长合影	191
图 11-2	上海光机所《规章制度集》封面	196
图 11-3	王之江与上海光机所1985届研究生合影	201
图 11-4	上海激光技术研究所老同事贺王之江90华诞合影照	210
图 12-1	王之江与楼祺洪赴美国参加国际学术会议合影	212
图 12-2	王之江与光纤激光课题组成员合影	214
图 12-3	2005年光纤激光器研究获上海市科学技术进步奖二等奖	215

图 12-4	王之江在指导大族激光研发	218
图 12-5	2004 年 6 月大族激光上市路演董事会合影	218
图 12-6	王之江与母国光、刘颂豪、高云峰等人合影	219
图 12-7	王之江为光学设计讲习班学员授课	222
图 12-8	王之江为学员解答疑难问题	224
图 13-1	阿波罗仪器公司荣获美国 2003 年度光电子领域卓越产品奖	229
图 13-2	王之江荣获 1997 年度何梁何利基金科学与技术进步奖	231
图 13-3	王之江与妻子顾美玲	232
图 13-4	王之江全家合影	233

导　言

　　王之江（1930—　），籍贯江苏省常州市，中国科学院院士。1952年毕业于大连大学工学院应用物理系，1952—1964年在中国科学院长春光学精密机械与物理研究所（简称长春光机所）工作，1964年起在上海光机所工作，曾任上海光机所所长、中国光学学会副理事长等职位。王之江是中国应用光学学科基础理论体系的创立者和应用光学实践的学术带头人，是中国激光科学事业的开创者，为中国光学事业的发展作出了卓越贡献。

　　王之江对中国光学事业的卓越贡献体现在中国应用光学学科体系的建立过程之中。应用光学是以研制光学仪器为目的的一门技术科学，其工作主要分为两个方面：一是通过理论计算与分析确定光学系统的组成，即光学设计；二是依据光学设计通过光学加工、光学检验、机械加工等支撑技术制造出光学仪器。由于现代光学仪器有时由多达数十个光学元件组成，各元件的曲率、厚度、位置等制造光学仪器的依据是通过光学设计的理论分析与计算来确定的，因此，光学设计才是应用光学的核心和灵魂。中国特色的光学设计理论体系，是王之江在大量光学设计实践基础上通过理论创新创立的。

　　1952年，王之江到中国科学院长春仪器馆参加工作后，接受王大珩的指派承担了仪器馆的光学设计工作，先后完成了望远物镜、显微物镜、照相物镜等大量光学系统的设计。在这些光学设计实践的基础上，他于1956年创立了新的高级像差理论，解决了英国、德国两个应用光学学派在高级像差分析方面存在较大缺陷的问题，并由此奠定了中国特色光学设计理论体系的基础。在此基础上，他于1957年面向长春光机所全所，1958年、1959年面向全国各光学机构开设光学设计培训班，为中国培养了第一代专业的光学设计人才。这批人才很快成长为中国光学事业的中坚力量，其中包括中国工程院院士薛鸣球、中国科学院院士母国光（1956年在长春光机所进修时名义上的导师是龚祖同，实际上是在王之江开设的光学设计培训班学习）等杰出人才。在光学设计培训班讲义的基础上，王之江编撰的《光学设计理论基础》于1965年出版发行，该著作的出版标志着中国特色的应用光学理论体系正式形成，至今仍是中国光学设计从业者的重要参考。

王之江对中国应用光学学科发展的贡献还表现在光学设计的具体实践之中。20世纪50年代，王之江完成了多达数百件光学设计，其中包括高温金相显微镜、多倍投影仪、广角长工作距离物镜、大孔径照相物镜、变焦距照相物镜，以及"两弹一星"任务中测定中程导弹飞行轨迹的"150工程"——大型电影经纬仪的光学系统（测量洲际导弹再入大气层飞行轨迹的"远望一号"测量船上的光学系统采用的也是这一设计）等精密光学仪器的光学系统设计，为国家急需精密光学仪器的研制提供了理论基础。

需要指出的是，中国应用光学学科的建立与发展，离不开严济慈、龚祖同、王大珩等老一辈光学家的突出贡献。严济慈在抗日战争时期曾领导研制过一些光学仪器，并培养了一批应用光学人才；龚祖同、王大珩是国民政府为满足国家对军用光学仪器维修和保养的需要而派遣到欧洲专门学习应用光学的光学家，龚祖同曾于1939年完成了中国第一个军用双筒望远镜的光学设计，领导完成了中国第一埚光学玻璃的熔炼等重要工作；王大珩领导建立了中国光学事业的摇篮——长春光机所，培养了中国光学事业的第一代"科班人才"，领导完成了"150工程"等系列国防尖端光学仪器的研制，因贡献特别突出，王大珩有"中国光学之父"之称。但是，中国应用光学学科建立的几个重要标志——中国特色应用光学理论体系的建立、光学设计专业人才队伍的培养、实现象征国防尖端光学仪器"要害技术"突破的"150工程"的光学系统设计等工作都是王之江完成的，王大珩等老一辈光学家的贡献主要体现在技术支撑体系的建立与学科建设的组织方面，因此王之江在中国应用光学学科建立中的贡献丝毫不亚于老一辈光学家，某种程度上来说更为关键，是建成中国应用光学学科"大厦"最重要的基石。

当然，王之江对中国光学事业最具影响的贡献还在于他领导开创了中国的激光科学事业。1961年9月，在世界上第一台红宝石激光器诞生仅1年3个月后，王之江领导实现了中国第一台红宝石激光器的成功运转，标志着中国激光科学事业正式开创。由中国科学家独立开创这样一门学科，在当代中国科学技术发展历史中是极为罕见的。能够在如此短的时间内迅速跟上激光科学的国际发展步伐，王之江创新的物理思想和独特的激光器结构设计发挥了关键作用。

中国第一台红宝石激光器成功运转后，基于激光潜在的军事应用前景，王之江于1964年受命领导开展了进行激光反导探索的"640-3"工程，在长达13年的艰苦探索中，王之江凭借敏锐的科学洞察力为工程开展指引了正确方向，并领导团队创造性解决了激光理论、技术及工艺等一系列问题，将高能钕玻璃激光的输出能量、光束亮度提高到了至今仍是国际学术界已公布数据的最高水平，有力推动了中国激光科学技术整体水平的发展。

20世纪80年代以后，为适应光学的国际发展趋势，王之江领导开展了光信息处理与光计算、光刻机、自由电子激光器、激光分离铀同位素、半导体泵浦光纤激光器等激光与光电子学前沿研究，在激光科学的重大应用研究和基础研究领域都取得了重要成果，其中包括：1985年领导研制出中国第一台拉曼型自由电子激光器，1986年领导研制出中国第一台康普顿型自由电子激光器，引领了中国自由电子激光研究；20世纪80年代领导研制出一系列光刻机设备，其中1985年扫描式投影光刻机的成功研制，为打破美国相关产品对我国技术"禁运"奠定了基础；1990年领导完成国家

"七五"科技攻关项目"激光法分离铀同位素技术研究",研制出一套激光分离铀同位素设备并成功运转,使我国成为国际上少数几个掌握该项技术的国家之一;2000年起在国内积极倡导半导体泵浦光纤激光器研究,促进了中国光纤激光器研究的快速发展;等等。

王之江取得的科学成就获得了学界的广泛认可,他领导完成的科研成果曾获得全国科学大会重大成果奖(2项)、国家科学技术进步奖二等奖(1项)、中国科学院重大科技成果奖(1项)、中国科学院科技进步奖(一等奖1项、二等奖7项、三等奖2项)、中国科学院自然科学奖(二等奖2项、三等奖6项)、吉林省重大科技成果奖(2项)、上海市科技进步奖(一等奖2项、二等奖2项)等。特别需要指出的是,以"150工程"等系列靶场光测设备为主题的"现代国防试验中的动态光学观测及测量技术"项目荣获1985年科学技术进步奖特等奖,王之江凭借他在"150工程"光学系统设计方面的重要贡献也荣获该项奖项。由于贡献突出,1991年王之江被评为中国科学院学部委员(院士),1997年获何梁何利基金科学与技术进步奖。

除了科学研究取得的一系列卓越成就,王之江在长春光机所和上海光机所的建立与发展、科研管理、中外学术交流方面也作出了重要贡献。在中国科学院长春仪器馆初创时期,他在光学设计取得的一系列成果特别是高级像差的理论创新,对仪器馆更名为"光学精密机械仪器研究所"并确定应用光学为研究所的长远发展方向产生了重要影响;他通过培训班培养的中国第一代光学设计人才则为长春光机所的长远发展提供了根本保证。对于上海光机所的建立,他在1963年用红宝石激光器击穿钢片的实验,揭示了激光作为辐射武器的可能性,是国家有关方面决定建立上海光机所的直接原因。在上海光机所的筹建过程中,王之江先后到北京、上海进行红宝石激光器的实验演示、开展学术讲座,促进了中央和上海领导层以及广大民众对激光的深入了解,从而保证了上海光机所筹建工作的顺利开展。在上海光机所建所初期,"两大"(大能量激光、大功率激光)是研究所的主要任务,王之江承担了"两大"之一的大能量激光研究,其研究取得的一系列进展有力促进了上海光机所强激光研究的长远发展。在王之江担任上海光机所所长期间，在中国科学院院属研究所施行产业化改革的大背景下，王之江坚持基础研究方向不动摇，坚持上海光机所的强激光研究方向，奠定了上海光机所长远发展的重要基础；在科技管理方面，他主导建立了领导班子分工负责制和依法治所的管理模式，激发了全所职工的工作积极性，为研究所的科研工作创造了良好氛围。

20世纪80年代以后，王之江非常关注中国光学事业的整体发展，充分利用其敏锐的科学判断力和前瞻性的战略眼光，就基础研究、光电子产业、激光技术成果转化、极紫外光刻技术，以及"863-410"主题等重点发展领域，向国家有关方面提出了一系列促进科技发展的建议，其中包括：1987年向上级部门提交"优先发展基础研究领域的意见"建议，1988年向上级部门提交"发展光电子学的基础研究"建议，1991年主持制订并出版《我国光学与光电子发展战略》报告，2002年向上级部门提交"尽快开展极紫外光刻技术研究"的建议，等等，很多建议时至今日仍具有积极意义和借鉴价值。

20世纪80年代，王之江还在中外学术交流方面作出了重要贡献。1979—1992年，王之江以中国光学学会第一副理事长的身份，积极与国际光学工程学会（SPIE）、国际量子电子学会议（IQEC）、国际光学委员会（ICO）等国际学术组织进行沟通、交流，为中国光学学会加入这些国际学术组织作出了重要贡献，其中1987年8月中国光学学会加入国际光学委员会、1987年11月中国光学学会获得"国际量子电子学特定委员会"资格，这些都是王之江亲身参与、亲自主持完成的。通过广泛的国际学术交流，王之江的学术成就也得到了国际学术界的广泛认可，他本人于1988年被选为美国光学学会特别会员（中国第一位获此荣誉的光学家）、1991年当选为国际光学工程学会特别会员。

回顾王之江的科研生涯，他极不平凡的学术成长经历，对我国当前的科技创新活动和人才培养都极具借鉴意义。由于王之江一生淡泊名利，一直谢绝媒体采访，拒绝为他撰写个人传记，所以虽有《中国科学技术专家传略·理学编·物理学卷·3》《院士思维》《群星璀璨》《常州文史资料　第17辑　常州名人传记5》等少数出版文献刊载过介绍他科研生涯的文献，但由于篇幅较短，并不能全面反映他的学术成长历程。2015年，上海光机所舒美冬等人编撰出版的《王之江科研生涯》，收录了29篇王之江未公开发表的科技论述、政策建议等，并简要阐述了王之江的科研经历，对于了解王之江的科学生涯和科学贡献很有参考价值。尽管以上文献对于我们初步了解王之江的科学贡献是非常有帮助的，但进一步全面收集、整理、分析王之江的学术成长资料，并据此完成一本能够全面反映他学术成长历程和治学特点的传记仍十分必要。2017年年底，经多次沟通，王之江终于同意开展其学术成长资料的采集工作，2019年中国科协正式批准《王之江学术成长资料采集》立项，本传记的撰写工作正式进入资料采集和准备阶段。

为做好王之江学术成长资料的采集工作，课题组多次到外地调研，曾经到过上海、长春、大连、北京、苏州、常州、深圳等地访谈王之江的同事、同学、家人等，采集与王之江有关的档案、著作、手稿、照片等原始史料。经过努力，课题组共采集了王之江的档案、著作、手稿、照片、证书等15类史料1000余件。

在采集的史料中，与王之江有关的档案有150余份。在这些档案中，有科研档案40余份，其中有20世纪50年代王之江提出高级像差理论的原始手稿、1960年设计第一台红宝石激光器照明系统的手稿、1961年撰写的第一台红宝石激光器的实验方案、20世纪80年代激光分离铀同位素研究的相关档案等，这些档案为深入了解王之江的创新科学思想和重要科学成就提供了可靠史料支持。档案中相对多的部分是上海光机所的文书档案，记录了王之江20世纪80年代主持所务活动、参加学术会议、出国交流等大量史实，能够很好地帮助课题组了解那一时期王之江的科学活动。档案中包含两份王之江担任上海光机所所长的述职报告和几份他面向全所科研人员的讲话，真实记录了他对20世纪80年代中国科技体制改革方针的态度与做法，反映了王之江独特的科技管理思想。另外，1972年为王之江落实政策的档案文件"坚持党的原则，排除'左''右'干扰，认真落实党对知识分子政策——关于对副研究员王之江同志的教育情况"和潘君骅院士提供的1967年上海光机所印发的批斗王之江的内部资料"高举毛泽东思想伟

大红旗　彻底批判反动'学术权威'王之江的反动言行"等少数文献，提供了王之江在"肃反""反右""文化大革命"等运动中的很多史实，是撰写王之江传记极其难得的珍贵资料。

除以上科研档案和文书档案外，课题组还查阅了王之江的人事档案，摘录了王之江早年写的几份自传（1949年入学大连大学后写的自传、1952年到长春仪器馆参加工作后写的自传、1955年接受反革命审查时写的自传），以及他1949年加入新民主主义青年团时写的申请书、1979年写的入党申请书，这些文献对于了解王之江早年的求学经历以及在这一时期的思想变化非常有帮助。王之江的人事档案还保存了一份王大珩1985年手写的"王之江在学术上的成就与贡献"的学术评价资料，该史料为客观评价王之江的科学贡献提供了重要参考。

细节是历史的血肉，以上档案虽然提供了王之江学术成长的大量史实，但缺乏记录历史血肉的众多细节，对王之江及其同事、同学、家人进行访谈的口述史料则刚好提供了档案文献所不具备的历史细节。在采集过程中，课题组曾直接访谈王之江本人7次，间接访谈了长春光机所陈星旦院士（同事）、北京理工大学姚骏恩院士（同学）、苏州大学潘君骅院士（同事）、上海光机所姜中宏院士（同事）、大连理工大学吴世法教授（同学）、上海光机所的何绍康、高瑞昌、陈国华等同事、上海激光技术研究所聂宝成（同事）和沈冠群（学生）、大族激光副董事长张建群，以及王之江妻子顾美玲、长子王颖等，获得了极其丰富的口述史料，这些口述史料提供了许多鲜为人知的历史细节。

著作、论文是反映王之江科学成就的重要史料。课题组共采集王之江编撰著作10部，分别是《光学设计理论基础》《谈谈激光科学技术》《成像光学》《光学设计讲义》《光学与光电子学发展战略报告》《光学设计理论基础（第二版）》《光学仪器理论》（译著）、《现代光学应用技术手册》（上下册）、《光学技术手册》（上册）、《光学技术手册》（下册），其中1965年出版发行的《光学设计理论基础》是中国特色应用光学理论形成的标志，至今仍是光学设计从业者的重要参考。实际上，在20世纪60年代，由于学术杂志少，王之江发表在杂志上的论文仅占一小部分，还有相当一部分论文被收录在当时出版的集刊之中，如1963年长春光机所出版的《中国科学院光学精密机械研究所集刊第一集》收录了6篇他研究激光科学的论文，1964年国防工业出版社出版的《光学设计论文集》收录了14篇他撰写的论文（文集共收录19篇论文），1964年科学出版社出版的《受激发射论文汇集》收录了"光泵方法对受激发射的作用""光泵方法中的聚焦装置性能"等多篇关于中国第一台红宝石激光器研制中的创新物理思想的论文，1977年上海光机所出版的内部资料《上海光机所研究报告集》（6册）收录了他在"640-3"工程中的多篇论文，等等。另外，在《1979自然杂志年鉴》刊发的《回顾我国第一台红宝石激光器的诞生》、2010年《中国激光》刊发的《浅谈中国第一台激光器的诞生》（邀请论文）2篇论文中，王之江还专门就研制中国第一台红宝石激光器的学术背景和研制过程进行了回顾。这些论文，是了解他的创新物理思想、解决科学问题的具体过程最为基础的史料。

王之江的学术成长历程与当代中国光学事业的发展密不可分，因此，与中国光学发展史有关的著作、相关光学家传记等文献也是撰写王之江传记不可或缺的重要参考。在传记的撰写过程中，课题组阅读了大量相关文献，其中，光学史著作有邓锡铭主编《中国激光史概要》、干福熹主编《中国近代和现代光学与光电子学发展史》等；光学家传记有卢曙火著《科学泰斗：严济慈传》，胡晓菁著《赤子丹心 中华之光：王大珩传》，叶青、朱晶著《聚焦星空：潘君骅传》，干福熹自传《科海拾贝》；等等。另外，科学家本人撰写的回顾或自述，如王大珩《中国光学发展历程的若干思考》，龚祖同著自传论文《誓为祖国添慧眼》，范滇元著《中国激光科学技术发展回顾与展望》等，也提供了非常重要的历史线索和历史细节。

王之江的科研生涯经历了长春光机所、上海光机所的初创时期，并担任过上海光机所的所长，对两个研究所的发展都作出了卓越贡献，因此，这两个研究所的所志《中国科学院长春光学精密机械与物理研究所志》和《中国科学院上海光学精密机械研究所志》等所史文献，以及樊洪业编《中国科学院院史》等著作，也是撰写王之江传记的重要参考。

王之江科研生涯最显著的科研风格是善于思考、注重思想与工作方法，他这种特立独行的思想与行为，也使得"肃反""反右""文化大革命"等运动都对王之江的科研生涯产生过重要影响，弄清这些运动的背景和过程，对于阐明王之江学术成长历程也是不可或缺的。因此，李安增、李先明著《中华人民共和国史纲》，杨菁著《当代中国史事略述》，李辉著《胡风集团冤案始末》，以及中华人民共和国政府官网公开的相关运动的史料等，都为撰写王之江传记提供了可靠的背景参考。

在采集工作启动之前，王之江就一直强调，写传记要实事求是，要客观、真实地反映他的科研生涯，客观评价他的科学贡献。因此，课题组以档案、论文、手稿、信件等原始文献为基础，以访谈的口述史料为重要补充，以王之江个人学术成长历程为主线，结合当代中国史、中国光学发展史、长春光机所史和上海光机所史等几条辅线，全方位展示王之江的学术成长经历，分析其科学思想的形成过程及影响因素，总结其治学特点，弘扬他以爱国、创新、求实、奉献等为主要内涵的科学家精神。

经过3年努力，《中国光学事业的基石：王之江传》终于付梓成书。全书共十三章，主要包括求学经历、长春光机所时期的科研工作经历、"文化大革命"时期的科研与生活经历、担任上海光机所所长时期的科研与管理工作经历，以及退休以后的科研和家庭生活等内容，所有章节内容已请王之江本人进行了审阅、补充和订正。希望读者能够从王之江的学术成长经历中得到一些启发。

第一章
敬业父亲升厂长　懵懂少年变学霸

　　1930年10月15日，王之江在浙江省杭州市出生，出生后不久随父母回户籍地江苏常州居住。父亲王翼初，城市工商业者，以绸布店学徒、经纪人身份开始谋生，后因开设酱油厂等生意失败，被迫到常州恒源畅染织厂做了一个小职员，20世纪40年代曾任常州恒源畅染织厂厂长，50年代初曾担任常州市政协委员。母亲毛碧芳，擅长刺绣，生活艰难时段以刺绣维持全家生计。

　　王之江兄弟姐妹六人，他排行居二。姐姐王蝶沁，中学英语教师，1954年毕业于江苏师范学院[①]；弟弟王之明，1956年毕业于清华大学机械系，在北京机床

图1-1　1957年王之江与家人合影照
（前排左起：母亲毛碧芳、父亲王翼初；后排左起：小妹王蝶仙、小弟王之豪、王之江、大弟王之明、大妹王蝶茜）

[①] 江苏师范学院，1952年成立，1982年更名为苏州大学。

研究所工作；妹妹王蝶茜，1959年毕业于华东航空学院①，任教于西北工业大学；下有小妹王蝶仙、小弟王之豪。

王之江的小学和中学阶段都是在常州度过。1935年，王之江进入私立恺乐小学；1942年，从恺乐小学毕业升入江苏省立常州中学读初中；1945—1948年，在江苏省立常州中学完成高中阶段的学习。王之江在小学和初中阶段的学习十分平常，到了高中阶段他开始发奋学习，一跃成为江苏省立常州中学的学霸。

敬业的父亲

王之江的先辈是安徽的徽商，依靠几代人的辛苦打拼和积累，其曾祖父在常州置办了一处房产，并在常州开了一家南货店维持生计。王之江的祖父是清末的一名秀才，因不懂商业经营，没能将其曾祖父留下的南货店经营下去，据说是被雇佣的伙计做假账骗走，只好做了私塾先生，以教书为生。由于被骗，其祖父认为读书无用，加上生活十分困窘，所以很早就让王之江的父亲及几位兄弟出去做了学徒。王之江的父亲最早是在一家绸布店当学徒，后来就当了绸布店的经纪人。

王之江的母亲出生在常州当地一个十分有名的大家族，其家族成员多从事商业活动，在常州很有名望。2019年入选"第

图1-2 王之江的父亲王翼初

---

① 华东航空学院是西北工业大学的前身。1952年，交通大学、浙江大学、南京大学的航空工程系在南京组建华东航空学院。1956年，该校迁至西安，更名为西安航空学院。1957年，西安航空学院与西北工学院合并成立西北工业大学。

三批国家工业遗产"的常州恒源畅厂的创始人毛锡章就是王之江母亲的堂叔，王之江的父亲曾在该厂担任厂长。

王之江的父母于1918年结婚。婚后，由于绸布店倒闭，他们就开办了一个煤球厂以维持生计。彼时，王之江的舅舅刚好从日本留学回国。王之江的舅舅主要从事生物化学研究，在日本留学时看到日本人已经广泛使用酱油作为调味品，在国内却还比较罕见，回国后就想在常州开办一家化学酱油制造厂。于是，王之江的父亲从亲戚朋友那里筹借了一批资金，让他的舅舅做技术指导，开办了常州历史上的第一家酱油厂。然而，当时的常州人对化学酱油这个新鲜事物并不认可，酱油厂很快就倒闭了，他们家因此背上了几千元的外债，直到抗日战争后期才得以还清债务。

1930年，王之江的父母带着不满一岁的大女儿王蝶沁到了杭州，开了一家推销面粉的小店以维持生计。后因面粉生意不景气，全家在王之江出生后不久搬回常州居住。回到常州后，王之江的父亲开始做布匹生意，将恒源畅染织厂生产的布匹运到苏北去卖。1937年抗日战争全面爆发，苏北很快沦陷，推销布匹的生意亦无法维持，被迫无奈，王之江的父亲到恒源畅染织厂做了一名普通职员。

恒源畅染织厂的前身是20世纪30年代初常州建立的三和布厂，因经营不善，1933年被王之江母亲的堂叔、润源色布店老板毛锡章收购，改名为恒源染织厂。1936年，恒源染织厂更名为恒源畅染织股份有限公司，爱国将领冯玉祥曾亲笔题写厂名。1949年以后，恒源畅染织股份有限公司转变为公私合营的恒源畅染织厂，1966年转变为完全国营的常州第五棉织厂，1980年再度更名为常州第五毛纺织厂。2010年，常州市围绕"运河文化、工业遗存、创意产业"三大主题将恒源畅厂旧址改建为"运河五号"创意街区。2019年，恒源畅厂旧址入选"第三批国家工业遗产"名录。

1937年年底，王之江的父亲进入恒源畅染织厂工作。因不懂技术，他最初就是一名普通职员，后凭借着自己的努力与敬业精神，逐步升任工场长、厂长等职位。提及自己父亲在恒源畅厂的工作经历，王之江说："我父亲进去就当个小职员，因为他没有技术，也没有资本，只不过是个亲戚，去做个职员。我父亲是属于那种工作非常努力的一种人，在我的记忆中，他基本上白天都不在家，都到工厂去工作。所以，从小职员开始，慢慢变成厂长。"①

父亲的辛苦、努力和敬业精神对王之江的职业生涯产生了很深的影响。在回顾自己的童年至少年时期的成长经历时，王之江曾这样说："这个家庭对我的最大影响，我觉得是：要有敬业精神，要做一件事，那就好好做。"②这种影响在王之江从事光学设计工作的过程中得到了充分体现。王之江大学毕业后开始做的第一份工作是光学设计，他觉得这份工作"很不符合自己的愿望"，③虽然不喜欢，但仍通过自己的努力建立起了中国特色的光学设计理论体系，完成了国家急需的大量光学设计任务，其中包括中程导弹试验飞行轨迹观测所急需的大型光学电影经纬仪的光学系统设计工作，为中国光学事业的建立与发展作出了卓越贡献。能够取得这样的成就，王之江认为是父亲敬业精神的深刻影响，他在回忆这段历史时这样说："这个是我父亲的敬业精神，就是说，不管你喜欢还是不喜欢，自然你做这个事情，就用你的全力去把它做好。"④

懵懂少年

1935年夏，王之江进入私立恺乐小学读书。私立恺乐小学离王之江的家很近，是一所教会学校，早期是美国籍牧师霍约翰于1912年创办的东吴十二小。1927年，该校由教会恺乐堂接办，更名为私立恺乐小学；1952年12月常州市政府接办后更名为县学街小学；1958年秋与解放西路小学合并，更名为解放西路小学。

---

① 王之江访谈，2018年11月7日，上海。资料存于采集工程数据库。
② 王之江访谈，2018年11月8日，上海。资料存于采集工程数据库。
③ 王之江：要注意思想方法和工作方法。见：中国科学院院士工作局编，《科学的道路》（下卷）。上海：上海教育出版社，2005年，第1409-1411页。本文是为纪念在大连大学学习时的助教何泽庆而写。
④ 同②。

恺乐小学虽然是教会学校，但学校除每周有一次讲圣经故事外，其课程设置、学习内容与普通学校基本相同。虽然如此，王之江仍对这所教会学校没有好感，在自传中曾直言："因为他宣传力不大，还有是因为牧师的卑鄙相，我们对教学都没有好感，更别提信教啦。"① 据王之江的小学同学李新庚回忆，他们在恺乐小学读书时就已听到过"宗教是帝国主义文化侵略"的言论，② 所以，虽在教会学校读书，但王之江本人"稍长对宗教就有反感"。③

图 1-3 王之江的中学照

随着 1937 年抗日战争全面爆发，王之江平静的学习生活被打破。1937 年 10 月，日军飞机开始低飞投弹轰炸常州市街区。王之江家附近的天宁寺亦遭轰炸，"'昔日热闹之街市，今则已成一片焦土矣'。与此同时，城内居民大量外迁避难，'稍有财力者则迁入他省，无力出省者在荒僻之乡区逗留'"。④ 在这样的背景下，王之江一家被迫到乡下亲戚家避难，他的学业也因此中断了 1 年，1938 年秋才重新回到恺乐小学读书。在乡下避难期间，王之江不幸染上了肝病，治疗了很长时间才病愈。这次生病对王之江的健康产生了较为严重的影响，这之后王之江经常生病。对此，妻子顾美玲认为很大程度上是这次染病所致，谈及此事，她说："在抗日战争的时候，他到乡下的亲戚家逃难，结果染上了肝病，吃了很长时间的中药，所以他的

---

① 王之江自传（一）。王之江人事档案，1949 年夏。存于中国科学院上海光学精密机械研究所档案室。

② 李新庚：王之江表现。王之江人事档案，1955 年 8 月 22 日。存于中国科学院上海光学精密机械研究所档案室。

③ 王之江自传（二）。王之江人事档案，1952 年 5 月 10 日。存于中国科学院上海光学精密机械研究所档案室。

④ 常州市地方志办公室编撰：《常州史稿·近代卷》。南京：凤凰出版社，2018 年，第 139 页。

身体不是太好。他冬天怕冷，到现在还这样，就是因为这个。"①

1937年年底，常州沦陷。日本政府为维持其殖民统治，采取"以华制华"的方式，迅速扶植汪精卫在南京成立伪政权，并在中学开展奴化教育。1939年8月，江苏省教育厅公布的《中学暂行规程》规定，日语为中学13门必修课程之一，并规定从初中二年级下学期起只开设日语一门外语课程；历史、地理课程主要教授东亚史、东亚地理方面的内容。② 王之江1942年进入江苏省立常州中学读初中时，正是汪伪政权统治时期，学校开展的是奴化教育。但是，日军进犯常州时的疯狂烧杀抢掠已经在王之江的心中埋下了仇恨的种子。王之江在自传中这样写道："1937年秋，日寇有侵常州之势，一家逃难到乡下亲戚家，听到日寇杀人放火的暴行，对日寇产生了害怕和仇恨。"③ 因此，在初中学习阶段，王之江的内心非常抵制学校当时的奴化教育内容，导致学习成绩并不突出。在回顾中，他这样说："我读初中的时候属于日本人统治时期，读的外国语是日语，我不愿意读，考试就不及格。"④

在小学和初中学习阶段，王之江并没有静下心来读书，他的父母又整日忙于生计，无暇顾及他的学习情况，导致学习成绩也不突出，甚至有补考的现象。谈及这段学习经历，王之江说：

> 我小学到初中时期，因为年龄还小、不懂事，学习都是马虎的，正式想认真读书，是到高中时期。
>
> 我父母对我读书，其实是完全不管的。他们本身也没读过书，要管也不好管，我们兄弟姐妹读书，都靠自己自觉。我相信要靠自觉，不能靠人家管束。
>
> 我说父母不管我的学习，从他们对我考试成绩的态度可以看出。我日语考试不及格，他们并没有因此觉得不得了，无所谓，最后补考

---

① 顾美玲访谈，2019年11月7日，上海。资料存于采集工程数据库。
② 常州市地方志办公室编撰：《常州史稿·近代卷》。南京：凤凰出版社，2018年，第148-149页。
③ 王之江自传（二）。王之江人事档案，1952年5月10日。存于中国科学院上海光学精密机械研究所档案室。
④ 王之江访谈，2018年11月7日，上海。资料存于采集工程数据库。

及格也就算完事啦，否则的话，不能毕业，因为有一门课程不及格就不能毕业。①

省立常州中学学霸

1945年秋，王之江进入江苏省立常州中学高中部学习。当时抗日战争刚刚胜利，社会十分混乱，王之江觉得："假使不读好书的话，将来蛮危险的，所以就认认真真读书。"②因此，在高中阶段，王之江通过自己的努力，很快成为班里的学霸。

据王之江高中同班同学李新庚、印永嘉回忆，当时他们与王之江三人在学校里都比较顽皮，但学习都很努力，班里每学期的前三名基本上是被他们三人承包。他们还特别提到，王之江的数学特别好，"有一次一个同学出了一道难题，正当全班同学都在冥思苦想的时候，他却率先找到了答案"。③对于李新庚、印永嘉的说法，王之江这样回应："李新庚他们说，我们是前3名，我的记忆是没有那么好，我不觉得我读得那么好。常州中学还保留着我高中读书的档案，几年前他们把档案找出来给我看，我的感觉是还可

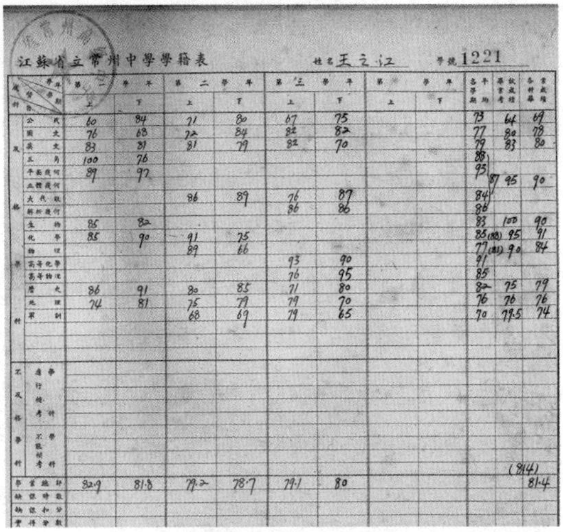

图1-4　王之江在常州中学时的成绩单

---

① 王之江访谈，2018年11月7日，上海。资料存于采集工程数据库。
② 同①。
③ 舒美冬：《王之江科研生涯》。上海：中国科学院上海光学精密机械研究所，2015年，第2-5页。

以，但是我真的不知道是前3名，从这个档案看不出来。"① 常州中学学籍档案显示，王之江的数学、物理、化学、生物等成绩都在90分以上，前3名的说法还是有依据的。

谈及自己在高中阶段学习进步的原因，王之江直言，是他遇到了一批教学水平高超的名师。王之江高中就读的江苏省立常州中学是国内非常有名的高级中学，曾培养出以吕思勉、钱穆、刘半农、刘天华、吕叔湘等为代表的众多人文学者，更有以包括王之江在内的二十多位院士为代表的大批科技精英，中国共产党早期的领导人瞿秋白、张太雷也毕业于该校，因此该校有着非常深厚的教育底蕴。王之江在该校就读时，恰有一批名师任教。王之江非常推崇这批教师的教学水平，曾直言："当时学校的老师是流动性的，我毕业的这一届，遇到的老师刚好比较高明。我们48年这一届的毕业生，有四个院士②。在省常中，有四个院士，只有48届有这么多，并不是每一届都有这么多的。也就是说，我当时遇到的老师非常高明。"③据江苏省常州中学校史记载，王之江在该校就读时有张式之、史绍熙、冯毓厚、金品、孙纯一、吴樵长、谢瀚东、张一庵、钱叔平、杨孟懂、吴锦庭、潘祖麟、丁浩霖、薛德炯、王仲恂等一批名师任教，1949年以后部分名师被调往其他单位，王之江所言他"遇到的老师刚好比较高明"与此背景有关。事实上，这批名师确实非常"高明"，常州中学在20世纪四五十年代培养出的大批优秀人才皆是受他们的深远影响。与王之江同年毕业的该校校友、中国社会科学院学部委员、经济学家周叔莲在自述中也十分肯定这批名师对其学术成长的深远影响，他写道："常州中学是当时全国最好的几所中学之一，老师水平高，同学学习刻苦。我以后的为学为人，相当程度上是常州中学校风熏陶的结果。"④

---

① 王之江访谈，2018年11月7日，上海。资料存于采集工程数据库。

② 四位院士分别是：中国科学院院士王之江、2017年国家最高科学技术奖获得者、中国工程院院士、病毒基因学专家侯云德，中国工程院院士、光学专家薛鸣球，中国社会科学院学部委员、经济学家周叔莲。

③ 同①。

④ 周叔莲：自述。见：国务院学位委员会办公室编，《中国社会科学家自述》。上海：上海教育出版社，1997年，第269-270页。

在回忆自己在常州中学的学习经历时,王之江特别提到了对他学术生涯影响很大的金品、冯毓厚两位老师,他说:"我对这些老师,一直有很深的印象。比如,教几何的金品老师,对我的影响非常大。几何,主要是逻辑推理,就是从一些公理出发,假设这几条是对的,就能推理出一大套结论来,这个过程不是单单想象能够做出来的。逻辑推理是非常重要的思想工具,对我的影响非常大。另外,教代数的冯毓厚对我的影响也很大。当时他教课用的教科书,其实是美国的大学教材,叫大代数。代数本身的基本功能是运算,他除了在课堂上讲,还要求你在课外应用,叫你找一些课外的题目做一做。他提倡我们做一些课外的阅读,要求我们读一下课外的教材,他让我们读的有一本书叫 *Hall and Knight Algebra*,[①] 题目非常难。"[②]

王之江在这段话中提到的金品,又名金马丁,常州本地人,1931 年毕业于上海大同大学,获数学物理学双学士学位。1945 年,抗日战争胜利,江苏省立常州中学复校,金品开始到该校任教;1952 年全国高校院系大调整,东吴大学的文理学院、苏南文化教育学院、江南大学的数理系合并组建苏南师范学院,同年更名为江苏师范学院,金品被调往江苏师范学院数学系任教。金品在常州中学任教 7 年,给那段时间的每届学生都留下了极为深刻的印象。《四十年代省常中的一代名师们》一文记录了与王之江一起高中毕业的 48 届校友对他高超教学水平的描述,文中写道:

> 四八届校友对金品老师有许多赞叹不已的回忆:"他瘦小的身躯,清晰的音调,深入而细致的讲解,令人终生难忘。在学平面几何的课堂上,眼看金品老师作图完全不用工具尺和圆规。只见他先在黑板上用粉笔点上两个点,顺手一画,一条笔直的线就画成了。他要画圆,但见他手臂一抖,黑板上立即出现一个既标准又美观的圆形。他要画两等圆相切,两个圆竟是一般大小,准确如同用圆规所作,这简直是绝技,难怪有人说金品老师的几何课是高级艺术课。有时,再难的几何题,在金品老师轻松启发下添几根辅助线,难题马上迎刃而解,真

---

① 这本书现在美国还在用,当时有中译本。
② 王之江访谈,2018 年 11 月 7 日,上海。资料存于采集工程数据库。

让人怀疑他那瘦小的身体里有一种神奇的力量。金品老师的教学方法，把难题转化为几个简单的题目来解，在学生掌握简单题的基础上，再把它合并起来，这样学生学习起来就不感到困难了。在单元教学结束进行复习时，帮助学生把所学知识进行归类，使学生对知识做到系统化条理化，同时再举一些一题多解的例题，启发同学用不同的方法来解，拓宽学生的解题思路。"①

50届校友、北京理工大学退休教授魏宸官在回忆中这样描述金品老师：

  金老师讲课不选用传统的教材，而是应用他自编和出版的《金品几何学》，这说明金老师在几何学方面一定有很深的造诣和心得体会。金老师上课不带讲稿和教科书，只用一支粉笔和圆规、直尺。给我印象最深的是有一次他在课堂上讲"九点共圆"，边讲边在黑板上作图，讲完了图也做好了，九个有一定特征的点果然落在同一个圆上。金老师在业余专门收集和研究几何学方面的难题，他曾专门研究过平面几何中的世界难题"用圆规和直尺三等分一个角"。金老师经过深入研究，得到了"这是不可能"的结论。金老师给我留下的深刻印象是思维敏捷，在求知的道路上有强烈的追求和创新精神，写出有自己见解的教科书，而且讲授自己独到的心得体会，这是极为难得的。金老师的治学和授课方式对我影响极深，是我从教的学习榜样。②

王之江在访谈中提到的冯毓厚是江苏南通人，国立中央大学[③]理学士

[①] 钱士鹤：四十年代省常中的一代名师们．存于江苏省常州高级中学校史馆．
[②] 魏宸官：心系玉梅桥——回忆我的中学老师．见：郑焱主编，《沐浴夕阳》．北京：北京理工大学出版社，2009年，第285页．
[③] 国立中央大学前身为1902年在南京成立的三江师范学堂，1928年定名为国立中央大学。1952年院系调整时，该校拆分组建了南京工学院、南京大学、南京农学院、南京师范学院、南京林学院、华东航空学院、华东水利学院、第五军医大学、华东政法学院、华东体育学院等12所高校。

图1-5 2007年王之江（右）回母校作报告　　图1-6 2007年王之江为常州中学题词

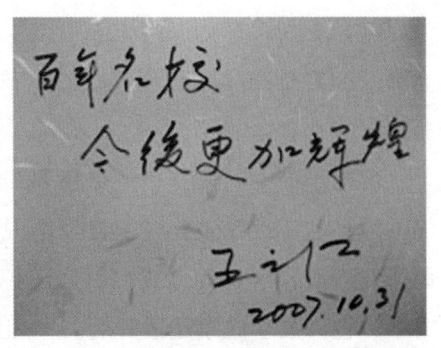

毕业。冯毓厚1937年前就曾在常州中学担任专任数学教员，1945年抗日战争胜利后江苏省立常州中学复校时重回学校任职；1952年被调往江苏师范学院数学系工作，曾担任该校数学系主任。常州中学48届校友对他的描述是："冯毓厚教的三角、大代数和解析几何，论证逻辑严密，解题奇巧简洁，教学水平堪称一流。"[1]

50届校友、北京理工大学退休教授魏宸官的描述是："教我高中代数的是冯毓厚老师。他讲课不用讲稿，上两小时课全凭记忆，而且逻辑严密，头头是道，对答如流，很少停顿，令同学们十分钦佩。有关冯老师的教学效果，我举一个实例来说明：我已年逾70，记忆不断衰退，但冯老师教我的那些代数基本公式和解题的方法步骤仍清晰地留在我的头脑中。"[2]

从王之江以及常州中学20世纪40年代末毕业生的回忆看，金品、冯毓厚的教学水平确实非常高超，更难能可贵的是这两位老师都有独立思考的科学精神。在40年代，由于国内教科书良莠不齐，金品自1941年就开始采用自编教材进行几何教学，王之江读书时用的《高中平面几何学》是金品总结多年教学经验于1947年编写而成的。冯毓厚，"与孙纯一老师都能把不同出版社出版课本上的错误一一指出"，[3] 这是他教学时采用国外大学代数教材的主要原因之一。两位老师独立思考的精神对王之江的影响极

---

[1] 钱士鹤：四十年代省常中的一代名师们. 存于江苏省常州高级中学校史馆.

[2] 魏宸官：心系玉梅桥——回忆我的中学老师. 见：郑焱主编,《沐浴夕阳》. 北京：北京理工大学出版社, 2009年，第285页.

[3] 同[1].

第一章　敬业父亲升厂长　懵懂少年变学霸　　*21*

为深远，王之江在为《科学的道路》撰写的一篇回忆文章中写道："我独立学习的能力是在高中时代养成的，我对故乡，对江苏省常州中学的老师怀有深深的感激之情。"①

得益于高中阶段打下的数学基础，王之江大学阶段的高等数学成绩更加优异，他在接受访谈时很自豪地说："在大连的时候，我觉得数学水平比那些助教好，考试完，我可以写出标准答案。我不知道我在大连时的考试成绩，也许数学成绩是最好的。"② 他的大学成绩单上记录的高等数学成绩大一上半年是 99 分，大一下半年是 100 分，印证了王之江所言不虚。

王之江大学毕业后的第一份工作是光学设计，要求从业者必须有扎实的数学基础。正是高中和大学阶段打下的数学基础，让王之江很快掌握了光学设计的基本方法，完成了国家急需的大量光学设计任务，并在此基础上创立了中国特色的光学设计理论体系，为我国光学事业的发展作出了卓越贡献。

---

① 王之江：要注意思想方法和工作方法。见：中国科学院院士工作局编，《科学的道路》（下卷）。上海：上海教育出版社，2005 年，第 1409–1411 页。

② 王之江访谈，2018 年 11 月 7 日，上海。资料存于采集工程数据库。

第二章
心向东北解放区　求学大连工学院

1949年10月，怀着对解放区的无限向往，王之江考入大连大学工学院。翌年，他受时任应用物理系主任王大珩"物理改造世界"思想的影响，从冶金系转入应用物理系学习。1952年10月，为适应国家建设对人才的迫切需求，王之江提前1年从大连工学院毕业。在大连工学院学习期间，王之江博览马列与科技经典、认真学习专业知识，为实现技术报国理想奠定了坚实基础。

心向解放区

1948年秋，王之江从江苏省立常州中学毕业，考入私立江南大学[①]化工系。私立江南大学是无锡籍爱国实业家、教育家荣德生于1947年10月创建。由于学校刚刚建立，既没有齐全的教学设施和规范的教学管理制

[①] 私立江南大学，是无锡籍爱国实业家、教育家荣德生于1947年10月所建。1952年该校并入南京工学院，1958年回迁无锡成立无锡轻工业学院，2001年无锡轻工业学院与江南学院、无锡教育学院合并组建，恢复江南大学校名。

度，也缺乏高水平的师资，这让王之江非常失望。他在自传中这样描述江南大学的学习情况："这里既不努力功课，也没有集体的活动，一天到晚也没有什么。在那里没有好的教授或者为数极少。以我看，也没有应有的仪器设备，连化学必修课有机化学的实验室都没有，更不要谈实验设备啦。在那里不是消磨岁月是什么？"① 因此，考入江南大学不久王之江就决定退学，后在其父亲的劝说下才在该校坚持学习了1年。

1949年8月，大连大学②到上海、江苏、浙江等地招生，王之江参加报考并被录取。大连大学是中国共产党东北局为适应新中国成立后经济和文化建设的需要于1949年4月新建的一所大学，由于地处解放区大城市，吸引了大批进步青年前去报考。王之江报考大连大学也是基于他对解放区的向往。在自传中，王之江这样解释报考大连大学的原因："来大连大学的目的，则是憧憬着老解放区的一切，同时认为江大的组织帮助不大，老解放区的组织一定能给我大的帮助，抱着这种心情来到大连。"③

王之江当时向往解放区的心情，在他的大学同学、中国工程院院士姚骏恩④那里得到了印证。谈及报考大连大学的原因，姚骏恩说道：

> 当时大家都是本着投奔共产党、参加革命的心情去报考的。因为大连大学是共产党自己创办的大学，大家都是本着这么一个精神，本着这样一种思想到了大连大学。王之江念过一年大学，到大连大学读书的原因，我想也应该是这样的。⑤

---

① 王之江自传（一）。王之江人事档案，1949年夏。存于中国科学院上海光学精密机械研究所档案室。
② 大连大学，成立于1949年4月，最初设有工学院、医学院、俄语专修科以及化学、卫生两个科学研究所等几个机构；1950年7月大连大学建制撤销，大连大学工学院独立为大连工学院；1988年3月更名为大连理工大学。
③ 王之江自传（二）。王之江人事档案，1952年5月10日。存于中国科学院上海光学精密机械研究所档案室。
④ 姚骏恩（1932— ），上海市嘉定人，应用物理专家，中国工程院院士。1952年毕业于大连工学院（现大连理工大学）。1952—1964年在长春光机所工作，1964年后先后工作于中国科学院北京科学仪器厂、北京航空航天大学。
⑤ 姚骏恩访谈，2019年12月23日，北京。资料存于采集工程数据库。

实际上，王之江在高中阶段就有了进步思想，高二时他就开始看进步报刊。进入江南大学后，王之江接触到了更多的进步思想，其中对他产生影响最大的是小学到高中的同窗好友李新庚。李新庚高中毕业后考取了上海交通大学，很快就加入了中国共产党在上海交通大学的地下党组织。李新庚在1948年寒假与王之江见面时带来了《新民主主义论》、"交大生活"、"黎明之前"等宣传革命思想的印刷品，让王之江了解到了中国共产党和解放区，让他开始憧憬解放区的生活。

1949年4月26日，无锡解放，大量革命理论书籍涌入江南大学，王之江每天都在如饥似渴地阅读进步书籍。王之江的进步倾向很快被江南大学的地下党组织发现，并于5月22日吸收他加入了中国新民主主义青年团。[①] 1949年暑假，王之江被江南大学青年团组织派到苏南干部训练班学习。因不愿继续在江南大学学习，王之江在训练班结束后先后参加了大连大学、上海交通大学的招生考试，并被两校录取。王之江最后选择到大连大学读书，除了前文提到他憧憬解放区生活的原因，也有生活上的考虑，当时大连大学"给学生免学费，提供食宿，穿的棉衣什么的也全部提供，解决了当时贫困学生上大学的经济困难"。[②] 王之江家里姐弟6人，家庭经济困难，到大连大学读书无疑是适当的选择。谈及当时的选择，王之江这样说：

当时大连大学到上海来招生，我怎么会到大连大学去呢？是它的条件优越，不收学费，提供食宿，还发衣服，是因为这个原因去的。当时我们考取大连大学的同班同学中，好多是在别的大学读过一年再去的，有在上海交通大学读了一年又考到这个地方去的，主要就是因为当时一般家庭经济上都有困难。我当时去大连的原因，其实就是我家经济上有困难。因为当时李新庚在上海交通大学读书，所以我也想到上海交通大学去，我还报考了上海交通大学的插班生，当时也考上了，可以去上海交通大学直接读大二，但是他们发的录取通知比大连

[①] 中国新民主主义青年团于1949年4月成立，1957年改名中国共产主义青年团。
[②] 姚骏恩访谈，2019年12月23日，北京。资料存于采集工程数据库。

大学晚，接到通知时我已经到大连大学报到了，所以也就不考虑去上海交通大学了。①

博览马列与科技经典

1949年9月，王之江到大连大学报到。彼时，大连大学刚刚建立，包括工学院、医学院、俄语专修科以及化学、卫生两个科学研究所等几个单位。其中，工学院的前身是中国人民解放军第四野战军于1949年为前线培养电信人才创办的关东工专和关东电气工程专门学校，该院于1950年7月独立建制为大连工学院，1988年3月更名为大连理工大学。工学院建立之初设立化工、机械、造船、电讯、电机、土木、冶金7个系，王之江最初被分配到冶金系学习。

由于大连大学是中国共产党创立的第一所正规大学，招收的第一届学生中有少数是政治素质过硬的团级军政干部和青年进步党员，曾任中共中央政治局常委的尉健行就编在王之江所在的一班，②但绝大多数学生是来自刚刚解放的上海、江苏、浙江等地。这批学生虽然思想进步、向往革命，但高中阶段接受的是国民党政府治下的学校教育，思想状况复杂。所以，"学校就对他们加强思想政治教育，集中学习马列主义、毛泽东思想的基本知识，分清共产党与国民党、剥削阶级与被剥削阶级等重大是非问题，帮助学生树立革命的人生观和正确的学习目的"。③ 因此，入学之初，与所有新生一样，王之江首先参加了为时3个月的政治学习。

谈及这段政治学习，王之江的大学同学吴世法认为十分必要，他说：

---

① 王之江访谈，2018年11月7日，上海。资料存于采集工程数据库。
② 同①。
③ 孙懋德：《大连理工大学校史 1949—1989》。大连：大连理工大学出版社，1989年，第498-499页。

入学之后，马上就是三个月的思想改造。因为这些学生都是从刚解放的上海、南京等南方招来的，东北地区的几乎没有。为什么没有东北的？因为日本人占领东北后实施奴化教育，不让念高中，所以就没有高中生。从南方招来的这些学生，在高中接受的是国民党的思想政治教育，学校不准大家去接触马列主义等进步思想。虽然考入大连大学的这些学生思想是进步的，但还有一些国民党宣传的阴影，所以需要思想改造。

图 2-1 王之江在大连工学院的毕业照

通过学习马列的辩证唯物主义、历史唯物主义、人类社会发展学等内容，大家都理解了社会发展史的规律，知道了什么是奴隶社会、封建社会、资本主义社会、将来社会向哪个方向发展等。学了之后才发现，这个学习确确实实很有必要。我就是从3个月的思想改造中接受了这些，然后下了决心，人生观就是要为人民服务，世界观就应该承认科学社会主义，大家都接受了这些。

其实，我觉得当时不应该叫作思想改造，应该叫学科学社会主义、马列主义，这么叫才好。①

这3个月的政治学习对王之江产生的影响同样是巨大的。在这段时间他阅读了大量马列主义著作，通过学习，王之江的思想发生了很大变化。在高中阶段，王之江并不关心政治，他把自己的主要精力放在学习科学知识上。在大连大学学员履历登记表中，王之江这样记录了他那时的政治思想状态："在1949年前我有着顽固的思想，对政治毫无兴趣，虽说那时学生运动是正确的，但在只求技术学习成就之思想下，总觉得不应荒废学

---

① 吴世法访谈，2019年12月16日，大连。资料存于采集工程数据库。

习，觉得政治和技术应分离，党团应退出学校。"①

同窗好友李新庚对王之江的印象也是如此，认为他那时"读书用功，不问政治，自信心很强，很清高，对当时现状也有所不满，但只是埋头读书"。②

经过3个月的学习，王之江的政治态度发生了极大转变，开始关心政治并对其产生了浓厚兴趣，在政治学习结束的"自我鉴定"中写道：

> 我对政治相当关心，报纸上的消息评论，我有经常地注意。对于政治学习、书籍阅读也很热心，我迫切地希望我能知道世界的局势，为什么今天是这样，以后又将如何……
>
> 我对政治学习本来就有着和技术相似的兴趣，而在听了第一次关于说明的报告更明确了它的重要性（我本来的兴趣是教条式的、求知欲式的），那时才明白了它和以后工作的重要关系。在技术人才缺乏的今天，有政治认识的技术人才是何等的重要啊。③

1952年5月，王之江在自传中特别指出了这段政治学习对他世界观的影响："1949年10月，开始在二部学习明确了一些观点，对革命的性质和共产主义必胜的道理有了较明确的认识。……我在思想上是下定了决心要全心全意为人民服务、站在无产阶级的立场上来。"④

王之江有一个非常明显的治学特点，那就是他有非常强的独立思考精神。他的大学同学姚骏恩曾这样评价他："在我们班上，王之江很有独立思考精神，不是人家说什么他就说什么，这一点他比我强，所以学习成绩也

---

① 王之江大连大学学员履历登记表。王之江人事档案，1952年。存于中国科学院上海光学精密机械研究所档案室。
② 李新庚：王之江表现。王之江人事档案，1964年12月29日。存于中国科学院上海光学精密机械研究所档案室。
③ 王之江自我鉴定。王之江人事档案，1949年12月。存于中国科学院上海光学精密机械研究所档案室。
④ 王之江自传（二）。王之江人事档案，1952年5月10日。存于中国科学院上海光学精密机械研究所档案室。

是挺好的。"① 正是这种独立思考精神,使王之江在阅读一些经典著作时不会轻易接受其中的某些观点,继而去阅读相关著作以对比分析。比如,在阅读列宁所著的《唯物主义和经验批判主义》时,当他看到列宁批判马赫主义、彭加勒,就想去了解马赫主义的哲学观点、彭加勒的思想,于是就去读马赫的《纯粹经验批判》、彭加勒的《科学的价值》,并由此拓展到去读法拉第的《电学实验研究》、爱因斯坦的《物理学的进化》以及爱因斯坦与玻尔关于量子力学完备性争论的论著,等等。通过这种方式,王之江大大拓展了阅读的范围,从马克思主义哲学到德国古典哲学,再到爱因斯坦等科学家的经典著作,以至于《道德经》等中国古代经典著作都有涉猎。

值得指出的是,王之江阅读这些著作,并非仅仅想了解这些著作的哲学观点,而是"希望学习那些成功的科学家的思想方法和工作方法"。② 学习马列主义著作,也是希望能从中学到一些先进的思想和工作方法,他在回忆这段往事时说:"我那个时候花了很多时间读马列主义经典著作,其实是想真正研究马列主义,也希望从这里面得到一些有用的思想方法论的知识。"③

转学应用物理系

1949 年,大连工学院化工、机械、造船、电讯、电机、土木、冶金 7 个系开始招生,此外学校还设有数学系、物理系,主要承担全校本科生的高等数学、大学物理等公共课教学。时任物理系主任王大珩从自己的学术与科研经历出发,认为"物理是一切工业技术发展的基石",建议增设应用物理系,"冠以'应用'二字,对新中国的工业建设更有现实意义"。④

---

① 姚骏恩访谈,2019 年 12 月 23 日。资料存于采集工程数据库。
② 王之江:要注意思想方法和工作方法。见:中国科学院院士工作局编,《科学的道路》(下卷)。上海:上海教育出版社,2005 年,第 1409-1411 页。
③ 王之江访谈,2019 年 10 月 3 日,上海。资料存于采集工程数据库。
④ 孙懋德:《大连理工大学校史 1949—1989》。大连:大连理工大学出版社,1989 年,第 498-499 页。

王大珩增设应用物理系的建议得到了当时工学院院长屈伯川的首肯，大连工学院于1950年春决定增设应用物理系，同时增设的还有应用数学系。1950年夏，学校决定从1949年入学的大一学生中选拔一部分同学转到应用物理系进行培养，选拔的方式为学生自愿报名，再经所在系推荐、应用物理系审核，并根据数学和物理考试成绩进行录取。为吸引优秀学生转到应用物理系，王大珩专门作了一场动员报告，讲述了物理对认识世界、改造世界的重要作用，对王之江等一批学生转到应用物理系产生了重要影响。王之江直言是王大珩的报告使他决定转到应用物理系，他在回忆中这样写道：

> 在我读一年级结束时，听了王大珩先生动员学生转系读物理的报告，这个报告后来在"思想改造运动"中被批判为"物理改造世界"，属于反动思想之列。我现在看，其实是科学技术是第一生产力的一种具体化。既然物理学的基础理论对世界的影响如此深远，我在第二年开始转系读物理。①

经过选拔，包括王之江在内的22名1949级学生被应用物理系录取，直接编入应用物理系大二年级。与此同时，学校还从1950级新生中选拔了包括后来成为中国科学院院士的陈佳洱、宋家树在内的20名学生编入应用物理系大一年级。

1950年10月，王之江正式转到应用物理系学习。由于应用物理系的政治气氛相比大一时的冶金系要宽松很多，王之江把大部分精力都投入物理专业知识的学习中，因此学习成绩非常优秀，"有一次刘导丰老师到北京开会还把王之江等同学的实验报告带去，与兄弟院校交流"。②

1951年，为适应国家经济建设迅速发展对专业人才的迫切需求，教育

---

① 王之江：要注意思想方法和工作方法。见：中国科学院院士工作局编，《科学的道路》（下卷）。上海：上海教育出版社，2005年，第1409-1411页。

② 刘金远，赵明山：《百卉含英——大连理工大学物理与光电子工程学院发展史》。大连：大连理工大学出版社，2017年，第12页。

部要求1949年入学的大学生提前1年毕业参加工作。在这样的背景下，应用物理系的学生需要在1年内把大三、大四两年的课程全部学完，且有原子物理、统计力学、量子力学几门难度极大的课程，学习过程非常艰苦。在这个过程中，王之江表现出了他在学习方面的过人天赋。直到今天，他的大学同学吴世法仍然对王之江的学习能力赞叹不已。

  我们这个系的课程是非常紧张的，特别是在1951年。那时，国家开始推进第一个五年计划，要求大家1952年提前毕业，那么大三、大四这两年的课程要在一年当中学完，所以这个难度确实非常大。特别是原子物理、量子力学、统计物理这三门，是硬课，这三门硬课本来是三年级、四年级要念的，那时要在一年当中学完，对老师和学生来说是非常艰苦的。当时学校非常照顾我们这20个学生，安排我们两三个人住一个宿舍，就是让我们白天、晚上都可以有条件来学习。

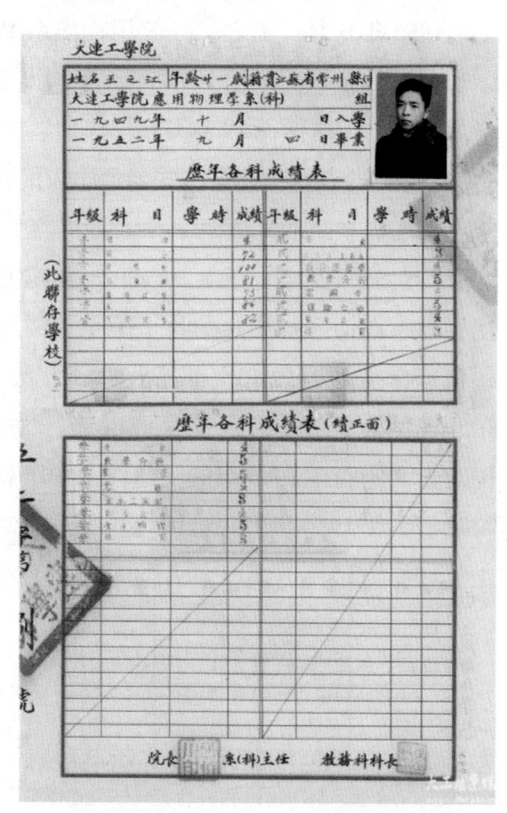

  这时，王之江就显示出了他的才能，应该说他是有天赋的。他那时的天赋和才能主要表现在：自学能力很强。三门课要在一年时间之内都学完，老师只讲提纲，考试又要考这三门有关的内容，我只能得4分，他能全得5分，所以在这方面我是特别佩服他的。他的自学能力很强，老师讲的这些内容，他通过自学就已经有个概念了，再把老师讲的这些

图 2-2 王之江在大连工学院时的成绩单

提纲整理好，相当于复习一样。

我总觉得我们国家在教学方面存在着一个很大的问题，就是灌，老师是灌给学生，学生是全盘地记录下来。靠记是不行的。他（王之江）就有个特点，不是靠记，而是靠理解，把其中一些最主要的概念搞清楚、理解清楚，他说："我是不记什么东西的。"其他同学和我一样，就是拼命记，灌那么多东西，我都要把它记住，可难了。他就说："用不着记，把它理解了，就能学得好。"所以，这方面我特别崇拜他。①

应用物理系老师们的教诲

1952年9月，王之江与应用物理系1949级其他19名大学生一起响应国家号召提前1年毕业，结束了3年的大学生活。谈及自己在应用物理系的学习，王之江这样说："事实上，一个学校的成绩是由当时的老师的组成决定的。我当时在那里，有一些老师比较优秀，所以我受到一些好的影响。"②

大连工学院应用物理系于1950年创立，1952年院系调整时被迁往东北人民大学③并中止招生，1958年大连工学院恢复物理系招生。因此，应用物理系在创系初期共招收了1949级、1950级、1951级三届学生，其中1949级学生于1952年提前毕业，1950级、1951级学生在院系调整时转到东北人民大学。应用物理系1949级、1950级两届毕业生共40人，出了4位院士，他们是1949级的王之江（中国科学院院士）、姚骏恩（中国工程院院士）和1950级的陈佳洱（中国科学院院士）、宋家树（中国科学院院士）。究其原因，归因于应用物理系创系初期的"大师名家云集"。④

---

① 吴世法访谈，2019年12月16日。资料存于采集工程数据库。
② 王之江访谈，2019年10月3日，上海。资料存于采集工程数据库。
③ 东北人民大学，前身为1946年中国共产党在哈尔滨建立的东北行政学院，1950年更名为东北人民大学并迁至长春，1958年更名为吉林大学。
④ 刘金远，赵明山：《百卉含英——大连理工大学物理与光电子工程学院发展史》。大连：大连理工大学出版社，2017年，第11页。

大连大学初建时之所以名师云集，其背后离不开创校元老之一沈其震的精心运筹。史料显示，大连大学初建时的大批名师多是沈其震在香港聘来的。沈其震，1931年在日本东京帝国大学医学院获医学博士学位，曾长期主持新四军军部卫生工作，新中国成立后曾任中央军委卫生部第一副部长、中央卫生研究院院长、中国医学科学院院长等职，1955年当选为中国科学院学部委员，一直受到党中央领导层的高度赏识。早在1947年沈其震就向周恩来建议在大连办学，因为大连是东北地区最早解放的大城市之一，具备成立大学的诸多优越条件。1948年，沈其震接受党中央的指示到大连筹建大连大学，并担任大连大学医学院的首任院长。1948年冬，为解决大连大学的师资短缺问题，沈其震前往香港，以商人身份作掩护，利用地下党、爱国人士建立的关系网，在宁、广、沪、杭等国民党统治地区广招科技人才。不到一年的时间，沈其震就为大连大学聘来了以细菌学专家魏曦、解剖学专家吴汝康、光学专家王大珩、化学专家张大煜、电子学专家毕德显等为代表的数十位科技专家。①

图2-3 大连工学院首届毕业生合影（第二排右一为王之江）

① 姚志健：回忆关东医学院大连大学。见：政协大连市西岗区委员会文史资料委员会编，《西岗文史资料第5辑》。大连：政协大连市西岗区委员会文史资料委员会，1999年，第95—96页。

第二章　心向东北解放区　求学大连工学院

大连大学初建时能够"大师名家云集"还有另一方面的原因，当时大连大学是中国共产党在解放区主办的第一所大学，且大连地理位置优越，海外学子可避开国内战乱直接到达，因而成为很多海外进步学子回国实现建设国家理想的首选目的地，很多留学生也是这样先到了大连。对王之江学术生涯产生较大影响的吴式枢[①]就是如此。吴式枢1947年到美国留学，1951年在伊利诺伊大学获哲学（物理学）博士学位后，谢绝美国导师的挽留，不顾父母的劝阻，从香港乘轮船到大连工学院应用物理系任教。[②]

当然，这批名师在大连居留时间不长，多于20世纪50年代初为适应国家建设的需要而离开大连。其中，王大珩是在1951年中国科学院仪器馆筹备成立时被调离大连工学院，吴式枢在1952年随全国高等院校院系调整转到东北人民大学。实际上，对应用物理系办学产生影响最大的事件是1952年的全国高等院校院系调整，在这次调整中，很多应用物理系的老师和全体在系学生一起被调整到东北人民大学，人才培养工作也因此出现了短暂中断，直到1958年才恢复招生。

在大连工学院，对王之江学术生涯产生重要影响的首先是王大珩。王之江从冶金系转到应用物理系，就是受王大珩转系动员报告的影响。但在应用物理系，王大珩当时任教的是实验课，王之江不喜欢做实验，所以他对王大珩的教学没有留下印象。谈及此事，他说：

> 我看纪念大珩先生的回忆录，看到北京大学校长陈佳洱写了一篇文章，说大珩先生开了一门物理实验的课，说如何对他有帮助，我想这个可能是大珩先生开的课。我当然做过这个实验，但那时对实验不大理解，对我没有多少帮助。我这个人不喜欢做实验，我后来在上海光机所一室也在领导做实验，但我自己并没有好好做，都是在领导别

[①] 吴式枢（1923—2009），生于北京，祖籍江西省宜黄县，物理学家，中国科学院院士。1944年毕业于同济大学机械工程系，并留校任教；1947年留学美国，1951年获得伊利诺伊大学博士学位；1951年任教于大连工学院；1952年转入东北人民大学（今吉林大学）物理系。主要从事原子核理论特别是核多体理论的研究与教学。

[②] 杨善德：吴式枢。见：中国科学技术协会编，《中国科学技术专家传略·理学编·物理学卷·2》。北京：中国科学技术出版社，2001年，第538-544页。

人做。我实际做得最多的工作还是分析分析人家实验的结果，看看人家的实验现象有没有奇怪的地方，有没有不符合常理的地方，我非常关心的是理论和实验符合不符合，能不能从理论上讲清楚。我关心的是这一类的事情，其实自己不会好好做实验。①

所以，回忆在大连工学院应用物理系的学习时，王之江坦言："我在大连的时候，跟大珩先生可能一点接触都没有，我这个人不喜欢跟领导接触。"②

在大连读书期间，王之江接触较多的是吴式枢、何泽庆两位老师。那时，吴式枢教授原子物理课程、何泽庆任吴式枢的助教，他们的教学给学生们留下了非常深刻的印象，在应用物理系系史资料中描述了他们的教学情况：

> 负责给三年级学生讲授原子物理课程的吴式枢教授，因为担心没有教材，学生复习起来比较困难，所以在原本不用讲稿便可讲课的情况下，每次都整理详细讲稿并在课后发给学生。当时，他刚从国外回来，为了习惯、快捷，讲稿全用英文书写，同学看不懂，只好由助课教师何泽庆翻译。因为此事，在后来的思想改造运动中吴式枢教授受到"批判"，讲稿也作为"崇洋媚外"的证据被摆在展览会上。③

王之江喜欢用"懂"来评价一名好教师的教学水平。对于吴式枢的教学，王之江的评价是："他（吴式枢）本身是从美国留学回来的，他在大连教书的时候，属于那种'懂'的老师，一听就知道他是教得非常好的。"④

吴式枢不仅课程教学好，更重要的是把进行学术研究的方法传授给了王之江。王之江大学毕业后到长春的中国科学院仪器馆进行光学设计工作，刚开始根本不知道如何去做，那时吴式枢刚好随高等院校院系调整也

---

① 王之江访谈，2018年11月7日，上海。资料存于采集工程数据库。
② 同①。
③ 刘金远，赵明山：《百卉含英——大连理工大学物理与光电子工程学院发展史》。大连：大连理工大学出版社，2017年，第9—14页。
④ 同①。

到了东北人民大学，利用经常见面的机会，吴式枢教会了王之江如何从查阅文献开始进行科学研究。在吴式枢的指导下，王之江不仅学会了光学设计的基本方法，完成了国家急需的光学设计任务，还在借鉴国外先进光学设计思想与方法的基础上创立了中国特色的光学设计理论体系。因此，谈及自己的科学研究，王之江说："我做科学研究，实际上对我影响最大的是吴式枢。"①

在大连工学院读书时，对王之江影响较为深远的还有何泽庆。何泽庆，中国著名物理学家何泽慧的弟弟。何泽庆才华出众，很受学生尊敬。1993年，王之江曾为《科学的道路》撰写了一篇文稿，文稿就是为纪念何泽庆所写。在这篇文稿中，王之江讲述了对他影响深远的一件事：

> 其中有一件事对我而言影响很大。何泽庆先生当时是助教，他在一次上辅导课时给每个同学发一张白纸，让大家写出自己的读书方法、学习方法。我当时很不理解。他解释这问题的重要性：工欲善其事、必先利其器。这是我注意思想方法和工作方法的开始，我认为这是我能够做成一点工作的主要原因。②

---

① 王之江访谈，2018年11月7日，上海。资料存于采集工程数据库。
② 王之江：要注意思想方法和工作方法。见：中国科学院院士工作局编，《科学的道路》（下卷）。上海：上海教育出版社，2005年，第1409—1411页。

第三章
潜心光学设计　创新像差理论

1952年9月，为满足国家需要，王之江接受了自己并不喜欢的光学设计工作。通过自学，王之江掌握了光学设计的基本方法，完成了长春仪器馆仿制、自行制造光学仪器等大量光学设计任务，并且还为国内其他单位解决了紧急的光学设计问题。不仅如此，他还在大量光学设计实践和理论学习的基础上，充分借鉴英国、德国两个应用光学学派的学术思想与方法，创立了新的光学设计理论——高级像差理论，为中国特色光学设计理论体系的形成打下了基础。

为了国家需要去做不喜欢的工作——光学设计

1952年9月，王之江从大连工学院提前毕业，被分配到尚在筹建中的中国科学院长春仪器馆工作。

长春仪器馆的筹建始于新中国成立之初。1950年8月24日，中央人民政府政务院[①]会议通过了由中国科学院副院长李四光、卫生部副部长贺

[①] 中华人民共和国国务院的前身，1954年9月改称国务院。

诚、教育部副部长韦悫、文化部副部长丁西林联名提交的设立仪器工厂的建议，以满足科研机构科学研究以及工业、农业等领域对仪器的迫切需求。1951年1月24日，中国科学院仪器馆筹备处成立，丁西林任主任和王大珩任副主任开始了筹建仪器馆的艰难历程。

筹建仪器馆的具体工作是王大珩领导开展的，当时上级拨发的筹建经费只有7000吨小米。"大珩先生本来想把所建在北京，在北京方便一些，跟各个所也可以联系，因为他当时的思想是为各个所服务的。结果，给的经费不够建所，北京建不了所，在长春还有可能性。"[①]

谈及当时长春能够建成仪器馆的优势，王之江说："根据我的了解，在解放战争过程中间，长春虽然被破坏得很厉害，但房子并没有怎么破坏。房子的破坏，只是把屋顶都拆掉当柴火烧掉了，房子的四边都还在，只要花很少的钱，就可以把房子建起来。"[②]所以王大珩决定将仪器馆建在长春。

成立仪器馆，迫切需要充实研究力量，为此，王大珩就从全国各地挑选出了20名大学毕业生，其中有北京大学的邓锡铭[③]、清华大学的潘君骅[④]、南京大学的丁衡高[⑤]等。由于王大珩曾经在大连工学院执教过，并亲自创立了应用物理系，非常了解王之江这批学生，所以他在这里挑选了5名学生，分别是王之江、姚骏恩、王乃弘、吴世法、沃新能。这20名大学生，北京等地的先到仪器馆的北京筹备处报到，在那里接受三个月的培训；王之江等5名大连工学院的学生则直接到长春报到。

1952年10月，王之江等5人到达长春。不久，王之江被分配到光学物理研究室，专门从事光学设计工作。光学设计，就是通过计算光线通过光

---

① 王之江访谈，2018年9月27日，上海。资料存于采集工程数据库。
② 王之江访谈，2019年11月7日，上海。资料存于采集工程数据库。
③ 邓锡铭（1930—1997），广东东莞人。上海光机所研究员、中国科学院院士。1952年毕业于北京大学物理系。上海光机所建所时任副所长，后任高功率激光物理国家实验室主任。
④ 潘君骅（1930—2023），江苏常州人，应用光学专家，中国工程院院士。1952年毕业于清华大学机械工程系；1960年在苏联科学院列宁格勒普尔科沃天文台获副博士学位。1952—1980年在长春光机所工作；1980年后先后在中国科学院南京天文光学技术研究所、苏州大学工作。
⑤ 丁衡高（1931—　），江苏南京人，中国人民解放军原总装备部研究员，惯性技术和精密仪器专家，中国工程院院士。1952年毕业于南京大学；1961年毕业于苏联列宁格勒精密机械光学学院，获副博士学位；1952—1956年在长春光机所工作。

学器件的具体光路，来设计光学系统的结构参数，为仪器制造提供理论依据。因此，光学设计是光学仪器制造的基础，是应用光学的灵魂，"在20世纪五六十年代，普遍的理解，应用光学其实就是光学设计"。①

王之江开始做光学设计时，光线经过透镜后光路变化的光线计算是最为烦琐的工作，因为那时还没有电子计算机，计算光线是用原始的几何光学方法，通过对数表、三角函数对数表，把乘除法变成加减法来计算。计算的精度要求非常高，一般情况下计算结果要保留7位有效数字，较低的要求也至少要保留5位有效数字。初

图3-1 20世纪50年代王之江在长春时的照片

学人员只能运用原始的加减法进行运算，计算一根光线通过一个面通常要花费至少5分钟的时间，计算过程非常烦琐。上海光机所退休干部何绍康说："应用光学的工作非常艰难，搞计算用计算尺，工作量太大了。"② 因此，那时候做光学设计，一般要安排很多光线计算员专门进行计算，王大珩曾参观过苏联的一个光学设计室，那个室竟然有60多名光线计算员。③初到长春，王之江所在的光学设计组只有他、王乃弘和黄营生④3人，其中黄营生是专门进行光线计算的计算员，王乃弘则兼做图书馆的管理工作，实际上只有王之江一人在做光学设计。

对于光学设计这份工作，王之江刚开始是不愿意接受的，他喜欢的是理论研究，整个学术生涯中思考最多的也是理论方面的问题。他坦言："这（光学设计）与理论物理相距甚远，很不符合自己的愿望。这也许是物理

---

① 王之江访谈，2018年11月7日，上海。资料存于采集工程数据库。
② 何绍康访谈，2020年1月11日上午，上海。资料存于采集工程数据库。
③ 舒美冬:《王之江科研生涯》。上海：中国科学院上海光学精密机械研究所，2015年，第16-20页。
④ 黄营生（1927—   ），陈星旦的妻子，曾就读于南京金陵女子学院、湖南国立师范学院和湖南大学。

第三章　潜心光学设计　创新像差理论　*39*

教育的一个偏向，似乎只有从事物理理论才是唯一出路。"[①]他在1955年写的自传材料中描述了当时接到光学设计工作时的思想状态："到仪器馆以来，开始还是好的，后来曾因不愿做光学设计工作而要到学校去，情绪波动很大。后来认识到这项工作在中国没有基础，而且又是很需要的，就安定下来，想做它三五年打下基础，培养出人才后就离开这里。"[②]实际上，由于光学设计的计算繁杂等方面的困扰，很少有人愿意接受这样的工作，陈星旦在访谈中曾坦言他也不喜欢这样的工作。[③]

王之江接受光学设计这一工作，完全是基于国家的需要。20世纪50年代初，中国的应用光学基本处于空白状态，还不能生产出制造光学仪器的基础物质——光学玻璃。从事这一行业的全国仅有几百人，主要分布在兵工署22厂等几个光学工厂，主要从事军用光学仪器的组装与保养工作，[④]缺少为光学仪器制造而进行光学设计的专门人才，甚至很多光学仪器坏了也不能修理，青岛观象台的一台天文望远镜在抗日战争时期被日本人破坏，直到1954年才在王之江做的光学设计基础上修复。

实际上，中国从20世纪30年代起就已经开始了中国应用光学事业的建设历程。为满足国家对军用光学仪器的迫切需要，曾先后派遣龚祖同[⑤]、王大珩到欧洲专门学习应用光学技术，并建立了组装军用光学仪器的兵工署22厂。同时，严济慈[⑥]、钱临照[⑦]也在应用物理研究所领导开展了应用光

---

① 王之江：要注意思想方法和工作方法。见：中国科学院院士工作局编，《科学的道路》（下卷）。上海：上海教育出版社，2005年，第1409—1411页。

② 王之江自传（三），王之江人事档案，1955年。存于中国科学院上海光学精密机械研究所档案室。

③ 陈星旦访谈，2019年9月26日，长春。资料存于采集工程数据库。

④ 王大珩：中国光学发展历程的若干思考。见：宣明主编，《王大珩》。北京：科学出版社，2005年，第37—46页。

⑤ 龚祖同（1904—1986），上海川沙县（1993年划归浦东新区）人。中国科学院院士。1930年毕业于清华大学，1934—1937年在德国学习。任中国科学院西安光学精密机械研究所首任所长。

⑥ 严济慈（1901—1996），浙江东阳人。1923年毕业于南京高等师范学校（今南京大学）和东南大学物理系；1925年获法国巴黎大学硕士学位，1927年获法国国家科学博士学位。1948年当选为中央研究院院士；1955年当选为中国科学院学部委员。曾任中国科学院研究生院首任院长、中国科学技术大学校长等职。中国应用光学事业的主要奠基人之一。

⑦ 钱临照（1906—1999），江苏无锡人，物理学家、教育家，中国科学院院士。1929年毕业于上海大同大学物理系，曾留学英国伦敦大学。曾任中国科学技术大学副校长。

学的相关研究，并在抗日战争期间研制出了一些光学仪器，协助兵工署22厂生产出一些军用光学器材，并培养出了一批技术工人，仪器馆建馆初期磨玻璃的技术工人主要来自应用物理研究所，这些工人都是严济慈亲手培养、训练出来的。① 当时，虽然严济慈、王大珩、龚祖同等老一辈光学家具备开展光学设计工作的能力，但严济慈时任中国科学院东北分院院长，王大珩任仪器馆馆长，龚祖同则致力于光学玻璃的熔炼，没有精力去开展光学设计的具体工作。在这样的背景下，亟须有人来承担起光学设计的具体工作，因此，做光学设计虽非自己所愿，"但既然是国家所需要，总也试图将它做到最好"。②

自学光学设计理论

仪器馆建馆之初，王大珩的目标是把该馆建成东方的"蔡司"。③ 蔡司公司是德国最负盛名的生产光学精密仪器的工厂，一直到今天仍然领先于世界。追溯蔡司公司的发展历史可以发现，该公司是在19世纪70年代开始迅速发展并逐渐成为享誉世界的顶级光学企业的，其迅速发展的原因在于该公司与德国光学设计专家阿贝的合作。蔡司公司早期的迅速发展，充分体现了光学设计理论在光学仪器制造中的重要作用。1952年，王大珩把光学设计工作交给了当时年仅22岁的王之江。谈到被安排做光学设计，王之江认为："我做光学设计，可能是（王大珩）看到我数学比较好。"④ 在王之江的大学成绩单上，大学一年级第一、第二学期的微积分考试成绩分别是99分、100分（百分制），大学二年级、三年级的数学分析成绩都是

---

① 王之江访谈，2018年11月8日，上海。资料存于采集工程数据库。
② 王之江：要注意思想方法和工作方法。见：中国科学院院士工作局编，《科学的道路》（下卷）。上海：上海教育出版社，2005年，第1409-1411页。
③ 王之江访谈，2008年11月2日，上海。资料存于采集工程数据库。
④ 王之江访谈，2008年11月7日，上海。资料存于采集工程数据库。

5分（5分制）。①② 扎实的数学功底为他从事光学设计工作打下了坚实基础。

为了帮助王之江学习光学设计的基本方法，王大珩把英国伦敦大学帝国科技学院的教材《应用光学与光学设计》(*Applied Optics and Optical Design*)③ 交给了他。这本书由英国光学设计学派的杰出代表康拉迪（Alexander Eugen Conrady）根据其在帝国科技学院教授光学设计的讲义整理出版，书中详细介绍了光学设计的基本运算方法以及球面像差、色差等基本理论。

王之江虽然在大学期间也学过几何光学，但学习的内容与光学设计没有什么关系，因此到长春仪器馆参加工作时对光学设计还是一窍不通。"可以肯定地说，读过几何光学教科书的人，都不会算光线，都摸不着头脑"，④ 但读过康拉迪的这本书后，王之江知道了怎么去算光线，如何进行光学设计，因为这本书"开宗明义第一条就是教你怎么算光线，很具体，所以这本书我认为是写得很好的一本入门书，而且它是有深度的。所谓深度，就是你真读懂了它，确实是能做设计的"。⑤

读了这本书后，王之江就开始试着做光学设计。当时，光学设计工作通常分为三个步骤。第一步，光学系统的初步设计，根据仪器的性能要求确定光学系统的组成和结构；第二步，光路计算，对初步设计的光学系统，根据光线的折射、反射定律用数学方法计算光线的传播路径；第三步，像差分析，判断光路计算的结果是否达到初步设计的目标。在实际过程中，光路计算的结果与设计要求通常都存在误差，即存在像差，为此，需要判断像差产生的原因，并据此对初步设计进行修改，然后对修改后的光学系统重新进行光路计算，再判断是否符合设计的目标，如此反复，直到达到设计目标。⑥

在学习光学设计的过程中，王之江自己曾进行过一段时间的光路计

---

① 王之江大学毕业成绩单。王之江档案。存于中国科学院上海光学精密机械研究所档案室。

② 王之江大学毕业成绩单学校存联。存于大连理工大学校史馆。

③ 这本书是王大珩在英国留学时的教材，油印本，1929年由牛津大学出版社出版发行。当时第二卷尚未正式出版。

④ 王之江访谈，2018年11月8日，上海。资料存于采集工程数据库。

⑤ 同④。

⑥ 张欣婷，向阳，牟达：《光学设计及Zemax应用》。西安：西安电子科技大学出版社，2019年，第2页。

算，在仪器馆为他安排了专门的光线计算员后，他开始把主要精力放在了设计与像差分析上。由于计算全靠人工，光线经过每个面都要计算，计算量非常大，为提高效率，王之江就根据光学的基本原理对光学系统的结构进行分析，然后根据系统的结构特点选择最典型的少量光线让计算员进行计算，尽量减少他们的计算量。

在光学设计过程中，由于像差的出现是不可避免的，因此，需要判断像差来源于什么地方、怎样进行修改才能消除像差，即进行像差分析，这是决定光学设计能否成功的关键。在实际工作中，光学设计者需要对光线经过每一个面的计算都进行校对，判断有没有错，光学设计者必须有扎实的像差理论基础才能判断准确，如果不懂像差理论，就弄不清像差的来源，因此对光学系统的修改也缺乏清晰的判断。即使在今天光学设计的计算完全依靠计算机程序的时代，由于开发的程序是基于一定的假设和固定的算法，仍然可能存在事先考虑不够周全的地方，因此还需要进行判断，仅仅依赖光学设计软件而没有判断能力不一定能作出好的设计。因此，做光学设计工作，基于像差分析的判断是决定设计是否合理的关键。由于像差分析过程主要是基于复杂的数学分析与计算，真正掌握像差理论十分困难。所以，光学设计看似入门容易，但要做得好却不容易。在王之江之前曾有不少中国学者从事过光学设计工作，但真正做得好的并不多，原因就在于此。

通过深入学习康拉迪的著作，王之江很快掌握了应用光学的基础理论和设计方法，但该著作有一个很大的缺陷——整个著作没有一条引用文献，缺少对光学设计的历史发展、不同光学设计理论的比较以及国际发展趋势的阐述。王之江觉得："只读这本书做设计是可以的，但是仅能够做一个设计匠，也就是做工匠还是可以的，不会有多大的发展，"[1]要真正做好光学设计，需要学习并吸收不同学术流派的先进设计理念。当时，德国是欧洲大陆光学设计学派的代表，其光学设计理论体系与英国完全不同。德国的蔡司公司100多年来一直保持着世界领先水平，依靠的就是德国独特

---

[1] 王之江访谈，2018年11月8日，上海。资料存于采集工程数据库。

的光学设计理论体系。虽然当时德国的大部分光学设计处于保密状态，但还是有一些阐述像差理论的著作出版发行。

那时，王之江刚刚大学毕业，并不知道怎么做科学研究，"学会读文献，这个是吴先生教的"。① 这个吴先生是王之江在大连工学院读书时的老师吴式枢，吴式枢向王之江介绍了光学和物理学领域的很多学术期刊，分析了这些期刊的性质，指导他查阅各种期刊。②

光学设计这一学科诞生于 19 世纪五六十年代，其理论在 20 世纪三四十年代才发展成熟，因此在王之江开始做光学设计时，相应的学术期刊很少，发表的相关论文也非常少，如果没有掌握查阅文献的方法，可能花很多时间也找不到一篇文章。"我相信，不会读期刊的人，到图书馆去翻期刊，根本不知道如何下手，查阅期刊完全不得要领，什么都看不懂，但掌握了方法之后，查东西还是很方便的。"③ 按照吴式枢交给他的方法，王之江查阅到了一些光学设计文献，继而找到了这些文献的引用文献，如此继续搜索下去，发现了大量光学设计方面的论文，这样，王之江了解到了光学设计的发展历史以及各个学术流派的学术观点与方法，为后来开展理论创新打下了坚实基础。

这一时期，王之江还阅读了苏联光学设计专家杜德罗夫斯基编著的《光学仪器理论》一书，并与王乃弘、袁幼心一起合作将其翻译成中文，1958 年由科学出版社出版发行，为中国早期光学设计的从业人员提供了很好的参考。该书中光学设计的基本思想与方法属于德国的设计理论体系，在翻译过程中，得到了曾留学德国的老一辈光学家龚祖同的悉心指导。据潘君骅回忆，王之江等人曾带着翻译的部分章节到龚祖同那里去读，龚祖同边听边校，不仅保证了翻译的质量，也加深了他们对光学设计理论的理解。④

---

① 王之江访谈，2018 年 11 月 8 日，上海。资料存于采集工程数据库。
② 王之江访谈，2019 年 10 月 3 日，上海。资料存于采集工程数据库。
③ 同①。
④ 潘君骅访谈，2019 年 10 月 29 日，苏州。资料存于采集工程数据库。

仿制、自行设计与修复光学仪器

王之江开始做光学设计时，由于没有任何经验，通常是先把一些光学仪器拆开，看看该仪器有哪些镜片，观察镜片的组成方式，测量各个器件的规格大小，然后进行仿制。与一般人员不同的是，在仿制过程中，王之江要分析每个镜片的作用，思考光束的传输路径，搞懂仪器的设计思路，为自行开展光学设计奠定基础，因此他会认真思考每个部件的作用，并从中学到了很多知识。比如，在仿制一种大地测量的光学仪器——大平板仪的时候，从仪器中拆出来的一个不规则的棱镜就给了他很好的启发。常见棱镜的角度通常是 30°、45°、90° 等比较规则的角度，但那个大平板仪中的棱镜有一个角是 12°，不规则。为什么是 12°，王之江百思不得其解。恰逢王大珩来看这个仪器的仿制情况，于是王之江向王大珩请教，王大珩当场指出，这个棱镜的作用是使经过棱镜的图像产生 12° 的旋转。后来，王之江专门就利用棱镜使图像产生旋转等运动、变化进行了全面研究与总结，相关成果写入了他后来出版的专著《光学设计理论基础》中，为国内的光学设计工作者提供了有益的借鉴。①

在仿制的基础上，王之江开始试着自行设计一些新的光学仪器，到 1954 年，他自主完成的光学设计有 20 多种。在仪器馆建馆短短两三年的时间，一下子有这么多种光学仪器被研制出来，长春仪器馆因此而声名鹊起，全国各地的科研机构纷纷到长春仪器馆寻求帮助，或要仪器、或要求维修仪器。当时，中国科学院金属研究所金属材料专家师昌绪②正在进行金属蠕变的实验研究，由于金属蠕变现象的细节非常小，需要借助一个长焦镜头进行观察，但那时在国内根本买不到这种设备。他去找时任所长李

---

① 王之江访谈，2018 年 11 月 9 日，上海。资料存于采集工程数据库。
② 师昌绪（1920—2014），河北徐水人，金属学及材料科学家，中国科学院院士，中国工程院院士，第三世界科学院院士，曾任中国科学院金属研究所所长。1945 年毕业于西北工学院；1948 年获美国密苏里大学矿冶学院硕士学位；1952 年 6 月毕业于美国欧特丹大学，获博士学位。长期从事高温合金及新型合金钢等材料的研究与开发。

薰①，李薰对仪器馆光学设计的成果已有耳闻，就让师昌绪找王大珩帮助解决，光学设计的问题当然还是要靠王之江来解决。不久，师昌绪就拿到了自己所需要的长焦镜头了。②

对于早期的光学设计实践，王之江记忆最深的是青岛观象台望远镜镜头的设计。这是一台德国进口的小天文望远镜，是折射式望远镜，物镜口径为150毫米，焦距为2.2米，镜筒在抗日战争时期被日本人拆走了，只剩下木质机架和转仪钟。青岛观象台方面希望长春仪器馆为这台望远镜配制一个镜筒，以便进行太阳黑子等天文现象的观察。③

接到这个任务时，王之江还没做过望远镜的设计，于是就查阅文献，并很快找到了望远镜的设计方法。他觉得这个望远镜是最简单的望远镜，相应的光学设计应该非常简单。他先后到南京紫金山天文台、上海佘山天文台进行考察。南京紫金山天文台的望远镜是反射式的，体积很小，没有参考价值。佘山天文台的望远镜是折射式的，主要通过观察遥远星体的位置来测定当地的时间，是当时国内最大的折射望远镜。当时的台长李珩给王之江详细地介绍了这台望远镜的历史、结构与用途。④经过考察，确如王之江原来所想，青岛观象台的这台望远镜的光学设计属于最简单的一种，当时是人工计算光线，一两天也就完成了。

虽然青岛观象台望远镜的光学设计简单，但在研制过程中仍然遇到了一些棘手的问题。这台天文望远镜跟其他望远镜的区别在于，其焦距很长，达到2.2米。望远镜焦距的变长，使得视场中心的色差很难调整，即色差校正不完全，会有剩余色差。由于是第一次设计这种望远镜，王之江不清楚设计好的系统是否已将剩余色差校正好，在望远镜加工完成之后，他才发现加工存在瑕疵，望远镜的视场中心存在色差。经过分析，他

---

① 李薰（1913—1983），湖南邵阳人，物理冶金学家，中国科学院院士，中国冶金科技事业的开拓者之一。1936年毕业于湖南大学，1940年获英国谢菲尔德大学冶金学院哲学博士学位，1950年获冶金学科学博士学位。曾任中国科学院副院长。

② 马晓丽：《光魂》。北京：解放军出版社，1998年，第137-138页。

③ 中国科学院仪器馆概况及各部分研究试制工作介绍。存于中国科学院长春光学精密机械与物理研究所档案室。

④ 王之江访谈，2018年9月27日，上海。资料存于采集工程数据库。

认为色差的出现是由镜片四周不等厚造成的，决定采用两个镜片错位来进行补偿，成功消除了中心色差。望远镜的加工制作是由潘君骅、缪祥松完成的。后来他们又为佘山天文台制作了直径为200毫米的折光天文望远镜物镜。[1]

那段时间，长春仪器馆是中国科学院唯一能做光学设计的机构，全国各地有光学仪器需求的都跑到长春来请求帮助解决，有各种各样的问题需要王之江解决，1年下来他差不多要做近百个光学设计。大量的光学设计实践的锻炼，使得王之江的光学设计水平迅速提升。

理论创新——高级像差理论的形成

面对全国各地各式各样的需求，难免会遇到一些棘手的问题。比如，二级光谱问题，即对两种色光校正色差后，对第三种色光还有剩余色差，这是任何光学系统都无法消除的一种像差。在为青岛观象台设计望远镜时，王之江就感觉这个问题非常棘手，他查阅了大量资料，一直没有找到好的方法。针对这个问题，他曾经向很多人请教过，都未能给出令人满意的解答。为解决这个问题，他对当时国际上光学设计理论的主要观点与方法进行了深入分析。在光学设计领域当时国际上主要有两个学派，一个是以德国为代表的欧洲大陆学派，德国、苏联等一些国家的光学设计体系隶属这一学派；另一个是以英国为代表的英美学派，其光学设计的基本理念与方法是以康拉迪的理论为基础，英国、美国隶属这一学派。[2] 对于像差理论，这两个学派的处理方法有着很大的不同。德国学派是将像差问题的函数按一级、二级、三级等作级数展开，然后一级一级地进行分级分析，这种方式处理初级像差相对简单，二级的就非常复杂。英国学派的像差理

---

[1] 叶青，朱静：《聚焦星空：潘君骅传》．北京：中国科学技术出版社，2019年，第61-62页。
[2] 王之江：《光学设计讲义》(内部资料)．上海：中国科学院上海光学精密机械研究所，2004年。

论不是运用级数展开的方式进行分析，而是根据实际情况进行函数的数学分析，处理方法比德国学派的简单且清楚，但没有德国分析的透彻。对于高级像差的分析，这两个学派的理论都不够简洁、高效。

在这样的背景下，王之江开始尝试运用不同于英国学派和德国学派的新方法来分析高级像差，将物理光学原理应用到像差分析中，并由此创立了一种新的高级像差理论。他首先根据对称性讨论了二级像差的独立像差数，继而讨论了像差的几何意义，再由坐标变换的观点导出了光阑移动时像差变化的规律，最后由费马（Fermat）原理导出了物体移动时像差变化的规律，所得结果是略去初级像差影响后的近似结果，表达式非常简单。同时，王之江将高级像差分为本征和衍生两类，分析了两类像差产生的原因，并分别导出了两类像差的表达式，为评判高级像差的产生原因提供了半定量的依据。实践证明，相比于德国学派和英国学派的光学设计方法，王之江提出的高级像差理论有着很多方面的优越性。这种优越性，他在1959年编写的光学设计培训班讲义——《光学设计方法及高级像差分析》的引言部分进行了比较清晰的阐释。

图 3-2　王之江高级像差理论手稿

图 3-3　1959年王之江编写的光学设计培训班讲义

正如王之江指出的那样，此前像差分析都是应用几何光学方法，在分析初级像差、二级像差时十分有效，但在分析高级像差时太过复杂，已没有实用价值。王之江将物理光学的基本原理引入光学设计的理论分析，成功解决了长期困扰国际学界的高级像差分析难题。

光学设计工作得到严济慈的赞赏

1956年，时任中国科学院东北分院院长严济慈到仪器馆检查工作，听取了仪器馆各个部门的工作汇报，王之江就光学设计方面的工作进行了汇报。

严济慈是我国应用光学研究的先驱之一。20世纪30年代，他在国立北平研究院物理研究所从事压电晶体研究时，曾遭遇过国内无法买到光学仪器的窘境，也曾指导物理研究所的年轻科研人员开展光学仪器的试制工作。严济慈深知应用光学对于国防建设的重要性，一直努力促进中国应用光学的学科建设与发展，1937年赴英国留学学习应用光学技术的王大珩就是严济慈亲自挑中的。

20世纪40年代，为适应抗日战争的战时需要，在昆明黑龙潭龙泉观的破庙中，严济慈带领钱临照等一批物理研究所的研究人员，制造出300多套步兵用的五角测距镜和望远镜、500台1400倍显微镜、200架水平经纬仪、500套缩微胶片放大器等，供部队、医院、工程等方面的人员使用。仪器馆建设初期磨玻璃的工人就是在这一时期由他培养出来的。[1][2] 1949年初期，他领导仿制的第一架巴拿马瞄准具还被《中华人民共和国科学技术大事记（1949—1988）》收录。[3]

因此，在听完王之江的汇报后，曾经从事过光学设计的严济慈非常理

---

[1] 严济慈：《严济慈文选》。上海：上海教育出版社，2000年，第15页。
[2] 卢曙火：《科学泰斗：严济慈传》。杭州：杭州出版社，2004年，第146页。
[3] 张应吾：《中华人民共和国科学技术大事记（1949—1988）》。北京：科学技术文献出版社，1989年，第4页。

解这些工作的困难之处以及对于国家建设的重要意义，对其工作大加赞赏。提及此事，王之江说："严济慈先生来检查工作，让各个部门作报告，光学设计由我来作报告，主要是具体做过些什么设计，反正这个报告的结果严济慈先生是非常欣赏的。他是做过设计的，他不是外行。"①

对于王之江在光学设计实践方面的贡献，王大珩在1985年写过这样一段评价："（光学设计工作）突出地表现了他（王之江）对所学事物的敏感性、想象能力、创造能力和表达能力。在从事研究所自身需要的以及所外委托的各种光学设计中，迅速地形成以他为主导的团队，完成了多种类型的镜头设计，包括显微镜物镜、内调焦望远镜、照相机放映物镜、宽银幕放映物镜机摄影物镜、折反射系统以及连续变焦物镜等。不出十年，使（长春）光机所形成了一个我国的光学设计中心，掌握了光学设计的自由。"②

---

① 王之江访谈，2018年11月8日，上海。资料存于采集工程数据库。

② 王大珩：王之江在学术上的成就与贡献。王之江人事档案，1985年1月29日。存于中国科学院上海光学精密机械研究所档案室。

第四章
褪入"肃反""反右",初品跌宕人生

20世纪50年代后半期,受"胡风反革命集团案""反右"运动等政治事件的影响,王之江先后成为"肃反"对象、"右派"分子、"白专"典型,其间也曾获评"吉林省先进工作者""向科学进军积极分子"等荣誉称号,经历了一段跌宕起伏的人生历程。

成为"肃反"对象

1955年,受"胡风反革命集团案"的影响,王之江因发表支持马赫主义哲学观点等一系列言论,被诬陷为反革命分子,被迫接受审查。

实际上,王之江开始读马赫主义哲学著作的初心是想更好地理解马列主义、毛泽东思想,也希望能从中学习到科学的思想方法和工作方法。在阅读大量马赫主义哲学著作后,王之江认为马赫主义哲学的认识论更符合科学研究的规律,因而在清查"胡风反革命集团"运动中,诬陷"他在大学里所以对哲学感兴趣是企图否定(反对)列宁主义哲学"。[①] 这样,王之

[①] 中国科学院上海光学精密机械研究所革命生产委员会材料组编写:高举毛泽东思想伟大红旗 彻底批判反动"学术权威"王之江的反动言行,1967年9月4日,内部资料。

江自然成为当时"肃反"的重点对象之一。

因为支持马赫主义哲学,王之江被认定为"宣扬唯心主义,诋毁马列主义",①有明显的反党反革命行为,因此遭受了反革命审查。对于王之江那时的遭遇,他的大学同学、长春光机所同事吴世法明确否认王之江是反党反革命的,他说:"他(王之江)没有这些反党的思想,这方面我可以保证,因为他跟我从大学到光机所一直都在一起,他跟胡风一点儿也没有联系。"②

王之江被认定为反革命分子,客观上是受他在大连大学求学时期的老师何泽庆的影响。由于何泽庆的思想比较激进,说过一些过激的言论,所以后来就成了吉林省最大的"右派",而王之江非常崇拜何泽庆,在长春工作期间和何泽庆交往比较密切,经常在一起探讨学术问题,"肃反"运动很自然就波及了王之江。在认定王之江是"胡风反革命分子"之后,就开始找人来揭发王之江,王之江的好友潘君骅、吴世法,妻子顾美玲都被找去揭发王之江。虽然这些人竭力保护他,王之江还是受到了审查与批判,并被开除了团籍。

连累新婚妻子丢了"党票"

王之江遭受反革命审查,牵连到了几个好友。潘君骅受到审查小组的威吓,说不揭发王之江,就马上批判他自己。吴世法维护王之江,被认为"右倾"。受到牵连最大的还是王之江的新婚妻子顾美玲,她因这件事丢掉了"党票"。

谈及这段历史,王之江的好友潘君骅说:"王之江整改的时候,应该是 1955 年的那次。顾美玲当时已经是预备党员了,王之江被定为反革命,

---

① 中国科学院上海光学精密机械研究所革命生产委员会材料组编写:高举毛泽东思想伟大红旗 彻底批判反动"学术权威"王之江的反动言行,1967 年 9 月 4 日,内部资料。

② 吴世法访谈,2019 年 12 月 16 日,大连。资料存于采集工程数据库。

党组织问顾美玲，说你要党票还是要王之江，顾美玲说不要党票了。"①"要党票还是要王之江"也因此成了长春仪器馆有名的典故之一。

谈及王之江成为"肃反"对象，顾美玲认为跟他的性格特点密切相关。王之江"性格比较孤僻，比较冷静、不爱讲话，中学时没有几个朋友，就是读书、不和人来往"②，在和人交谈时比较耿直，容易得罪人。顾美玲曾直言："（王之江）从来不会拍马屁，也不会说奉承的话，他实实在在，好就好，不好就不好，从来不会说假话什么的，因为这个原因，会得罪人。工作也是，比如说你做什么，你哪里不对或者是什么，他不会用一种婉转的方法让人家接受，不至于记心里、恨你，他想不到这些。"③王之江的大学同学姚骏恩也说："王之江是比较直的，平时说话不多，也不跟人瞎聊天什么的。"④

图 4-1　1984 年王之江与妻子顾美玲游玩照

"肃反"时，他们结婚还不到一年，面对"要党票还是要王之江"的艰难选择，顾美玲选择了后者。回顾这段历史，顾美玲至今仍然非常伤感，她说："在'肃反'的时候，他们让我说他是什么什么的，我做不到，因为我们毕竟还是相爱的，我了解他，根本就不是他们说的那样。当时我年纪很轻，一般的也不懂，根本没想到会有这么个事情。另外，我对这个事情很忌讳，所以态度是很坚决的，最后我的党籍就被取消了。"⑤

为了王之江，顾美玲不惜牺牲了自己的政治前途，并且承担起了全部

---

① 潘君骅访谈，2019 年 10 月 29 日，苏州。资料存于采集工程数据库。
② 顾美玲：王之江表现。王之江人事档案，1955 年。存于中国科学院上海光学精密机械研究所档案室。
③ 顾美玲访谈，2019 年 11 月 7 日，上海。资料存于采集工程数据库。
④ 姚骏恩访谈，2019 年 12 月 23 日，北京。资料存于采集工程数据库。
⑤ 同③。

的家务，全身心地支持他的工作。对此，他们的好友陈星旦曾这样评价："顾美玲对王之江的成长有很大帮助，他家里什么小孩啊、家务都是顾美玲管，王之江一点都不管，空出很多时间来工作、看书。"① 因此，王之江取得的卓越科学成就，其背后凝聚了妻子顾美玲的默默支持和无私奉献。

获评八级助研和"吉林省先进工作者"

1955年反革命审查，虽然使顾美玲丢掉了"党票"，但并未对王之江产生多大影响。当年年底审查结束，王之江反革命罪证不足，长春仪器馆撤销了对他的处分，恢复了他的团籍。

关于王之江没被打成反革命的原因，坊间流传是王大珩到吉林市委为王之江担保的结果。马晓丽著《王大珩传》中是这样叙述的：

> 王之江是一个典型的学者型的知识分子，他不但聪明好学，而且勤于钻研。但王之江孤傲耿直，不善处理人际关系，很容易在纷繁的政治运动中成为目标。"肃反"时，王之江由于出言不慎，被认为有反动思想而受到了批判。这边还批着呢，那边王大珩就火了，他一气之下跑到吉林市委，找宣传部部长说他要以他个人的身份来担保，担保他的学生绝对没有问题！弄得一时间满城风雨。"反右"时，惯于直言从不包藏自己的王之江又捅了娄子，王大珩左袒右护，最后竟差一点儿把自己也折到了"右派"堆里。②

王大珩确实非常喜欢、器重王之江，并给予了他多方面无微不至的关怀。1956年，王之江由研究实习员提升为助理研究员，他是1952年建馆

---

① 陈星旦访谈，2019年9月26日，长春。资料存于采集工程数据库。
② 马晓丽：《王大珩传》。北京：中国青年出版社，2015年，第218页。

到1956年来长春仪器馆工作的大学生中唯一的一个，工资一下子涨了4级。1956年年底，他被评为"吉林省先进工作者"，1957年又被评为长春市共青团的"向科学进军积极分子"。王之江被评为助理研究员、获得"吉林省先进工作者"等荣誉，都是王大珩一手操办的，这在王大珩的自传《七彩的分光》中有明确的叙述。

图4-2 王之江（左）与王大珩（右）合影
（摄于1995年王大珩80寿辰）

> 王之江在我的学生中是最著名的，也是在学术上贡献最大的一个。早在20世纪50年代，王之江刚刚毕业来到光机所的时候，我就看中了这棵苗子。从那时起，我就对王之江格外器重。
>
> 王之江在科研方面十分有潜力，所以我对他也的确格外悉心培养。但是，在极"左"思想盛行的年代，我的这些做法竟都成了罪状。说我欣赏王之江的才干把他"视为宠儿"，支持他走"白专"道路，说我从苏联带回的最新的技术资料都是先给王之江看，还说我在1956年工资改革时，一再坚持把王之江评为八级助研（全所1952年毕业生中只有王之江一人是八级），过后又给他奖励，选他为省先进工作者，向科学进军的积极分子等……
>
> 的确，这些事我都做过，而且至今我也认为我做得对。[1]

实际上，王大珩对王之江不仅仅是喜爱，还饱含着敬佩之情。在王大珩的自传《七彩的分光》中还写道：

---

[1] 王大珩：《七彩的分光》。南京：江苏人民出版社，2008年，第235-236页。

图 4-3　王之江（左二）1981 年在长春光机所

说老实话，我对王之江的期望值一直很高，而王之江也的确没有辜负我对他的期望。他以敏锐的目光先我一步看到了激光领域的发展前景，并及时跟踪介入这一领域，为我国激光技术发展始终处于国际先进行列作出了突出贡献。在这一点上，我很佩服王之江的眼光和能力。我想，所有的人都是有局限的。世界上大概根本就不存在永不失误的眼睛，不存在永远正确的智者，真正的智者是指那些能及时发现误差并迅速进行调整的人。老师不一定在所有的领域中都比自己的学生强，老师也不一定永远都比自己的学生强，当老师的应该善于向自己的学生学习。

如今，王之江先生已经成为中国科学院院士，成为我国著名的光学专家，成为我国激光事业最重要的奠基人之一。作为他的老师，我很高兴，我为自己有这样一位成就卓著的学生而感到自豪。作为一个优秀的科学家，王之江先生为国家作出了突出贡献，也赢得了我这个老师对他的尊敬。

我想说的是，当老师的更要学会向自己的学生学习。[1]

正是基于这种喜爱和敬佩，王大珩在 1977 年科教座谈会上专门向邓小平提出要为"文化大革命"期间遭受不公正待遇的王之江落实政策，1985 年又专门向中国科学院写报告提议将王之江的待遇提高到一级教授水平。[2] 不仅如此，王大珩还一度将王之江选为自己的接班人，王之江在 1981 年兼

---

[1] 王大珩：《七彩的分光》。南京：江苏人民出版社，2008 年，第 239 页。
[2] 王大珩：王之江在学术上的成就与贡献。王之江人事档案，1985 年 1 月 29 日。存于中国科学院上海光学精密机械研究所档案室。

任长春光机所副所长,并因此又在长春工作了几个月,实际上就是王大珩准备让王之江接替他长春光机所的所长职位而作的精心安排。

没戴帽子的"右派"

1957 年,随着"反右"运动的到来,王之江因在"肃反"时被认定有反动的言论,再次受到批判,他因此成了没戴帽子的"右派"。

在"反右"运动中,王之江是中国科学院系统内被保护的对象之一,并未真正戴上"右派"的帽子,属于"内控"使用的科研人员。"内控"使用是"反右"时期保护科学家的一种方式,是时任中国科学院党组书记、副院长张劲夫冒着政治风险向毛泽东争取到的。张劲夫在"反右"运动高潮时期,看到很多科学家受到冲击,就斗胆向毛泽东进言,希望采取措施保护一些重要领域的科学家,在得到毛泽东的首肯后,中国科学院系统内有一大批科学家受到了保护。关于没戴帽子的原因,王之江本人也是清楚的,他说:"'反右'的时候,又轮到我啦,但没有处分。这是因为,在张劲夫的争取下,针对中国科学院的'反右'情况,好像中央给了中国科学院一个特权,虽然我是'右派',可以不给我戴帽子。"[1]

虽然没戴"右派"的帽子,但王之江仍然受到了非常严厉的批判。不仅有各种各样的批斗会,批判王之江的大字报也是铺天盖地,但他都能坦然处之。王之江的好友潘君骅在"文化大革命"期间也曾被贴了铺天盖地的大字报,他心情非常沉重,陈星旦的夫人黄营生就用王之江对待大字报的态度开导他。回忆这段历史,潘君骅说:"陈星旦的爱人就跟我说,1957年铺天盖地的大字报写王之江,王之江看了,也就笑笑。她说:'你要学王之江,这些大字报上乱七八糟的东西,你别理他'。我就跟她说:'我做不到啊。'这个事不是每个人都做得到的,王之江就有这个度量,他看了以

---

[1] 王之江访谈,2018 年 11 月 7 日,上海。资料存于采集工程数据库。

后也就笑笑。"①

"反右"运动也牵连到了王之江和妻子顾美玲的一些好友,姚骏恩院士的夫人闫秋兰就是其中之一。谈到这件事,姚骏恩在接受访谈时说:"1957年'反右'那段时间我不在长春。他们问我爱人:'你说王之江讲话有多少是对的?'我爱人就说:'百分之九十是对的。'她也因此受到牵连,说她跟王之江坐在一条板凳上,也要批我爱人。我记得那时候有一次刚好回长春,在办公楼的大门口,上面写的大字报说要开除闫秋兰的团籍怎么怎么的。我老伴儿脾气也很倔,跟王之江一样,就是不说王之江有什么不好。"②

图 4-4　王之江(左)与姚骏恩(2017 年)

1957年年底,随着"反右"运动的深入,国内出现了人才培养"专"与"红"的辩论,提出国家要培养为无产阶级服务的"又红又专"的人才。在这场"红"与"专"的辩论中,长春光机所出现了三个典型:"一个是邓锡铭,是又红又专的代表;一个是唐九华,是先专后红的代表;王之江是只专不红的代表,实际上就是说王之江是'白专'典型。"③

这段时间,王之江专心于光学设计理论探索的行为以及"经典光学已

---

① 潘君骅访谈,2019 年 10 月 29 日,苏州。资料存于采集工程数据库。
② 姚骏恩访谈,2019 年 12 月 23 日,北京。资料存于采集工程数据库。
③ 同①。

经没有什么值得研究的了"等言论,被认为是资产阶级名利思想的表现,成为批判他的主要罪状之一。长春光机所1959年关于"大跃进"运动的一份档案,也有直接点名批判王之江领导的光学设计小组的叙述。种种材料表明,王之江在这一时期虽未戴上"右派"的帽子,却被当成"白专"典型而受到了非常严厉的批判。

第五章
奠定应用光学发展根基　突破国防光学"要害技术"

1958年开始,王之江连续两年开设光学设计培训班,为国家培养了大批光学设计人才,其培训讲义后经整理以《光学设计理论基础》为书名出版,该书的出版标志着中国特色的应用光学理论体系正式形成。同时,在长春光机所的"大跃进"运动中,他带领光学设计组完成了大量光学设计任务,为高精度经纬仪等"八大件"为代表的多种精密光学仪器的制造奠定了基础。依靠研制"八大件"打下的技术基础,和王之江创立的光学设计理论,长春光机所成功研制出了中程导弹试验所需的大型精密光学仪器——大型光学电影经纬仪,实现了国防光学"要害技术"[①]的突破。在这个过程中,王之江为光学设计培训班编写培训讲义、授课,完成了"八大件"中高温金相显微镜、多倍投影仪等系列光学仪器的光学设计,更为重要的是,他设计出了"150工程"——大型光学电影经纬仪的光学系统,为国防光学"要害技术"的突破完成了最为关键的一项工作。

---

① 王大珩在《我的自述》中称应用光学技术为"要害技术"。参见:王大珩:我的自述。《办公自动化》,2012年S1期,第28-34页。

开办光学设计培训班

1958年起，王之江连续两年在长春光机所开办了光学设计培训班，为国家培养了一大批光学设计人才。得益于这批人才的迅速成长，应用光学研究在中国遍地开花，中国应用光学的学科体系基本建立起来。

关于开设光学设计培训班的原因，王之江这样说：

> 怎么会有光学设计培训班呢？这是因为，我们做光学设计在国内出名了，1956年、1957年就出名啦，各个大学、各个研究机构都知道我们是能做光学设计的，就派人来所里培训，我们也都接待、接收。当时到光机所来学光学设计，是不保密的，也不收费，我们给人家设计，连设计费都不收，所以培训过很多人。来培训的，我们要为他们安排办公室，还要每人一张桌子，要来培训的人太多了，就觉得这种形式不行，觉得还是一次集中训练几十个人，不能一个一个地培训，所以1958年会办这个光学设计培训班。[1]

实际上，早在1956年，王之江就已经面向长春光机所内部人员开设了光学设计培训班。1956年，光学设计组新加入了薛鸣球、谭维翰和几个光线计算员。由于新加入的成员没有光学设计基础，为了让他们尽快掌握光学设计的基本方法，王之江就为他们开设了光学设计培训班。参加这次培训班的还有所里计划科的一些人员以及来自国内其他机构的少数科技人员，[2] 这其中就包括南开大学的母国光[3]。

---

[1] 王之江访谈，2018年11月8日，上海。资料存于采集工程数据库。
[2] 胡晓菁：《赤子丹心　中华之光：王大珩传》。北京：中国科学技术出版社；上海：上海交通大学出版社，2016年，第116页。
[3] 母国光（1931—2012），辽宁锦西人，中国科学院院士，光学科学家。1952年毕业于南开大学。曾任南开大学校长、中国光学学会名誉理事长等职。1956—1957年在中国科学院长春光学精密机械与物理研究所进修应用光学，名义上的导师是龚祖同，实际学习于王之江开设的培训班。

图5-1 1956年光学设计组合影
（前排左起：陈泽水、王之江、黄菅生、杜效良、刘光亚；后排左起：王树惠、谭维翰、薛鸣球、卓励）

  由于这次培训反响很好，国内其他机构申请来学光学设计的人一下子多了起来，于是王之江在1958年、1959年连续两年面向全国的高校和光学工厂开办光学设计班。当时来参加光学设计培训班的人员主要来自浙江大学、清华大学、北京工业学院[①]、哈尔滨工业大学等高校，以及上海光学仪器厂、昆明298厂、西安248厂、南京电影机械厂、上海照相机厂等一些光学工厂。[②] 当时，这些高校虽然有光学仪器专业或者仪器专业，但因缺乏光学设计方面的教师，并没有开设光学设计课程，昆明298厂等光学工厂也没有专门做光学设计工作的人才。谈及此事，王之江说：

  当时各个大学，譬如浙江大学，它1956年有光学仪器系的学生

[①] 北京工业学院，今北京理工大学，前身为中共中央于1939年在延安创办的自然科学研究院，1946年更名为华北大学工学院，1952年定名为北京工业学院，1988年更名为北京理工大学。
[②] 舒美冬：《王之江科研生涯》。上海：中国科学院上海光学精密机械研究所，2015年，第16—20页。

毕业，来所的时候光学设计是不懂的。其实，他们学校教光学设计的老师是来所里培训过的，在这个老师来培训之前，他们虽然叫光学仪器系，但学生并没有上过光学设计课。哈尔滨工业大学也有光学仪器系，清华大学没有光学仪器系，有仪器系，北京工业学院有光学仪器系，北京工业学院是有苏联专家的，反正这些大学没有人好好讲光学设计课。

另外就是一些工厂。昆明298厂，名称好像就叫光学仪器厂，是兵工厂，做军用光学仪器，中国最早做出双筒望远镜的就是298厂。龚祖同先生在那里做过厂长，双筒望远镜就是龚先生做厂长的时候做出来的。龚先生是能做光学设计的，虽然他后来专门做光学玻璃，其实他还能做光学设计，但是298厂后来就没有人好好做光学设计了。西安也有军用光学仪器的工厂，北京也有一个军用光学仪器的工厂，虽然这些厂都做光学仪器，但并没有人真正能有把握做光学设计。

我1958年开训练班主要就是针对这些地方，当时国内主要的大学、工厂都来学过。①

培训之前，王之江是全国范围内最出名的光学设计专家，全国各地的光学设计问题都来找他解决。培训之后，得益于这批人才的迅速成长，全国各大光学工厂、高校都能够自主开展光学设计工作。回顾这段历史，王之江非常自豪地说："我觉得我这个培训班很好，这之后这些地方都能自己做光学设计，这个可能是我做光学设计最大的成绩。"②

这个培训班对王之江本人的重要意义在于，他可以离开光学设计组了。王之江刚参加工作时希望从事的是理论研究，从事光学设计工作并非所愿，但基于国家需要还是接受了这项工作，但同时他也暗下决心要尽快培养出一批光学设计人才，争取尽快脱离光学设计工作。③ 这次培训，确

---

① 王之江访谈，2018年11月8日，上海。资料存于采集工程数据库。
② 同①。
③ 王之江自传（三）。王之江人事档案，1955年。存于中国科学院上海光学精密机械研究所档案室。

实为国家培养了一大批光学设计人才，其中最为关键的是长春光机所薛鸣球的迅速成长，为王之江离开光学设计工作创造了条件。实际上，1959年之后，长春光机所光学设计的工作基本上是薛鸣球在做，王之江已转向激光研究了。

鉴于王之江在光学设计方面深厚的理论基础和扎实的设计实践，当时很多人不舍得他离开光学设计工作，并对他做了大量思想工作。王之江的大学同学姚骏恩回忆这段历史时，就提到钱临照院士曾亲自去做王之江的思想工作，他说："仪器馆那时候开过一个学术会议（1959年全国光学设计学术会议），当时王之江搞光学设计已经很有成绩了，他不想再继续搞光学设计了，他想搞别的光学，当时钱临照也劝王之江继续搞光学设计，但是王之江不愿意，就是想办法搞其他的东西。"①

通过光学设计培训班，王之江将自己从事光学设计实践的经验与方法以及创新的高级像差理论毫无保留地贡献了出来，"为我国初始建立光学工业事业培养了第一代光学设计人才"，②为中国应用光学学科的建立奠定了人才基础。

在开办培训班的过程中，王之江根据自己多年的光学设计实践经验，以自己创立的高级像差理论为基础，编撰了全新体系的光学设计理论讲义。这套讲义吸收了德国、英国两个学派基础理论的优点，并有所创新和发展。比如：讲义中三级像差理论的内容主要参照苏联学者杜德罗夫斯基《光学仪器理论》中的相应内容，运算符号也采用该书的符号体系，但具体内容又有了进一步的改善，如"提出了光线计算结果的处理方法，对S部的校正问题作了较详细的讨论，另外公式的表示形式也和原书有些差异，我们认为这样的表示有时更为方便些"。③又如球差分布问题，王之江对Steable-Lihotzky条件与像差的关系作了一个新的证明，并针对此条件导出了一个更加简洁的分布公式，在分析相关问题时更加实用。关于色差

---

① 姚骏恩访谈，2019年12月23日，北京。资料存于采集工程数据库。

② 王大珩：王之江在学术上的成就与贡献。王之江人事档案，1985年1月29日。存于中国科学院上海光学精密机械研究所档案室。

③ 王之江：光学设计方法及高级像差分析。存于中国科学院长春光学精密机械与物理研究所档案室。

问题的处理,王之江沿用了英国学派康拉迪的d-D方法,但抛弃了其传统的几何光学分析方法,运用波面差的方法来分析色差,计算更加方便、准确。当然,讲义与英国、苏联著作最大的不同是高级像差理论的内容。在讲义中,王之江针对影响高级像差的各种因素进行了全面讨论,并且求得了像差的严格分布公式,为高级像差分析提供了十分有效、实用的手段。

1965年,王之江以光学设计培训班讲义为基础而编撰的专著《光学设计理论基础》由科学出版社正式出版发行。① 对于这本著作,王大珩的评价是:"建立了一套光学设计方法体系,……是我国从事光学设计工作者的必读书。"② 光学设计专家薛鸣球院士认为该书比国外的同类著作还要优秀,国外做光学设计的人基本上也人手一册。③

《光学设计理论基础》的出版,标志着有中国特色的应用光学基础理论体系正式形成,④⑤ 成为中国光学设计从业人员的主要理论指导著作。时至今日,虽然光学设计的大量工作已可由计算机完成,基础理论仍在其中发挥着非常关键的指导作用,《光学设计理论基础》仍是光学设计从业人员不可或缺的重要参考。

基于王之江在光学设计理论和人才培养方面的卓越贡献,大连理工大学吴世法教授给予了他非常高的评价,他说:"应该说,把我们国家光学设计的理

图 5-2 《光学设计理论基础》封面

---

① 王之江:《光学设计理论基础》。北京:科学出版社,1965年,第233—234页。

② 王大珩:王之江在学术上的成就与贡献。王之江人事档案,1985年1月29日。存于中国科学院上海光学精密机械研究所档案室。

③ 沈为民访谈,2019年12月4日,苏州。资料存于采集工程数据库。

④ 林大健:《工程光学系统设计》。北京:机械工业出版社,1987年,前言。

⑤ 朱健强:《光学设计》(讲义)序言。见:王之江:《光学设计(讲义)》。上海:中国科学院上海光学精密机械研究所,2004年,序言。

论体系真正系统地建立起来，培养很多国内搞光学设计的专家，他（王之江）是第一功劳，是我们国家的第一人，应该说比老一辈贡献都大。①

"大跃进"运动中的先进典型

1959年，长春光机所为迎接新中国成立10周年，研制出了万能工具显微镜、大型石英光谱仪、电子显微镜、晶体谱仪、高精度经纬仪、高温金相显微镜、多倍投影仪、光电测距仪8种具有代表性的精密仪器和一系列新品种的光学玻璃，史称"八大件、一个汤"，②成为"大跃进"时期全国科技界的先进典型。在"大跃进"运动中，王之江领导的光学设计组完成了100多项光学设计任务，成为长春光机所"大跃进"运动的先进典型。在此过程中，王之江完成了包括"八大件"中的高温金相显微镜、多倍投影仪以及大口径照相物镜等多种精密仪器的光学设计。

"八大件"原本是长春光机所第二个五年计划攻关的研制项目，在"大跃进"运动的推动下，长春光机所党委决定将这些任务提前到1959年9月完成，向国庆10周年献礼。对于这一部署，所长王大珩一开始是反对的，他认为长春光机所党组提出在一年左右的时间完成第二个五年计划攻关的"八大件"项目不符合科学发展规律，他明确表示，科学研究工作不比工农业生产，不能搞"大跃进"。③当时王大珩虽然名义上是所长，但所里事务的决策主要由党委决定。因此，"八大件"的研制是李明哲主导开展的。

1958年3月16日，在李明哲等人的组织下，中国科学院光学精密机械仪器研究所联合机械电机研究所、应用化学研究所、长春地质科学研究所召开了一场誓师大会，标志着长春光机所"大跃进"运动正式拉开帷

---

① 吴世法访谈，2019年12月16日，大连。资料存于采集工程数据库。

② 宣明，孙成志，王永义，王彦祚：《中国科学院长春光学精密机械与物理研究所所志》（1952—2002）。长春：吉林人民出版社，2002年，第6页。

③ 胡晓菁：《赤子丹心 中华之光：王大珩传》。北京：中国科学技术出版社；上海：上海交通大学出版社，2016年，第138页。

幕。在誓师大会上,长春光机所宣布了"大跃进"运动一些研究的具体时间安排,如 1958 年试制出高精度经纬仪、1959 年 6 月试制出万能工具显微镜、1959 年年末试制出新式电子显微镜等。①

为了实现党委提出的目标,长春光机所的科研人员的工作经常是通宵达旦、夜以继日。王之江在回顾这段历史时说:"党委提出要求,做事情、做仪器、做设备,不能零零星星、慢慢腾腾的,要快一点做。快一点当然是对的,那时候快到什么程度呢,经常是不睡觉,彻夜工作,大家的积极性也非常高。那时候还是吃大锅饭,半夜食堂还烧饭给你吃,而且不要钱。"②

1958 年李明哲在《科学通报》上发表的《党是如何领导科学大跃进的》一文则印证了王之江的这段记忆,文中写道:

有些同志日夜不离实验室,累了就躺一下,醒了再干下去。
……

炊事员一天煮四顿饭。一切都是为了"八大件"。过去那种人与人之间的隔阂打破了,也不再出现行政人员为研究人员服务的说法了。大家都是为了"八大件"。工作上的来往较过去格外密切。过去那种冷冷清清的局面一下子变得热热闹闹。尤其是到了晚上十二点,几百人在食堂夜餐,个个神光焕发,热情奔放,这种动人的场面是过去所不能想象的。③

王大珩的回顾也有类似的叙述:"当时年轻人干劲非常足……大家真是白天晚上干起来。干到什么程度呢,就是研究一个东西,碰到材料上的问题,碰到技术上的问题,当时就把所有有关的人找来,当时就解决。……铺盖卷放在实验室里,你太累了睡觉,有人接着做。原来预备两年的工

---

① 中国科学院光学精密机械仪器研究所:在今后六年内赶上国际先进水平.《科学通报》,1958 年第 8 期,第 230-232 页。
② 王之江访谈,2018 年 11 月 9 日,上海。资料存于采集工程数据库。
③ 李明哲:党是如何领导科学大跃进的.《科学通报》,1958 年第 18 期,第 545-550 页。

作，我们半年就做出来了。"①

事实上，当时怀有这种干劲的不只是年轻人，"在'大跃进'中年老的科学家大都表现积极热情，在最紧张的时候，和青年一道，几天几晚不回家，坚守在实验室，日夜不眠地忘我工作，这些都是难能可贵的。"②

依靠这样的工作态度和奉献精神，长春光机所在1958年国庆节前成功研制出"八大件、一个汤"。1958年9月6日，《人民日报》以《高精度经纬仪、多倍投影仪、光速测距仪研究试制成功》为题专门报道了这些成果。10月5日到11月9日，"中国科学院自然科学跃进成果展览会"在北京市中关村新建实验大楼举办，"八大件"作为长春光机所"大跃进"运动的杰出成果得以展出。其间，国家领导人毛泽东在郭沫若、吴有训、张劲夫等中国科学院领导的陪同下参观了长春光机所研制的"八大件"，并在高精度经纬仪前合影留念。"八大件"的成功，使长春光机所在国内科技界声名鹊起。③

在"大跃进"运动中，王之江领导的光学设计组在一年之内完成了100多项光学设计，成为光机所"大跃进"运动的领头羊，也因此成为长春光机所的典型，赢得了所里各方面的赞誉。长春光机所现在仍保留着一份名为《光学设计组先进事迹》的档案，其中写道：

> 打破迷信，敢想敢做，多快好省，出色地完成了国家任务，一年来完成了一百余项光学设计任务，与过去一年仅设计十几项的速度比，等于增加了10倍，仅1958年11月一个月的时间就成功地完成了原预定1959年全年的设计任务，一马当先带动了全所的"大跃进"。其中包括电影摄影物镜系列、大开口摄影物镜、大视场摄影物镜、变焦距物镜、航摄物镜、各种显微镜（包括长工作距离高温金相显微镜、紫外显微镜物镜，以及大视场平像场的目镜）、光谱仪光学系统。应特别提

---

① 胡晓菁：《赤子丹心 中华之光：王大珩传》。北京：中国科学技术出版社；上海：上海交通大学出版社，2016年，第138–139页。

② 李明哲：党是如何领导科学大跃进的。《科学通报》，1958年第18期，第545–550页。

③ 同①。

出的是，f/1.5、60°视场的电影摄影物镜，f/9.8、40°视场的摄影物镜都是超过国家水平的设计，而后者更是走在国际设计的最前列。这样复杂而先进的设计，从交下任务到设计完成仅用了五昼夜的时间。这些重大成果表明我国的光学设计事业进入了世界先进水平行列……①

当时长春光机所的部分领导也在发表的论文中公开表扬光学设计组。时任长春光机所党委书记李明哲1958年在《科学通报》发表了《党是如何领导科学大跃进的》一文肯定了王之江在光学设计领域的卓越贡献。同期《科学通报》还发表了邓锡铭的《反保守 插红旗 实现科学大跃进》一文，文中写道："最突出的是光学设计组，……在这次'大跃进'中，来了个大翻身，成了全所的一个先进组，一再领先，四个多月完成五十多项光学设计，作出了三项超国际水平的设计。"②

在"大跃进"运动中，王之江完成的光学设计包括高温金相显微镜、多倍投影仪、广角长工作距离物镜、广角及特种目镜（第二完成人）、照相物镜设计——以一个大孔径照相物镜系列设计为例、变焦距照相物镜等，其中，高温金相显微镜、多倍投影仪属于"八大件"之列。

谈到它们的设计，王之江说："'八大件'的问题多数不是光学问题，这个里面有一个高温金相显微镜，要把它的物镜做得非常精确。我记得是这样，倍数越高，工作距离越短，像100倍的显微镜，工作物镜是零点几毫米，所以高倍显微镜的工作距离都很短。这个高倍显微镜大概要求工作距离至少要1厘米以上，要耐高温，物镜靠得太近就要烤坏了，这个是我设计的。"③

关于高温金相显微镜在当时的水平，李明哲曾在发表的论文中特别指出："这些成品（八大件）不但都接近或达到了国际上同类产品的水平，而且有的已远远超过了国际水平。高温显微镜全面超过世界上任何一个国家

---

① 光学设计组先进事迹。存于中国科学院长春光学精密机械与物理研究所档案室。
② 邓锡铭：反保守 插红旗 实现科学大跃进.《科学通报》，1958年第18期，第550-552页。
③ 王之江访谈，2018年11月8日，上海。资料存于采集工程数据库。

图5-3 多倍投影仪

图5-4 高温金相显微镜

图5-5 1978年多倍投影仪获吉林省重大科技成果奖

的设计。"①

实际上，除"八大件"还有很多光学设计的水平也是非常高的。比如大孔径照相物镜的设计，王之江的大学同学吴世法就直言是国际水平的，以至于把它错认成了"八大件"之一，他说："当时光机所在'大跃进'的时候有八个大项目，叫'八大件'。这个'八大件'当中就有一个是特大数值孔径的相机镜头的设计，相机有一个条件是数值孔径要越大越好，这个就是他（王之江）设计完成的。我是搞检验的，我就要去检验这个镜头，做这个工作。这个项目是超国际水平的，是当时国际上最大的数值孔径。"②

除了光学系统的设计，王之江还与薛鸣球、谭维翰、王乃弘等一起为1959年召开的全国光学设计学术报告会撰写了一批论文。有19篇论文和工作报告被编入《光学设计论文集》，由

---

① 李明哲：党是如何领导科学大跃进的．《科学通报》，1958年第18期，第545-550页．
② 吴世法访谈，2019年12月16日，大连．资料存于采集工程数据库．

国防工业出版社出版。[1] 在选编的19篇论文中，王之江撰写的有14篇，其中作为第一作者的有12篇。

诊断"60号"任务光学设计失败的原因

1960年，长春光机所仿制瑞士产EOTS-C型电影经纬仪的"60号"任务失败，承担该项任务光学设计工作的薛鸣球被一些人认定为有意搞破坏，面临被打成反革命的危险。在这样的背景下，王之江对薛鸣球的光学设计进行了客观评判，诊断出了光学设计的失误所在，保护了薛鸣球。[2]

"60号"任务是与"150工程"一起下达给长春光机所的一项重要任务，可以认为是"150工程"的预研课题。20世纪60年代初，我国开始开展中程导弹的研制，需要对导弹轨道进行跟踪并进行精密测量，其中导弹由控制系统控制飞行的主动段的运动轨迹是用光学仪器观测的，距离为150千米以上。这种观测设备事关尖端武器的发展，是西方国家严格禁运的仪器，只能依靠自己的力量来制造。"150工程"的任务就是研制观测距离能够达到150千米以上的精密光学仪器——大型光学电影经纬仪，作为预研课题的"60号"任务是仿制出观测距离为30千米的瑞士产EOTS-C型电影经纬仪。

"60号"任务研制的样品——瑞士生产的EOTS-C型电影经纬仪，每台总重约3吨，单价却要1.5吨的黄金，代价非常高。为了满足国家几个导弹试验靶场的观测需求，我国一共购买了6台这种设备。设备虽然非常珍贵，国防科学技术工业委员会还是拿出一台送给了长春光机所，希望长春光机所能够尽快生产出这种设备。[3]

---

[1] 中国科学院光学精密机械研究所：《光学设计论文集》。北京：国防工业出版社，1964年。

[2] 王之江访谈，2019年11月7日，上海。资料存于采集工程数据库。

[3] 胡晓菁：《赤子丹心　中华之光：王大珩传》。北京：中国科学技术出版社；上海：上海交通大学出版社，2016年，第172页。

当时"60号"任务光学系统的设计是薛鸣球完成的。薛鸣球是王之江的高中同学，1948年考入浙江大学机械系，但因病休学，1956年才大学毕业。薛鸣球到长春光机所后就加入了光学设计组，在王之江的指导下很快掌握了光学设计方法的精髓，"八大件"中高精度经纬仪的光学设计就是薛鸣球完成的。基于薛鸣球有研制"八大件"高精度经纬仪的成功经验，长春光机所就把"60号"任务的光学设计工作交给了薛鸣球。然而，仿制瑞士产EOTS-C型电影经纬仪的"60号"任务并不成功。当时这个任务是长春光机所与昆明298厂合作开展的，长春光机所负责设计图纸，298厂加工安装。最后组装的样机存在两方面的问题，一是光学成像不清晰，二是样机的电器部分不过关。最终，在"150工程"结束后，长春光机所的研究人员把这台EOTS-C型经纬仪全部拆开，在此基础上陆续仿制出"160A""160B""160C"三种型号的经纬仪。①

当时，因为"60号"任务光学系统的设计存在问题，薛鸣球被一些人恶意攻击，说他是有意搞破坏。在这样的背景下，长春光机所让王之江去审查薛鸣球的光学设计。回顾这段历史，王之江说：

> 那时，有人攻击薛鸣球，说他有一个设计设计错了，是故意搞破坏，要把他打成反革命。……
>
> 我看了一下，确实是设计错了。光学设计跟集成电路设计不一样。集成电路设计不是准确设计，设计出来的东西可能错的，做出来以后可以再修改，一次一次改，可能要改几次，就是设计、再做加工、加工后再改设计，这么反反复复地做，才能做出来，集成电路是这样。光学设计不是这样，光学设计，假使设计是正确的，加工出来一定是好的，不会说加工出来跟设计是不符合的。
>
> ……
>
> 薛鸣球是不小心，有些地方应该做的，没做到。我说他这种忽略是正常的，因为平常的系统中间都不会出现，特殊情况才出现，是不

---

① 朱云青口述，胡晓菁、董佩茹访问整理：回顾长春光机所与"150-1"大型电影经纬仪的研制——朱云青研究员访谈录．《科学文化评论》，2018年第15卷第1期，第79-87页。

能排除的，不能怪他。①

"60号"任务生产出来的样机存在的光学质量问题主要是视场中有色差。薛鸣球对自己的设计进行多次核对后，认为自己的设计不应出现倍率色差的问题。王之江在经过认真审查后认为，薛鸣球的光学设计中校正色差的方案有疏忽之处，相互校正色差的两个元件之间间隔太大，所以虽然色差校正了，却有倍率色差产生。长春光机所此前做的光学仪器都是小尺寸的，不存在很长的间隔，所以会发生这样的疏忽。至于视场中心的色差，应该是透镜加工的周边不等厚度问题。②③

长春光机所此前做的光学仪器都是小尺寸的，"60号"任务的设备是大口径的，口径达到200毫米，长春光机所尚不具备检测大口径仪器的检验技术。刚好潘君骅从苏联留学回国，他在苏联留学时学习的是天文仪器制造，天文仪器通常是大口径的，所以长春光机所就请潘君骅来验证王之江的判断，检验结果与王之江的判断完全一致。

对于这次检验的过程，潘君骅说："当时发现'60号'像质不好，光机所内都判断不定，我刚从苏联回来，就找我。我就想了个办法，就是晚上对准北极星来测，因为当时没有大的平行光管，室内的走廊距离也不够用。因为北极星离真正的北极很近了，它在那个相面上的移动很慢，用刀口来检查就不会影响判断了。我就用这个办法，在焦点上加一个刀片，运用刀口检验阴影法进行了检验。我一看，确实是视场中心有色差，横向色差。因为王之江已经判断，视场中心有横向色差，说明有一片透镜的厚度有等厚差，等于设计加上一个棱镜，一个小的棱镜。后来就把这块镜片拆出来了，测那个等厚差，一下子就测出来了，就是这个镜片的问题。"④

---

① 王之江访谈，2018年11月8日，上海。资料存于采集工程数据库。
② 叶青，朱静：《聚焦星空：潘君骅传》。北京：中国科学技术出版社，2019年，第88页。
③ 王之江：《王之江传》初稿修改意见，2020年7月28日，未刊稿。资料存于采集工程数据库。
④ 潘君骅访谈，2019年10月29日，苏州。资料存于采集工程数据库。

设计"150 工程"的光学系统

"150 工程"光学系统的设计是王之江在长春光机所做过的最后一个光学设计,这个设计为成功完成"150 工程"奠定了理论基础。

"150 工程"要研制的大型光学电影经纬仪是导弹试验必不可少的观测仪器,装置总重达 5 吨以上,光学镜头直径 600 多毫米,观测距离能够达到 150 千米以上,其制造涉及光学、机械、自动控制等多个领域,当时世界上只有美国、苏联两个国家掌握了它的制造技术,属于对我国严格禁运的装备,因此研究人员此前从没见过这种装备,其研制过程只有几张相似的照片可以参考。由于"150 工程"技术难度大,时任国防科学技术工业委员会副主任钱学森曾多次对研制团队提出一些具体的重要技术指标并亲临指导。

"150 工程"的难度之大,加上"60 号"任务的失败,严重打击了长春光机所科研人员的自信心,很多研究人员对"150 工程"缺乏信心,也因此产生了"半竿子"还是"一竿子"工程模式的争论。

所谓"半竿子",就是"光搞设计,不搞加工",[1]研究所只负责解决关键性的技术问题,不承担整机的制造任务,整机制造交给工厂完成。"一竿子",就是"研究所接受任务后,从预研、方案论证与设计、研制试验、装调监测指导到制造出产品,全部由研究所来承担"。[2]

争论主要发生在时任党委书记李明哲和时任所长王大珩之间。李明哲是"半竿子"模式的倡导者,认为"150 工程"是一个"加工设计项目,没有什么研究内容,加工量大,搞出来也叫不响",[3]其实他是担心万一工

---

[1] 朱云青口述,胡晓菁、董佩茹访问整理:回顾长春光机所与"150-1"大型电影经纬仪的研制——朱云青研究员访谈录.《科学文化评论》,2018 年第 15 卷第 1 期,第 79—87 页.

[2] 王大珩:中国光学发展历程的若干思考.见:宣明主编,《王大珩》.北京:科学出版社,2005 年,第 37—46 页.

[3] 光学精密机械研究所社教运动的情况报告.存于中国科学院长春光学精密机械与物理研究所档案室.

程不成功会砸了长春光机所刚刚在"大跃进"运动中竖起的先进典型的牌子。他的担心不无根据，长春光机所从未接手过如此复杂的大型精密光学仪器，"60 号"任务又是失败的，而且当时"国内光学工业的水平尚达不到研制这台电影经纬仪的要求"。[①] 王大珩则根据自己在英国昌司玻璃公司工作时学习到的产业部门的工作经验来判断，光学电影经纬仪这种大型光学精密仪器的需求量相对很少（共 5 台），不能形成规模化生产，一般工厂不愿承担这样的生产任务。更为关键的是，这种设备"技术上的综合性极强，从方案论证、技术攻关到造出产品，有许多问题是相互交叉难以分割的，许多微妙精细之处，从研究到制造生产，如果转手，很难实现"。[②] 而且工程要求的时间紧迫，王大珩认为"一竿子"的工程模式更为可靠。

当时光机所的事务是由党委决策的，而且所内大多数也支持"半竿子"模式，认为研究所是以研究为主，制造并不是他们的强项，应该扬长避短，做他们擅长的事。虽然如此，王大珩还是坚持自己的主张，向各方面解释"一竿子"的合理性。最后，国防科学技术工业委员会、国防工业办公室和中国科学院一起召开专门会议，决定支持王大珩的意见，采取"一竿子"的工程模式，长春光机所全面负责"150 工程"的研制和生产。

"150 工程"历时 5 年半，参与的研究人员达 600 多人，样机于 1965 年研制成功，性能超过了当时苏联、美国的同类设备，观测距离远远超过 150 千米，一般天气条件下约为 210 千米，天气条件好时可达 300 千米以上。

"150 工程"大型电影经纬仪研制成功的意义在于，"开创了我国自行研制大型精密光测设备的历史，为国家节约了大量外汇，为独立自主地发

---

① 胡晓菁：《赤子丹心　中华之光：王大珩传》。北京：中国科学技术出版社；上海：上海交通大学出版社，2016 年，第 172 页。
② 王大珩：发扬自主开发的创新精神——回忆 150 工程的研制。见：母国光主编，《现代光学与光子学的进展，庆祝王大珩院士从事科研活动六十五周年专集》。天津：天津科学技术出版社，2003 年，第 103-104 页。

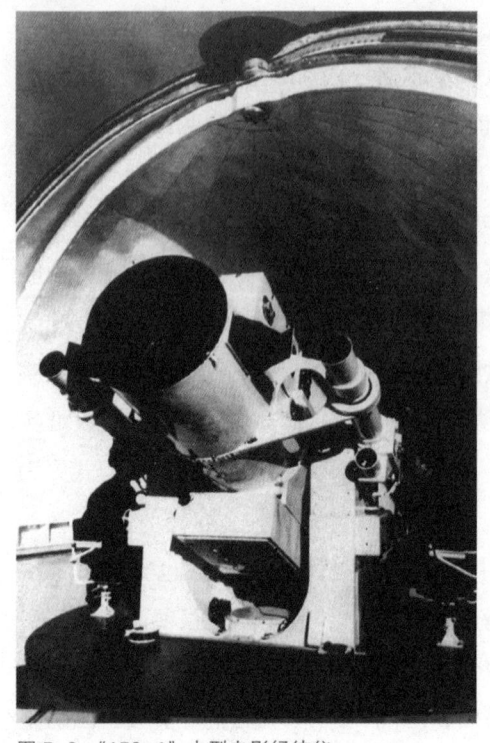

图5-6 "150-1"大型电影经纬仪

展我国尖端技术作出了突出贡献"。① 同时，长春光机所还培养了一支研制大型光学精密仪器的技术队伍，"带动了一批相关技术的发展，锻炼了测控系统总体队伍，形成了以光、机、电为主体的光学设备研制体制，为进一步发展中国的测控技术打下了基础"。②

"150工程"的研制过程经历了很多困难，但由于"做镜头，那是光机所的专长"，③ 所以很少有人在回顾中提到光学系统设计遇到的困难，提到的多是在器件加工过程中遇到的困难。实际上，光学系统的设计才是关键，这是因为，我们隔着玻璃窗看东西，物体都会变形，而"150工程"的光学系统有几十个光学器件，观测的是150千米之外的目标，若设计不科学，就不仅是目标变形的问题，而是什么都看不到。因此，光学系统是"150工程"成功的关键，是一种共识，在问到"150工程"的研制难点主要是什么时，当时主持"150工程"电学部分方案设计的朱云青首先提到的就是光学镜头，他说：

---

① 王大珩：发扬自主开发的创新精神——回忆150工程的研制. 见：母国光主编，《现代光学与光子学的进展，庆祝王大珩院士从事科研活动六十五周年专集》. 天津：天津科学技术出版社，2003年，第103-104页.

② 《当代中国的国防科技事业》. 北京：当代中国出版社；香港：香港祖国出版社，2009年，第397页.

③ 朱云青口述，胡晓菁、董佩茹访问整理：回顾长春光机所与"150-1"大型电影经纬仪的研制——朱云青研究员访谈录. 《科学文化评论》，2018年第15卷第1期，第79-87页.

国家下达任务的时候，要求经纬仪能跟踪到至少150千米的距离，这是发展导弹的要求。"160A"就不行了，试验发现它只能看到30千米，镜头口径对应观测距离，它的口径太小了，要大口径才能看得远……

首先是要做一个大镜头，这是光的部分。我们看美国的资料、看图片，镜头的口径要大，我们比照了KATA50经纬仪，它的口径大，我们考虑"150-1"经纬仪的镜头应该至少有500多（毫米）的大口径。镜深，就是镜头的整个长度，美国的比我们长，我们国家的要短一点，但是短了不一定缩短摄影系统的作用距离，我们按照指标的要求来做。光学系统是王之江设计的，当时只有一张可以参考的图片，他根据国家要求的观测距离计算光学系统。①

据王之江回忆，当时国家就"150工程"的光学系统提出的具体要求是："要能够观测到200千米，就是说测量导弹的轨迹一定要能够达到200千米的距离，这是第一个要求。第二个要求是给了几个口径大小跟焦距，要变焦距。"② 因此，王之江接到这个光学系统的设计任务时，只有几张这种设备的外形图片和几个具体的指标可以参考，设计的难度可想而知。

由于王之江当时是"内控"使用的"右派"，不能接触涉及国家机密的项目，他本没有资格承担"150工程"的光学设计工作，但薛鸣球因为"60号"任务的失败被排除在外，长春光机所没有其他人能够承担起这项工作，最终只能让他来承担这项艰巨的任务。

王之江在接到这个任务后，做了两方面的工作。

第一，科学论证了"150工程"的实施方案，奠定了研制这台电影经纬仪的理论基础。关于这方面的工作，潘君骅是这样评价的：

---

① 朱云青口述，胡晓菁、董佩茹访问整理：回顾长春光机所与"150-1"大型电影经纬仪的研制——朱云青研究员访谈录，《科学文化评论》，2018年第15卷第1期，第79-87页。

② 王之江访谈，2019年11月7日，上海。资料存于采集工程数据库。

  王之江做了一个详细的方案论证，用计算来证明在一定的太阳光照下（因为它要靠太阳光反射的，太阳光的光照条件是必要条件，仪器口径600毫米，实际是625毫米，用哪一种灵敏度的底片，这是上面定下来的，弹头尺寸多大，也是使用上面提供的数据）能够拍到150千米的影像的，他做了一个详细的论证，非常具体。我认为这个是奠定做成"150工程"的理论基础，有了这个论证，做工作就有根据了。这是比较科学的一个态度，就是用计算来说明"150工程"用多大的口径是可以的。①

  在这个论证报告中，王之江还确定了电影经纬仪工作的大气条件，他说：

  当时国内用电影经纬仪如何观测导弹轨迹一点经验也没有。所以我当时就读了一些书，研究了一下，这个仪器观察有哪些主要因素。我当时确定了大气的层流、抖动是主要因素，会使精度超过一两秒。大气层流没有办法消除，但是可以避免，因为在清晨跟傍晚两个时间段大气最平稳，层流会小于一两秒，这种大气光学条件是支持测量的，一定要这个时候测量。我当时就定了一些应该有的观测条件，写了个报告，这个是我建议的。②

  事实上，火箭发射多在傍晚或清晨、宇宙飞船返回地球多在早晨，科学依据就是大气光学的这些特征。

  第二，是电影经纬仪观测物镜系统的设计，这是"150工程"能否成功的关键。在回顾中，王之江提到了这个光学设计的困难之处，他说：

  当时接受的任务是做导弹观测仪，要做200千米。长焦距的望远镜二级光谱校正不良，做出来的光学系统一般都是不理想的，虽然可

---

① 潘君骅访谈，2019年10月29日，苏州。资料存于采集工程数据库。
② 王之江访谈，2019年11月7日，上海。资料存于采集工程数据库。

以做出一个光学系统来，但是都不理想。我想，我这个200千米望远镜的光学系统至少应该是理想的。所谓理想，就是要做到衍射极限，因为理想本身也有一个标准，我说要做到衍射极限，就是说它的像差应该比波长明显要小，要做到这一点其实也不容易"。①

同时，这个光学系统还要适应不同距离的观测需求，物镜必须能够变焦。经过思考，王之江采用一个球面反射镜与两个透镜组的组合方案，就是"反射镜用球面反射镜，因为当时想用非球面做的可能性比较小，球面是比较容易掌握的，能做得好的，再用一个负透镜把焦距拉长，然后用一个正透镜把这个像校正，用这样一个方式可以把二级光谱消除，有可能做到比较高的质量"。②

这个设计是一种透射系统，最容易产生高级色差，王之江根据自己创立的高级像差理论，论证了负透镜组加上正透镜组组合的设计方案可以消除高级色差。"150工程"研制出的电影经纬仪的观测实践证明，王之江这个设计非常成功。在这个装置中，为适应不同距离观测的需求，王之江设计了焦距不同的五个观测物镜，其中焦距为10米的物镜是最常用的，观测实践显示，焦距10米的光学系统的高级像差、高级色差都已被完全消除。③

王之江本人对这个设计非常满意，回顾这段历史，他说："这个设计是可以申请专利的，它是用一个球面的反射镜，跟两个透镜组组合起来，既能达到各式各样的焦距，又没有二级光谱。"④

光学系统的设计完成后，王之江就把具体的光线计算交给了薛鸣球去做，他自己又转向了激光研究。

"150工程"大型电影经纬仪服役20多年，精确测量了各式导弹的飞行轨道参数，满足了导弹试验的迫切需要，为我国国防建设作出了卓越贡

---

① 王之江访谈，2018年11月8日，上海。资料存于采集工程数据库。
② 王之江访谈，2019年11月7日，上海。资料存于采集工程数据库。
③ 潘君骅访谈，2019年10月29日，苏州。资料存于采集工程数据库。
④ 同①。

图 5-7　王之江等人于 1987 年获得的国家科学技术进步奖特等奖证书

献。需要指出的是，1965 年启动的"718 工程"——"远望一号"远洋测量船上测量导弹再入大气层飞行轨迹的光学系统，采用的是"与原大型经纬仪（'150 工程'）相同的光学系统，口径为 350 毫米"。[①] 从这个意义上说，王之江也是我国"两弹一星"的功勋之一。1987 年，以"150 工程""718 工程"等系列靶场光测设备为主要内容的"现代国防试验中的动态光学观测及测量技术"项目荣获国家科学技术进步奖特等奖，王之江因贡献突出也获得了这项奖励。

奠定中国应用光学发展根基

1965 年，王之江编撰的《光学设计理论基础》出版发行，标志着中国特色的光学设计理论体系正式确立。同年，由王之江设计的"150 工程"——大型光学电影经纬仪研制成功，标志着中国具备了自主研制大型精密光学仪器的能力，实现了几代中国人应用光学技术强国的夙愿。

中国应用光学学科的起步始于 20 世纪 30 年代，其初衷是基于国家两方面的迫切需求，其一是军用光学仪器的需要，其二是科学研究、教育教学仪器的需要。军用光学仪器方面，鉴于军用望远镜、光学测远仪、大炮瞄准镜等仪器在战争中的重要作用，1930—1932 年我国从德国进口了一批军用望远镜等光学仪器，价值达 250 多万元，由于当时我国缺乏相应的

---

① 胡晓菁：《赤子丹心　中华之光：王大珩传》. 北京：中国科学技术出版社；上海：上海交通大学出版社，2016 年，第 183 页。

光学工业基础和应用光学人才，仪器的修理和维护不得不送到德国，费时费力。[①] 科学研究方面，国民政府于1928年成立国立中央研究院，设立物理、化学、工程、地质、天文、气象、动物、植物等14个研究所；1929年成立国立北平研究院（简称北平研究院），设立应用物理、化学、镭学、药物、生理、动物、植物、地质等9个研究所和测绘事务所。其中，物理、化学、天文、动物、植物等研究机构科学研究的开展需要精密科学仪器的支撑，当时的中国亦不具备生产精密科学仪器的能力。严济慈在国立北平研究院应用物理研究所从事压电水晶研究工作时，因无相应的仪器，只好带钱临照等一批研究人员从磨玻璃开始，自己动手做一些简单的光学器件。[②] 军事应用和科学研究的迫切需求，促使一些有识之士开始积极推进中国应用光学学科的发展。

在这样的背景下，当时的民国政府一方面与国外合作建立了军用光学仪器工厂——兵工署22厂，以解决军用光学仪器的维护和保养之需；另一方面，选派龚祖同、王大珩到欧洲留学专门学习应用光学，培养应用光学的专门人才。这些举措很快就取得了显著成效。1939年，根据龚祖同的光学设计，兵工署22厂制造出了第一架中国人自己设计的6×30双筒军用望远镜。[③] 此外，国立中央研究院物理研究所丁西林、国立北平应用物理所严济慈也领导开展了应用光学的实践探索。国立中央研究院物理研究所赵元在丁西林的领导下于1934—1939年为地磁学等研究成功试制一批仪器，其中包括5000个相机镜头、300倍生物显微镜、平板仪、多倍制图仪、潜望镜、经纬仪、双筒显微镜等。[④] 国立北平研究院物理研究所严济慈、钱临照于抗日战争期间在昆明远郊黑龙潭龙泉观带领全所员工先后制造300多套步兵用的五角测距镜和望远镜、500台1400倍显微镜、200架水平经

[①] 全国政协文史资料委员会编：《中华文史资料文库第12辑》。北京：中国文史出版社，1996年，第180页。

[②] 钱临照：钱临照自传。见：朱清时主编，《钱临照文集》。合肥：安徽教育出版社，2001年，第7-8页。

[③] 中国人民政治协商会议云南省昆明市委员会编：《昆明文史资料集萃：第4卷》。昆明：云南科技出版社，2009年，第2931页。

[④] 中国科学技术协会编：《中国科学技术专家传略·工程技术编·自动化仪器仪表卷·3》。北京：中国科学技术出版社，2007年，第11-12页。

纬仪、500套缩微胶片放大器等。① 这些不仅满足了当时国家的迫切需要，更重要的意义在于，它们为20世纪50年代开创中国的应用光学事业奠定了人才和技术基础，比如，到欧洲留学的王大珩、龚祖同成为长春仪器馆创业的组织者和学术带头人，国立北平研究院应用物理所为长春仪器馆输送了一批磨玻璃的技术工人，兵工署22厂为长春仪器馆输送了急需的技术人员。

20世纪50年代，中国的应用光学发展开始走上正轨。1952年，中国科学院仪器馆在长春成立。因任命的馆长丁西林未去长春，副馆长王大珩任代理馆长，主持馆务工作，开始了艰难的创业历程。建馆之初，长春仪器馆应用光学研究面临着三个方面的困境：其一，中国还不能生产光学玻璃，应用光学缺少基本的物质基础；其二，缺少光学设计人才，王大珩、龚祖同虽然有能力做光学设计，但王大珩承担了仪器馆的组织与领导工作，龚祖同则专注于光学玻璃的熔炼，实际上并没有专门的光学设计人员；其三，虽然从全国各地招收了一批光学仪器加工的技术人员，但人员仍十分紧缺，水平亦有待提高。为此，长春仪器馆迅速成立了光学物理、机械、光学玻璃三个实验室。光学物理实验室主要从事光学系统设计、电学仪器仪表研制、精密刻划技术与光学真空镀膜技术的研究，机械实验室主要从事光学仪器和材料试验机的研制和精密计量技术的研究，光学玻璃实验室主要从事光学玻璃的研制和化学分析方法的建立。② 通过各方面的努力，长春仪器馆很快突破了限制中国应用光学发展的一些瓶颈。

首先取得突破的是光学玻璃生产。光学玻璃是发展应用光学的物质基础，其制造技术一直被西方国家严格保密，我国很难获得西方国家熔炼光学玻璃的关键技术，导致在20世纪50年代之前的光学玻璃试制均以失败告终。鉴于国家对光学玻璃的迫切需求，1941年王大珩从帝国理工学院转到谢菲尔德大学攻读博士学位，专门学习光学玻璃制造。1942年王大珩获

---

① 严济慈:《严济慈文选》。上海：上海教育出版社，2000年，第15页。
② 武衡主编:《东北区科学技术发展史资料 解放战争时期和建国初期二 科研管理卷》。北京：中国学术出版社，1986年，第14页。

得了进入英国昌司玻璃公司的难得机遇，他毅然放弃了即将到手的博士学位，目的就是能在昌司玻璃公司学到光学玻璃制造的关键技术。在昌司玻璃公司，王大珩亲手熔炼了200多埚光学玻璃，不仅掌握了光学玻璃的熔炼技术，还"学会了一套从事应用研究和开发工作的思路和方法"，[①]这些思路和方法为创建长春光机所、组织大型光学工程、人才培养等一系列科研活动提供了思想源泉。长春仪器馆成立后，王大珩的首要目标就是光学玻璃的制造，为此他邀请龚祖同到长春专门负责光学玻璃的熔炼工作。在龚祖同的带领下，1953年中国第一埚光学玻璃在长春出炉，奠定了中国应用光学发展的物质基础。

其次是仪器加工技术的成熟。王大珩最初的目标是把长春仪器馆建成"东方的蔡司工厂"，[②]必须有相应的仪器加工与制造技术作为支撑。为提高技术人员仪器制造的技术水平，仪器馆举办了光学冷加工、光学设计、工程数学等研修班，还举办了高真空技术、水平仪制造技术、显微镜、相机镜头、X射线探伤等一系列技术讲座，并选派了一批科技人员到外地短期考察学习。据档案记载，仅在1954年7月至1955年5月，除王大珩、龚祖同、王守中亲自开展15次学术讲座外，仪器馆还邀请了3名德国蔡司公司专家、3名苏联专家、8名国内高校专家及工厂高级工程师等到仪器馆进行高真空、玻璃冷加工、真空镀铝、相机镜头、玻璃研磨等加工技术讲座，组织青年科技人员开展文献阅读报告会24次、阶段工作报告会21次、研究技术报告会4次，还派遣14位青年科技人员到外单位考察学习。[③]与此同时，王大珩还为年轻科技人员安排了大量的实践任务，通过仿制、试制仪器的实践锻炼促使他们提高加工技术水平。到1957年，仪器馆已经掌握了光学仪器制造所必需的加工与制造工艺。

最后是光学设计理论体系的构建。光学设计是应用光学的灵魂，光学仪器的制造需要通过光线计算提供理论依据。留学英国的王大珩非常了解光学设计的重要性，在建馆之初成立了光学物理研究室，并把光学设计的

---

① 王大珩：我的自述。见：宣明主编，《王大珩》。北京：科学出版社，2005年，第11—16页。
② 王之江访谈，2008年11月2日，上海。资料存于采集工程数据库。
③ 仪器馆概况。1955年。存于中国科学院长春光学精密机械与物理研究所档案室。

任务交给了王之江。王之江在大量光学设计实践的基础上，借鉴英国、德国两个学术流派的光学设计理论，于1956年创造性提出了自己的高级像差理论，为中国特色光学设计理论体系的建立奠定了基础。

经过艰苦创业，到1957年，长春仪器馆"在光学玻璃熔制方面不仅能基本满足制造光学仪器的一般需要，而且和二机部合作试制生产国防军工玻璃，为二〇八厂培养出一批配套的技术力量；光学设计已能掌握当时国际上若干尖端技术的设计方法，并能创造性地做出性能优越的光学系统；掌握了多层镀膜制备出干涉滤光镜的技术，并相继建立起精密刻划及精密机械制造工艺等技术基础。"[①]

短短4年仪器馆在应用光学方面取得的成就，促使中国科学院重新审视仪器馆的长远发展目标。仪器馆成立之初的目标是"制造与文化建设、经济建设及科学研究工作相配合的精密科学仪器；促进国内科学仪器制造事业的发展"。[②] 仪器馆初期的仪器制造比较杂乱，试制、仿制的仪器有一些简单的光学仪器，还有温度计、检流计、计数器、差热分析仪等电学仪器，以及玻璃电极、标准电池、光学玻璃原料制备等化学仪器。[③] 王之江在回顾中也直言"我们开始做了一段时间很散乱的工作"，因为"开始的时候，其实大珩先生可能也没有考虑好这个所究竟怎么发展，我的看法是这样的。他的专长是光学，但是开始建设的时候，做的题目是很少的，比如毛发湿度计、差热分析仪，都不是光学仪器；然后是沼气鉴定仪，沼气鉴定仪应该还算是光学仪器，就是用光学方法来测量沼气的含量，可以检测发生爆炸时的沼气含量。事实上，我们那时候最早开始做的仪器，从现在来看是非常低级的，现在的话，一个比较过得去的企业都能做，但是当时就不是这样。从这个方面你可以看得到，20世纪50年代初的中国工业技术是非常差的。"[④]

---

① 宣明，孙成志，王永义，王彦祚：《中国科学院长春光学精密机械与物理研究所所志（1952—2002）》。长春：吉林人民出版社，2002年，第6页。

② 王大珩：中国科学院仪器馆筹备处近况。《科学通报》，1951年第5期，第541页。

③ 中科院光机所1953—1957研究成果一览表及成就概况。存于中国科学院长春光学精密机械与物理研究所档案室。

④ 王之江访谈，2019年11月7日，上海。资料存于采集工程数据库。

1957年，基于长春仪器馆在应用光学领域取得的巨大成就，中国科学院决定将精密光学仪器制造作为长春仪器馆的长远发展目标，于是将"长春仪器馆"更名为"长春光学精密机械仪器研究所"。[①] 这次更名，表明中国应用光学学科的发展基础已基本建立。

这次改名，王之江认为对于长春光机所的发展是一个重要转折，不仅在于它明确了机构的长远发展目标，还在于中国科学院开始重视应用光学具有的基础研究的特点。在回顾中，王之江这样说：

我觉得建立仪器馆的批准过程，事实上是当时中国科学院的领导对于（仪器制造的）基础科学不大重视。不重视表现在什么地方呢？第一是给仪器馆的准备费太少了；第二是不让它叫研究所，叫作馆，意思是你还不是研究所，够不上资格做研究。

1957年改名字其实是个转折，中国科学院对于（光机）所的看法有些变动。中国科学院当时的一些院长、副院长，其实都是搞基础研究的，所以对于这种（应用光学）科学是不理解也不重视，其实是轻视（应用光学的）基础研究。那时候中国科学院承认这是一个研究所，大概是承认了仪器制造研究的基础性。[②]

中国应用光学学科体系的真正形成，则是随着光学设计培训班和长春光机所"大跃进"运动的开展而逐步完成的。第一，随着1958年、1959年光学设计培训班的举办，一支专业的光学设计学术队伍初步形成；第二，在培训班讲义基础上形成的《光学设计理论基础》专著，使得中国的光学设计理论更加系统，标志着中国特色的光学设计理论体系基本建立；第三，随着"大跃进"运动的开展，长春光机所研制出了以"八大件、一个汤"为代表的众多精密光学仪器，仪器加工制造技术更加成熟，为"150工程"等大型精密光学仪器的研制奠定了技术基础。"150工程"大型

---

① 中国科学院关于仪器馆更名光机所的相关文件。存于中国科学院长春光学精密机械与物理研究所档案室。

② 王之江访谈，2019年11月7日，上海。资料存于采集工程数据库。

电影经纬仪的研制成功，表明中国已具备独立研制国家急需大型综合性精密光学仪器的能力，也是中国应用光学学科建立的重要标志之一，象征着中国几代人的应用光学技术强国梦想真正实现。

对于王之江光学设计方面的贡献，王大珩在《王之江在学术上的成就与贡献》一文中是这样评述的：

一、我国建国以来最早的光学系统设计的学术带头人

A）他一来到仪器馆，就从事光学设计这一应用光学的基本领域方面的工作，在同时来到仪器馆的大学毕业生中，突出地表现了他对所学事物的敏感性、想象能力、创造能力和表达能力。在从事所中需要的以及所外委托的各种光学设计中，迅速地形成以他为主导，完成了多种类型的镜头设计，包括显微镜物镜、内调焦望远镜、照相机放映物镜、宽银幕放映物镜机摄影物镜、折反射系统以及连续变焦物镜等。不出十年，使光机所形成了一个我国的光学设计中心，掌握了光学设计的自由。

王之江同志亲自设计的带有创造性的成就方面有如：我国第一台连续变焦物镜的设计；150# 工程（大型光学电影跟踪经纬仪）口径为 $\phi 650$ 的分五档变焦光学系统；高数值孔径折反射显微物镜；宽银幕柱形物镜设计，发展了柱形物镜设计的理论和方法等。

B）建立了一套以英国和苏联设计方法为基础的光学设计方法体系，编写了《光学设计理论基础》一书，是我国从事光学设计工作者的必读书。

C）开办了光学设计培训班（建国以来第一次），为我国初始建立光学工业事业培养了第一代光学设计人才。

D）理论性的创造有如：

（ⅰ）带有残余像差时的最佳像质平衡原理；

（ⅱ）柱形物镜的设计方法；

（ⅲ）同心光学系统的成像性质；

（ⅳ）用传播函数理论的波面相点概念评价大像差时的像质；

（Ⅴ）部分相干光学理论（与谭维翰合作）。[1]

王之江在光学设计理论和人才培养方面的卓越贡献，也得到了光学界的充分认可。大连理工大学吴世法曾直言其贡献超过了龚祖同、王大珩等老一辈科学家，是我们国家的第一人。[2] 上海光机所离休干部陈国华说："他（王之江）的学术造诣很深，王大珩都说他这个学生是一流，……说老实话，这个光学设计，到现在大家还是认为王之江起到了顶级作用。"[3]

综观中国应用光学学科体系的建立，严济慈、龚祖同、王大珩等光学前辈无疑是中国应用光学这幢"大厦"的基础性奠基，而王之江则是站在这些前辈肩上的那块最坚实的"基石"。

---

[1] 王大珩：王之江在学术上的成就与贡献. 王之江人事档案，1985年1月29日. 存于中国科学院上海光学精密机械研究所档案室。
[2] 吴世法访谈，2019年12月16日，上海. 资料存于采集工程数据库。
[3] 陈国华访谈，2020年10月11日，上海. 资料存于采集工程数据库。

第六章
研制红宝石激光器　开创中国激光事业

激光技术是20世纪60年代诞生的一门科学技术，与半导体技术、计算机技术、原子能技术一起被称为20世纪中叶最具影响的4项科学技术发明，对人类社会进步产生了非常深远的影响。

激光技术的产生始于微波电子学。第二次世界大战期间，为精确测定飞机的位置，短波长的雷达应运而生，也由此诞生了微波电子学。第二次世界大战后，一些从事微波雷达研究的物理学家开始致力于微波技术的基础研究和生活实用化研究。微波电子学"饱和现象"的出现，结合1916年爱因斯坦（A. Einstein）提出的受激辐射理论，使人们产生了制造微波量子放大器的构想。1955年，美国物理学家汤斯（C. H. Townes）制造了一台氨分子微波量子放大器。同年，苏联科学家巴索夫（N. Basov）、普罗霍罗夫（A. Prokhorov）也制造了一台微波量子放大器。1958年，汤斯和萧洛（A. L. Shawlow）在《物理评论》上发表了《红外和光量子放大器》一文，提出研制以受激发射为主的光源（即激光器）的设想，并就研制激光器的可能性和条件进行了阐述。1960年5月，美国物理学家梅曼（T. M. Maiman）采用掺铬的红宝石作为发光材料，应用发光强度很高的脉冲氙灯作为泵浦（激励光源），研制出世界上第一台红宝石激光器，开创了激光技术研究和应用的时代。1964年，为表彰汤斯、巴索夫、普罗霍罗夫对开创激光科学方面的卓越贡献，三人被授予诺贝尔物理学奖。

1961年9月，长春光机所成功研制出中国第一台红宝石激光器，开创了中国的激光科学事业。中国第一台红宝石激光器的诞生比美国的晚1年多，比苏联的晚3个月。中国的激光研究能在如此短的时间内跟上国际发展的步伐，主要归功于王之江作出的突出贡献，是他创造性的激光器独特结构设计，奠定了中国第一台红宝石激光器成功运转的基础。

研究激光——"大跃进"运动中的"黑题目"

中国第一台红宝石激光器的研制始于1958年"大跃进"时期，是邓锡铭、王之江等一批年轻科技人员自主开展、没有经费支持的"黑题目"。

1958年，为使中国的工业、农业、科学技术等领域在很短的时间内赶上或超过西方发达国家，一场声势浩大的"大跃进"运动在全国范围内迅速展开。运动中，为响应毛泽东提出的"破除迷信、解放思想、敢想敢说敢做"的号召[1]，长春光机所团支部书记邓锡铭组织开展了一系列读书报告会，集中讨论如何破除迷信、解放思想，做出过去不敢想、不敢做的科学研究[2]。其时，长春光机所开展的是应用光学研究，并且在研究过程中遇到了诸如红外探照灯的有效照明距离能否从800米提高到5000米等难以解决的实际问题，因此，研究人员通过读书报告会活动对经典光学的一些原理进行了深入思考，比如为什么光源亮度只能减弱而不能提高、光束总是趋于发散而不能会聚、像素总是趋于模糊、波长只能变长而不能变短等，试图找到打破常规的科学方法来解决这些问题。中国的激光研究就是始于对这些问题的思考。

在报告会活动中，王之江、王乃弘、顾去吾等一批年轻的科技人员针对他们在应用光学研究中遇到的光源亮度只能减弱而不能提高等问题进行

---

[1] 林小波：党的八大二次会议研究。《北京党史》，2018年第3期，第33-38页。
[2] 王之江访谈，2018年11月9日，上海。资料存在采集工程数据库。

了深入探讨，试图找到打破常规的科学方法来解决这些问题，并由此产生了一些创新的物理思想。①

针对当时光源强度不够大的问题，王乃弘提出了改进光源的设想。他在《光学的发展》一文中写道："解决以上一系列问题无疑将在光学领域中引起一场真正的革命。依靠宏观、唯物地研究光与物质相互作用看来没有指望。解决的途径必须利用量子力学的方法微观地研究光与物质的相互作用……。可以设想最强的光源是由于全部粒子都处于高能级而几乎同时跃迁到正常态所产生的光脉冲。"②

针对光波长只能变长而不能变短的问题，王之江等人对光波的可能变频方式进行了思考。他们认为，光波和无线电波同样是电磁波，无线电波可以进行放大、变频、外差、列阵等技术操作，光波也应该可以进行类似的技术操作。为此，他们首先对无线电波和光波发射源的发射方式和性质进行了对比，然后对介于二者的微波发射方式进行了探讨，以期找到光波变频的方法。通过对英国军方研制雷达过程的深入研究，研究人员掌握了微波发射器——磁控管的工作原理，理解了磁控管的作用是强迫自由电子在周期性磁场中运动③。基于微波的产生机制，王之江曾提出低能自由电子在介质或光栅等慢波结构中运动产生光波的创新思想④。虽然这种设想目前因技术原因尚未实现，但20世纪70年代高能自由电子激光的成功无疑证明了这种创新思想的可行性。

对于光波的产生，研究人员注意到原子发光寿命不仅与原子自身有关，还与限制原子辐射的空腔有关，顾去吾在此基础上于1958年年底提出了在F-P干涉仪（法布里-珀罗干涉仪）内延长原子发光相干长度的设想。

---

① 王之江，王能鹤：回顾我国第一台红宝石激光器的诞生。见：自然杂志编辑部编，《自然杂志年鉴（1979年）》。上海：上海科学技术出版社，1980年，第29-31页。

② 邓锡铭：回顾——纪念长春光机所建所30周年。《光学机械》，1982年第6期，第12-16页。

③ 王之江访谈，2008年11月2日，上海。资料存于采集工程数据库。

④ 王之江：自由电子振荡辐射。中国科学院光学精密机械研究所集刊第一集，1963年，第117-132页。

当时，中国科学院电子学研究所（以下简称电子所）黄武汉小组已率先在国内开展了固态微波量子放大器研究。通过中国科学院组织的学术会议，长春光机所的研究人员了解到黄武汉研究组的这项研究，并探讨了微波量子放大器的工作方式延伸到光波频段的可能性。

研究人员的这些思考与当时国际上的研究热点——光量子放大器（Laser，即激光器）的内容非常接近。激光器研究是随微波量子放大器研究的进展而产生的，后者是20世纪50年代国际上学术研究的热点之一，其物理思想是由美国科学家汤斯、苏联科学家普罗霍罗夫和巴索夫分别独立提出的。1954年，汤斯研究组成功运转了国际上首台氨分子量子放大器。1958年，萧洛和汤斯在论文《红外和光量子放大器》中提出了光量子放大器的基本原理，将微波量子放大器研究由微波频段扩展到光波频段，拉开了激光研究的序幕[1]。由于当时中国处于十分封闭的状态，基本没有国际学术交流活动，了解国外学术动态的唯一渠道是发行到国内的国际学术刊物，地处东北的长春光机所更加闭塞，直到1958年年底研究人员才通过电子所黄武汉的研究了解到这项基础性研究。

1958年年底，在探讨微波量子放大器工作原理的过程中，长春光机所研究人员看到了《红外和光量子放大器》一文。由于他们此前关于改革光源的思考与该论文提出的科学思想非常接近，因此研究人员很快领悟到这篇论文的精髓，并在梅曼的第一台红宝石激光器诞生之前就开始了激光器的研制工作[2]。

由于研究激光的最初动机产生于"大跃进"期间的读书报告会活动，王之江认为第一台红宝石激光器其实是"大跃进"运动的成果。同时，王之江也肯定了"解放思想、破除迷信"的积极意义。他说：

> 其实"大跃进"有一个精神还是对的，就是"破除迷信、解放思想"。因为，一般情况下人容易被过去的轨道所束缚，在一个老轨道

---

[1] Shawlow A L, Townes C H. Infrared and optical masers. Physical Review, 1958, Vol. 112, 1940-1947.

[2] 邓锡铭：《中国激光史概要》。北京：科学出版社，1991年，第1-2页。

上走最容易，让你离开当前的轨道其实是不大容易的，所以"破除迷信、解放思想"其实还是蛮对的。这个跟胡适的一个思想是一样的，就是"大胆假设"，但是胡适加了一条，要"小心求证"。大胆假设，不要当成真的，你要小心求证。所以，"破除迷信、解放思想"之后其实再加一条就好啦，就是"尊重科学、研究规律"。①

实际上，当时王之江等一批年轻科技人员在"大跃进"期间既做到了"破除迷信、解放思想"，也没有违背科学规律，所以才有"八大件"、红宝石激光器等一系列显著成果的获得，长春光机所因而也成为当时国内科技界"大跃进"运动的典范。但是，红宝石激光器研究与"八大件"的研制有所不同，前者是邓锡铭、王之江等一批年轻科技人员自主开展的一项研究，属于"黑题目"，而"八大件"是长春光机所第二个五年规划中的课题，因此红宝石激光器研究只能在业余时间开展，而且没有课题经费。同时，红宝石激光器研究也没有得到时任所长王大珩的大力支持。

关于不支持红宝石激光器研究的原因，王大珩在《七彩的分光》自传中有过说明。在自传中，王大珩这样写道："那时，我的一个学生（王之江）对激光领域发生了兴趣，向我提出要研制红宝石激光器的设想。当时我虽然不反对，但也没有给予他更多的支持。……这其中的原因，一方面是因为我当时把主要精力都放在大型国防科研项目150工程上了。但更主要的，还是因为我没能及时地看出激光这一新兴学科的发展前景。直到这个学生研制出红宝石激光器之后，我才意识到这一新兴学科具有很广阔的发展前途。"②

虽然王大珩不怎么支持，但是这个"黑题目"得到了长春光机所各个部门的大力协助并得以最终成功研制出来。

至今让王之江庆幸的是，研制红宝石激光器是一个"黑课题"。他说："对我们来说，大概最好的就是没有课题，工作都是自己进行，否则一切都按计划进行，这个题目就完蛋了。当时我们实验做出来以后才有课题，

---

① 王之江访谈，2018年11月9日，上海。资料存于采集工程数据库。
② 王大珩：《七彩的分光》。长沙：湖南少儿出版社，2000年，第235页。

实验做出来之前是没有课题的,所以,假如所有事情都按计划进行,肯定是弄不好的,因为计划多数情况下都是已经落后的。"①

制定红宝石激光器的实验方案

1960年年底,王之江完成了红宝石激光器的实验方案,为红宝石激光器的研制奠定了理论基础。很多人认为,对王之江等人研制的红宝石激光器的研究进程影响最大的应该是梅曼那台红宝石激光器,而实际上对他们的研究影响最大的,"其实不是梅曼的工作,而是萧洛和汤斯的文章"②。

谈及萧洛和汤斯的文章《红外和光量子放大器》的影响,王之江说:"当时萧洛和汤斯的文章,对我们来说,最大的影响就是光是有可能放大的,因为在这之前,光只可能衰减,不可能放大。原来我们对这种事没有接触,也没有想过有这种可能性,所以这是对我们影响最大的地方。现在来看,爱因斯坦1916年提出辐射理论,其实他已经预见到光的受激发射,但是这件事一直没有被人们发现,直到萧洛和汤斯提出来,人们才知道光有可能做受激发射。"③

同时,王之江也肯定了梅曼的工作对他们研究进程的影响。他说:"梅曼的工作对我们也有很大的影响,因为他已经做出来了。他做出来了,我们就想想我们该怎么做,这期间我们也有过一些读书报告会。最后是在讨论梅曼的工作之后,我写了一个实验方案,这个方案是成文的,在报告会上报告过,而且有档案。"④

虽然受到梅曼那台红宝石激光器的影响,但由于当时我国的技术条件

---

① 王之江访谈,2017年10月9日,上海。资料存于采集工程数据库。
② 同①。
③ 同①。
④ 同①。

差,连脉冲氙灯都不能生产,跟踪仿制梅曼的那台激光器并不具备条件,因此王之江从光学的基本原理出发,于1960年年底设计出具有中国特色结构的激光器实验方案。

(一)激活介质的选择:红宝石

选择合适的激活介质是研制激光器的关键一步。虽然看到了梅曼的成功,但对于选择红宝石作为中国第一台激光器的激活介质,长春光机所的研究人员有自己的独立判断。他们认为:第一,红宝石有U和Y两个吸收带,可以以很高的量子效率把能量转移到B线的上能级,非常适合作激活介质;第二,由于当时中国的工业基础薄弱,能够提供的激活介质材料很少,很难获取合适的材料,而电子所刚好能提供红宝石晶体。

虽然国外对红宝石的物理性能进行过大量研究,但是电子所提供的红宝石晶体原是用作轴承的,杂质较多,因此研究人员在拿到红宝石晶体后又重新对其性质、性能进行了深入分析。在理论方面,谭维翰在红宝石的位形与无辐射跃迁概率,红宝石铬离子的吸收光谱,红宝石中锐线B、S与R的能级及其分裂和基态的分裂三个方面进行了计算[1]。在实验方面,张佩环用化学方法测定了红宝石中Cr_2O_3的含量[2],龚再仲等用X射线观察了红宝石的内部结构[3],吕大元、余文炎等在红宝石R荧光线的基态分裂、S-系吸收、R荧光光谱的温度位移等方面进行了实验探索[4]。这些工作是研制第一台红宝石激光器的基础。

(二)脉冲氙灯:直管状

脉冲氙灯是激光器的泵浦源,由于当时国内尚无生产氙灯的厂家,研究人员只好从脉冲氙灯的设计工作做起。当时国外流行螺旋状氙灯,梅曼

---

[1] 谭维翰:《红宝石的位形与无辐射跃迁几率的计算》《红宝石中铬离子的吸收光谱计算》《红宝石吸收光谱中锐线能级与分裂计算》。存于中国科学院长春光学精密机械与物理研究所档案室。

[2] 张佩环:《红宝石中铬含量的化学分析》。存于中国科学院长春光学精密机械与物理研究所档案室。

[3] 龚再仲等:《红宝石亚结构的X射线观察》。存于中国科学院长春光学精密机械与物理研究所档案室。

[4] 吕大元,余文炎等:《红宝石R荧光线的基态分裂实验》《红宝石关于S-系吸收的实验》《红宝石R荧光光谱的温度位移》。存于中国科学院长春光学精密机械与物理研究所档案室。

的第一台红宝石激光器采用的就是螺旋状氙灯,王之江在设计氙灯时没有盲目仿制,而是从应用光学的基本原理出发,认为螺旋状氙灯的效率低下,于是将氙灯设计成直管状。他说:

> 使用螺旋状氙灯的目的是保证光射到宝石中。实际上,一个光源发出的光只有少量能照射到宝石中,灯的有用尺寸不能超过宝石棒,所以,国外使用的螺旋状氙灯实际是个半废品。假如不懂这个基本的光学规律,我们可能会去模仿,但我们懂得灯的尺寸不能超过宝石棒的尺寸这个道理,知道螺旋灯是没有用的,所以,我们制作了直管状的脉冲氙灯。①

将氙灯设计成直管状还有一个重要原因是,螺旋状氙灯需要的电压高,要求电容量足够大,当时我国的技术设备还不能达到这样的要求。氙灯的直管形式很快得到了激光学术界的广泛认同,其后国际上大多数固体激光器都采用直管状氙灯作为泵浦源。

(三)照明系统:球形成像照明器

王之江在20世纪50年代主持过很多光学仪器的光学设计,因此他在照明系统的设计中充分发挥了这方面的专长。

梅曼的第一台红宝石激光器的照明方式采用椭圆漫射照明,其后这种照明方式在国外非常流行。王之江经过光学设计理论分

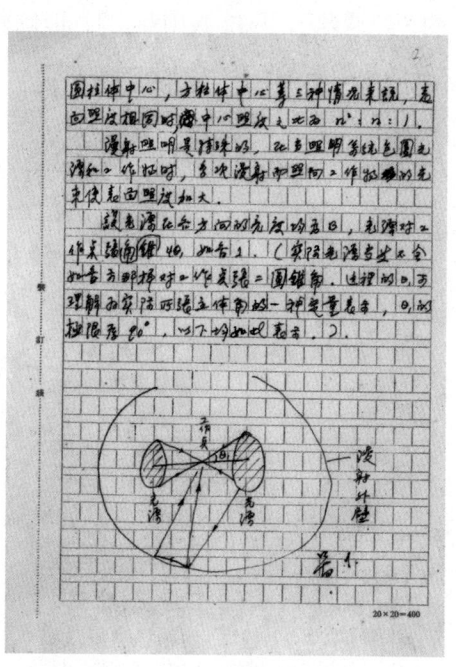

图6-1 球形照明系统设计手稿

---

① 王之江访谈,2008年11月2日,上海。资料存于采集工程数据库。

第六章 研制红宝石激光器 开创中国激光事业

析，认为在不用照明、漫射照明、成像照明三种照明系统中，成像照明系统的效率比漫射照明方式更高[①]。针对当时国外流行的多灯多椭圆柱的照明方式，王之江根据照度与亮度的基本关系认为，当激活介质和灯的直径一样大时，采用多次光学成像方法提高光源亮度比采用光源重叠的方法更有效[②]。因实验所用的红宝石仅30毫米长，王之江认为，对于这种不太长的宝石，球形成像照明系统比椭圆照明系统更有效率。

综合上面几个因素，王之江设计出球形成像照明装置。后来的实践证明，这样的球形成像装置可实现比梅曼的椭圆漫射照明装置更高的效率，是中国第一台红宝石激光器能够成功出光的关键因素之一。

（四）谐振腔：平行平板反射内腔

谐振腔是实现光量子放大的关键部位。由于王之江没有量子电子学的学术背景，对谐振腔理论不熟悉，在设计谐振腔时遇到了前所未有的困难。同时，由于该课题研究是邓锡铭、王之江等几个青年科技人员自发组织开展的"黑课题"，只能利用业余时间开展工作，也没有研究经费，因此王之江"在做整机实验方案设计时有压力，花了很多时间去读一些文章和资料"[③]。

通过学习，王之江接受了萧洛和汤斯提出的平行平板反射谐振腔理论，决定将红宝石的两侧加工成平行平板的形状并镀上反射膜，以达到控制波形数的目的。

加工红宝石激光器器件

激光器实验方案确定后，研究人员于1960年年底开始了激光器的研

[①] 王之江：光泵方式对受激光发射的作用。见：吕大元主编，《受激光发射论文汇编》。北京：科学出版社，1964年，第81-83页。

[②] 王之江：光泵方法中的聚焦装置性能。见：吕大元主编，《受激光发射论文汇编》。北京：科学出版社，1964年，第84-88页。

[③] 王之江：浅谈中国第一台激光器的诞生（邀请论文）。《中国激光》，2010年第9期，第2188-2189页。

制。由于当时中国的工业基础落后，没有现成的商业器件可用，所有器件都需要自己动手加工，同时课题也没有经费支持。"因为没有课题，不能用正式的科研课题经费来做这件事，所以实验条件其实是非常差的。虽然没有课题经费，但是所里面的计划处还是很支持这件事的，所有的加工都可以进行。但组织加工不是我做的，中间做灯，还有买材料，这些事情都是计划处做的。"[1] 王之江回忆时这样说。

因此，这项研究虽然是"黑题目"，但得到了当时长春光机所党委的支持，器件加工与制作的很多工作——从材料准备到器件加工再到进行实验等各个环节的准备，都得到了计划处孙功虞的大力支持。

（一）氙灯制作

在激光器件的加工过程中，研究团队遇到的最大挑战是氙灯的制作，其中技术难度最大的是氙灯钨极与石英的封接。钨极是金属材料，膨胀系数很大，而石英的膨胀系数很小，将它们封接成为一个整体非常困难。这个难题是靠杜继禄人工吹制的过渡玻璃并通过他高超的焊接技术解决的。

过渡玻璃是由膨胀系数相差无几、软点近似的多种玻璃以精细的梯度焊接法焊接而成的，具有不因受热膨胀或冷却收缩而炸裂的特性，通用于两种玻璃之间。由于脉冲氙灯的工作温度很高，且过渡玻璃距电极很近，过渡玻璃的吹制必须达到非常均匀的程度。为了做成过渡玻璃，杜继禄选择了数种玻璃，包括将从上海市中央商场买来的一个硬玻璃盘砸碎，混合成 23~25 种膨胀系数不同的过渡玻璃。二十多种过渡玻璃的焊接空间很小，且彼此的顺序不能有错，还要考虑钨电极本身的膨胀、氧化问题，所以，焊接需要非常高的技术[2]。杜继禄运用其高超的技术完成了二十多种过渡玻璃的吹制与焊接工作，成功封接出国内第一支高功率石英管壁钨电极脉冲氙灯。这套氙灯封接工艺后来被国内激光技术界沿用了几十年。

除氙灯制作的工艺困难外，氙气的供应也是一个问题。当时国内没有氙气的需求，既没有生产氙气的厂家，也没有从国外进口、售卖氙气的商

---

[1] 王之江访谈，2017 年 10 月 9 日，上海。资料存于采集工程数据库。

[2] 杜继禄，冯兆新：脉冲石英氙灯的制造工艺。见：吕大元主编，《受激光发射论文汇编》。北京：科学出版社，1964 年，第 117-121 页。

第六章 研制红宝石激光器 开创中国激光事业

家。为了找到氙灯制作所需的氙气，采购员走遍了半个中国，终于在一家灯泡厂的库房里找到了1949年以前遗留下来的仅存的几瓶氙气，氙灯的制作才得以最后完成。

氙灯的实验工作主要由汤星里完成。作为激光器的激励光源，氙灯的发光效率对激光的输出有着至关重要的影响。为了找到脉冲氙灯的发光效率与灯的管径、长度、电极形状及其材料、充气种类、电容、电压、电阻、电感等物理特性之间的关系，汤星里等人先从理论上计算了上述物理特性可能对发光效率产生的影响，再通过大量的实验来验证是否符合理论推导。实验中，许多测试是连续几百次进行的。在大量实验的基础上，他们找到了脉冲氙灯发光效率的影响因素，为氙灯的制造提供了可靠的实验数据[①]。

（二）红宝石的加工

实验所用红宝石是电子所提供的，直径为5毫米，长30毫米。该宝石由苏州一家宝石厂生长，原是用作轴承的，在均匀性、透射率和散射颗粒方面与国外的宝石相差较大。红宝石晶体缺陷的存在，使得光子损耗率的实际值与根据平行平板谐振腔理论推导的理论值有较大差异。红宝石内部的不均匀，导致其中的光波由平面波变成曲面波，也不再适用于平行平板谐振腔理论波形的计算。

王之江通过光学检验发现了实验所用红宝石的缺陷后，决定将宝石加工成两面不平行的不规则形状，以补偿其内部的不均匀性，满足谐振腔内部光程的需要[②]。加工结束后，王乃弘用冷阴极溅射法在宝石棒的两端涂镀了银膜，其中一端全镀银，另一端镀银面透射率在2%~15%变动。

（三）装机

1961年7月，经过各方面的共同努力，中国第一台红宝石激光器终于装机成功。装置外面是两个球面半径为60厘米的反射半球，灯和红宝石

---

① 汤星里，杜继禄等：受激光发射器脉冲氙灯的若干问题讨论。见：吕大元主编，《受激光发射论文汇编》。北京：科学出版社，1964年，第105-116页。

② 王之江：红宝石的质量检查和改进及其影响。见：吕大元主编，《受激光发射论文汇编》。北京：科学出版社，1964年，第100-104页。

置于封闭反射球面的共轭位置，利用共轭成像原理将脉冲氙灯成像在红宝石上，球面的反射聚光可使红宝石浸在氙灯的反射像中[①]。后来的实验证明，整个装置的效率很高，为确保实验能够顺利，王之江对装置的很多细微之处都做了精心设计，例如为了防止氙灯的照射烧毁银膜，特地加上一个小铜帽。

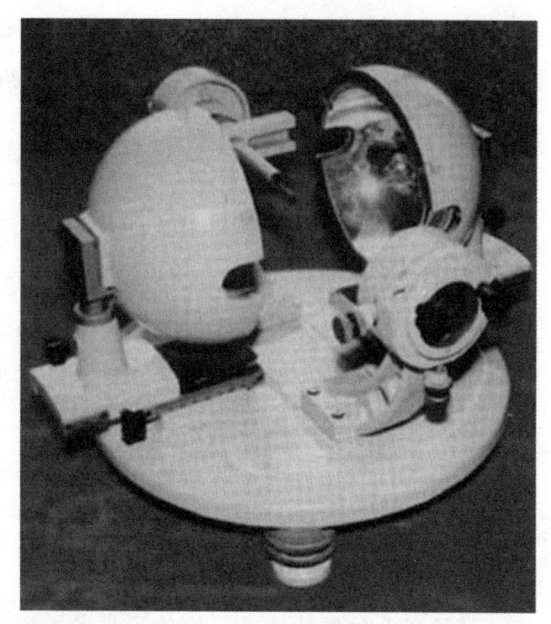

图 6-2 中国第一台红宝石激光器

红宝石激光器成功出光

1961年7月，红宝石激光器进行第一次运转，研究人员就看到了荧光现象，但真正输出激光是在1961年9月。

1961年9月的一天，王之江因感冒在家，汤星里、邓锡铭等人继续在激光器装置上进行实验探索。他们在实验中发现，当光源功率逐渐增大时，"在原先基本均匀的红色光斑内，出现了一些类似牛顿环的干涉条纹"[②]，这标志着红宝石由自发辐射过渡到受激辐射，装置真正输出激光了。

由于研究人员此前只看到过原理性的一两篇文章和几条新闻报道，并不了解光受激发射振荡阈值在实验上的表现，不知道荧光强度曲线产生

---

① 王之江：红宝石光量子放大器。存于中国科学院长春光学精密机械与物理研究所档案室。

② 王之江给陈崇斌的私人邮件，2018年8月10日。资料存于采集工程数据库。

什么样的变化才是达到临界振荡的标志,所以,上述实验现象是否标志着激光正式产生,他们不敢作出肯定的判断。回忆当时的情形,邓锡铭写道:

> 尽管我们不是世界上第一次尝试,但除了原理性的一两篇文章,当时只看到过一两条新闻报道。要在我们自己的实验技术基础上把一种全新的设想变成现实,确实是不容易的。当时对光受激发射振荡阈值在实验上的理解也不清楚,谁也没有见到过荧光强度曲线产生什么样的变化才是达到临界振荡的标志。……要知道,开始时刚达到振荡阈值条件,任何一点疏忽都会导致总体实验的失败。而要找出毛病所在,在当时也绝非轻而易举,甚至已经出现激光,仍旧半信半疑。记得有一次王之江感冒在家,笔者和担任主要实验工作的汤星里到他家讲了当天的实验情况,他作了肯定性的判断。接着,又从示波器屏上的荧光曲线观察到有一处突出的尖峰,同时拍摄了近场、远场照片,记录了F-P干涉环,才最后确定实现了激光输出。[①]

为判定装置输出的是激光,研究人员用仪器进行了检测。示波器显示,发光弛豫机构先由指数式衰减转变为雪崩式衰减,再转变为指数式衰减,这样的发光衰减过程表明装置确实输出了激光。远场的衍射图样以及F-P干涉环显示,输出光线已充分表现出激光所特有的方向性、单色性等特点。经光电管和冲击检流计测定,激光器输出激光的能量数值是0.003焦耳。这些测定证实了装置输出的确实是激光[②]。

因当时长春光机所条件所限,氙灯所用电容只有2660微法,太小,所以激光器的输出能量只有0.003焦耳,若电容再小一点,或者装置效率稍低,实验都很难成功,因此,这台红宝石激光器的成功有很大的运气成分。正因如此,王之江在回顾这段历史时仍感到非常庆幸,他说:"实验

---

① 邓锡铭:我国激光的早期发展(1960—1964).《激光与光电子学进展》,1990年第12期,第13-16页。

② 王之江:红宝石光量子放大器.《物理学报》,1964年第1期,第63-71页。

最后是看到激光了，但是光的能量非常小，只有 0.003 焦耳，是什么原因呢？主要是电源做得非常小，当时电源所用的电容器都是电子实验室里退库的，电容量很小，所以放电量很小。当时的实验条件很差，能做出这个东西，现在来看，其实有很大的运气，再差一点就做不出来了。"[1]

中国第一台红宝石激光器能够有这样的运气，主要源于激光器的创新结构。与梅曼研制的激光器相比，中国的这台激光器有诸多创新之处：脉冲氙灯不是采用梅曼的螺旋状结构，而是采用直管状；照明系统不是采用梅曼的椭圆照明，而是采用球形共轭成像照明，因而性能更优越。"只用了一支较小的直管氙灯，其尺寸同红宝石棒的大小差不多，用高反射的球形聚光器聚光，使红宝石棒好像泡在光源（氙灯）的像中，所以效率很高"[2]，只用了很小的能量就实现了装置的激光输出。

1961 年 11 月，《科学通报》刊载了邓锡铭、王之江撰写的论文《光量子放大器》，第一次在国内学术刊物上系统介绍了激光的工作原理、基本特性以及应用前景。激光学术界通常把中国第一台红宝石激光器的成功运转和《光量子放大器》论文的发表作为激光科研在中国开创的标志。

提高激光器装置性能

随着实验的继续开展，研究人员又对红宝石激光器装置进行了多方面的改进，提高了激光器的输出能量。

（一）谐振腔：半外腔结构的设计

1961 年以前，国外都是把高反射膜直接涂在激活介质棒的两个端面上，把谐振腔设计成平行平板反射内腔的形式，中国第一台激光器谐振腔

---

[1] 王之江访谈，2017 年 10 月 9 日，上海。资料存于采集工程数据库。
[2] 王大珩：激光，具有巨大的生命力，《中国激光》，2000 年第 27 卷第 12 期，第 1058-1062 页。

最初的设计也是这样。在成功实现激光输出后,研究人员发现,红宝石两端的银层反射膜因激光的产生出现了蒸发现象,并且当两端中心银层蒸发后,振荡阈值会显著增加。研究人员认为,振荡阈值的增加是因为某些波形的能量通过小孔输出而形成的,这时研究人员看到了国外采用银层中心留小孔的方法来耦合输出能量的方法,梅曼就是用小孔耦合输出的[1]。研究人员认为,由于小孔区反射率小于其他区域,这种波形的 Q 值低于腔内其他振荡波形,而高 Q 值振荡的波形并没有输出,因此采用银层中心留小孔的方法振荡阈值高、效率低。

经过思考,邓锡铭提出,红宝石谐振腔两端的反射面不再采用镀多层反射膜的方式,而是由外置全反射棱镜替代,这样不仅能满足延长光子在谐振腔中寿命的需要,还解决了涂镀反射膜给红宝石整修带来的不便,也避免了因银层蒸发损坏而引起的实验参数变化对实验的不利影响。稍后,他们从国外的报道中看到了类似的设计。于是,研究人员决定用两个外置全反射棱镜作为谐振腔的两个反射面,但在实现谐振腔内光波的等光程时,棱镜与宝石之间相对位置的调整又成为一个新的难题。通过不断摸索,课题组发现,红宝石表面镀 MgF_2 时可使反射小于 1%,而当宝石表面反射很少时,器件间相对位置的调整变得并不重要。于是,课题组设计出一个由反射膜和全反射棱镜构成的谐振腔,即所谓的半外腔结构[2]。

由于谐振器的加工一直离不开镀膜工艺,长春光机所的镀膜工艺也因这台激光器的研制而迅速成熟起来。对此,王之江说:"镀膜这个事情,我们开始做激光的时候,长春光机所做镀膜的技术也不好,也是刚刚开始,所以我开始做激光器的时候,镀的是银膜,不是介质膜,很容易损伤。但是,要提高激光器的效率,用银膜肯定做不出来,所以后来就镀多层膜,

---

[1] T. H. Maiman, Stimulated optical emission in fluorescent solids, Part I. Theoretical considerations. Phys. Rev. 1961, Vol. 125, 1145–1150; T. H. Maiman, R. H. Hoskins, I. J. D'Haenens, C. K. Asawa, and V.Evtuhov, Stimulated optical emission in fluorescent solids II, Spectroscopy and stimulated emission in ruby. Phys. Rev. 1961, Vol. 125, 1151–1157.

[2] 王之江:光频谐振腔的结构和波形限制。见:吕大元主编,《受激光发射论文汇编》。北京:科学出版社,1964 年,第 61-72 页。

但是镀多层膜也不好，于是就用多块的玻璃平板来代替多层膜，这都是因为镀膜技术不成熟的缘故。后来镀膜的技术很快就解决了，以后基本上都是靠镀膜。"[1]

在改进谐振腔的过程中，邓锡铭还独立提出了控制谐振腔品质因数（调 Q 技术）的方案[2]。

（二）提高输出能量

自 1962 年起，课题组将工作重心转移到提高激光的输出能量方面。为了获得大能量输出的受激发射，在王之江的指导下，沈冠群对氙灯输入能、谐振腔的结构、电容量、介质膜透过率、宝石棒的光学质量等工作参数对输出能量的影响进行了全面实验[3]。

沈冠群是王之江指导的最早的两位研究生之一，最初挂名在王大珩名下，上海光机所成立后，正式成为王之江的研究生。1962 年，沈冠群刚到长春光机所就被王之江安排开展红宝石激光器的实验工作，经过实验，他们得到了可靠的实验参数，并在实验中得到能量达到 1 焦耳的激光输出[4]。在了解了激光输出能量的关键影响因素后，他们通过用另一个红宝石作为能量和功率放大器、加大有关器件尺寸以增大输入功率和能量、降低工作温度三种途径来提高激光器的输出能量。经过改进的激光器，室温下输出能量达到 5 焦耳。这时，他们发现输出端的多层介质膜容易损坏，于是采用不同厚度和间隔的几块平行的平板玻璃代替部分反射膜（也是国际上最早），获得了良好效果，在零下 10 摄氏度时，激光器输出能量达到 10 焦耳[5]。由于当时中国的技术支持水平非常低下，没有开展低温实验的制冷设备，零下 10 摄氏度的低温实验是在天然的地下冰库中进行的[6]。

---

[1] 王之江访谈，2017 年 10 月 9 日，上海。资料存于采集工程数据库。

[2] 邓锡铭：利用 Fabry-Perot 干涉器改善受激光发射器的波形选择特性。见：吕大元主编，《受激光发射论文汇编》。北京：科学出版社，1964 年，第 73—80 页。

[3] 沈冠群访谈，2020 年 1 月 12 日上午，上海。资料存于采集工程数据库。

[4] 王之江：红宝石光量子放大器工作参数对受激发射输出的影响。存于中国科学院长春光学精密机械与物理研究所档案室。

[5] 王之江：增大红宝石量子放大器的输出功率和能量。存于中国科学院长春光学精密机械与物理研究所档案室。

[6] 同[3]。

公开第一台红宝石激光器研究成果

1962年1月，中国科学院在长春组织召开了第一次全国激光学术会议。其间，王之江做了《光量子放大器的实验方案》和《红宝石光量子放大器》两个报告。由于他们研制红宝石激光器成功的消息在会议召开之前处于保密状态，王之江的报告引起了与会人员的热烈讨论[①]。

实际上，激光器的物理机制源于1916年爱因斯坦提出的原子受激辐射的物理思想，1928年德国物理学家莱登伯格（Rudolf Ladenburg）从实验上证实了受激发射的存在[②]，因此，从原理上看，激光器的发明本可以早些时间完成。研制出世界上第一台氦氖激光器的美国科学家杰万（Ali Javan）有一次半开玩笑地说，可惜他没有出生在20世纪30年代，否则激光器早就被他发明了。之所以到20世纪60年代激光器才被发明，主要是因为早期的技术支撑水平尚未达到。据参加该次会议的林福成回忆，"在1961年，王之江先生等一批二三十岁的青年人，研制成功我国第一台红宝石激光器，他们当时的环境，甚至还达不到欧美三十年代的水平"[③]，几乎没有人相信他们那时能成功研制出红宝石激光器。所以，王之江的报告引起了大家的热烈讨论，回顾当时的情景，王之江说：

> 在这次全国激光会议上，我作了两个报告，第一个报告是红宝石激光的设计方案，第二个报告是实验结果。在上午报告结束之后，大家还在议论中国能不能做出激光器，下午我们就报告激光器已经做出来了。所以，当时我们做的这个激光器是超出了大家的想象。其实做出来之后，很多人还怀疑中国的技术条件能否做这个激光器。[④]

---

① 林福成访谈，2017年10月9日，上海。资料存于采集工程数据库。
② R. Ladenburg. Research on the anomalous dispersion of gases. Z. Phys. 1928, Vol. 48, 15–25.
③ 林福成：漫谈激光器的发明过程——纪念激光器发明50年。《大学物理》，2010年第1期，第2-7页。
④ 王之江访谈，2019年11月7日，上海。资料存于采集工程数据库。

邓锡铭的回顾也有类似的描述，他在《我国激光的早期发展（1960—1964）》一文中这样写道："会议期间讨论最热烈的问题之一是：在国内是否具备发展这门新技术的物质技术基础？是处在调研文献阶段还是真正可以着手做了？会议结束前一天，我们演示了自己的红宝石激光器之后，这种争论也就从此结束。"[1]

因此，这次会议，"通过理论和实验的论证，解决了中国开展激光技术的研究是否具备了条件"[2]，消除了一些人的思想顾虑，推动了中国的激光科研迅速发展。

会后，在长春光机所的协助或带领下，国内一些研究机构也纷纷开展激光研究，并且取得了可喜的成果。在长春光机所第一台红宝石激光器成功输出激光后，电子所的黄武汉很快就从微波量子放大器的研究转到激光方向。1962年12月，电子所成立了气体放电研究室，重点进行气体激光研究，并且于1963年7月与长春光机所合作完成了中国第一台He-Ne气体激光器的研制工作[3]。不久，电子所相继成功研制了纯Xe与He-Xe气体激光器、He-Ne气体激光器（不同激励）。1964年10月，电子所万重怡领导完成了脉冲氩离子激光器的研制工作。中国科学院物理研究所的激光相关研究工作始于1961年，他们刚开始是进行共轴汞灯的设计研究，1962年转向同轴脉冲氙灯的研究并很快取得了成功。1962年9月，徐积仁、张遵逵、张志三人利用张乐慧生长的红宝石晶体实现了激光输出，观察到红宝石激光振荡[4]。1963年12月，中国科学院半导体研究所（以下简称半导体所）王守武等人成功研制出77 K GaAs半导体激光器。同时，北京大学、清华大学、复旦大学等都相继开始了激光研究。国内的激光研究逐步由中国科学院系统走进包括高校在内的其他系统，呈现出良好的发展趋势。

利用第一台红宝石激光器打下的技术基础，长春光机所的激光研究进展更快。1962年，刘颂豪等人成功研制出$CaF_2:U^{3+}$激光器；1963年6

---

[1] 邓锡铭：我国激光的早期发展（1960—1964）。《激光与光电子学进展》，1990年第12期，第13-16页。

[2] 纪锺：中国激光发展20年概貌。《中国激光》，1980年第1期，第1-12页。

[3] 再创辉煌——纪念中国科学院电子学研究所成立四十周年。1996年，内部资料，第29页。

[4] 魏志义，张杰：物理所光学研究的历史和现状。《物理》，2008年第6期，第400-404页。

图6-3 1978年第一台红宝石激光器研究获吉林省重大科技成果奖

月，干福熹等人成功研制出钕玻璃激光器；1963年7月，在电子所的协助下，邓锡铭等成功实现中国第一台He-Ne气体激光器的运转；1963年12月，王乃弘与半导体所的王守武几乎同时独立研制出GaAs半导体激光器；1964年年初，刘顺福等研制出$Nd^{3+}:CaWO_4$激光器。

在这些进展中，1963年4月干福熹等人研制出的钕玻璃激光器是用姜中宏制成的棒状钕玻璃替换中国第一台红宝石激光器装置中的红宝石完成的[①]。

在短短的几年内研制出这么多种激光器，这种状况被长春光机所的研究人员形象地称为"满堂红"。不仅是激光器，在激光的单元技术方面，长春光机所也取得了重要进展，如脉冲氙灯的制作、激光高反射膜的研制、激光红宝石晶体的生长等都取得了突破。这些进展离不开中国第一台红宝石激光器研究奠定的科学基础。

[①] 徐德祖，于春雷：《无华的演绎——姜中宏传》。上海：中国科学院上海光学精密机械研究所，2018年，第52页。

第七章
筹建上海光机所　开展激光反导探索

　　1962年，长春光机所研制的红宝石激光器经改进后输出能量达到0.1焦耳，激光经聚焦烧穿了刀片；1963年，红宝石激光器输出能量达到10焦耳，在实验中击穿了钢尺。这些实验显示了激光在破坏靶目标材料方面的潜力，证明了激光作为辐射武器的可能性。此后，在国家有关部门的组织下，中国科学院于1964年成立了专门进行激光研究的机构——中国科学院上海光学精密机械研究所（简称上海光机所），并明确以辐射武器研究作为该研究所的长远发展方向之一。因此，上海光机所在成立之初就承担了高能激光系统的研制任务，时称"640-3"工程，也叫100#任务，目标是利用激光进行反导。该工程自1964年启动，到1976年终止。在这个过程中，王之江带领研究团队通过提高输出能量、改善激光亮度等方式对激光的破坏机理进行了深入探索，解决了工作物质损伤、寄生振荡、弥散等一系列技术难题，并进行了激光打靶实验。依据取得的实验数据，王之江认为当时所采取的技术路线无法实现激光反导的目标，于1976年决定终止这项工程。"640-3"工程虽然未能实现激光反导的最终目标，但通过该工程的开展，中国激光科学在理论、实验及各种单元技术方面都取得了非常可贵的进展，有力推动了中国激光科学事业的发展。

筹建上海光机所

1963年春，在王之江的指导下，沈冠群将红宝石激光器的输出能量由最初的0.003焦耳提高到10焦耳，输出功率达到10千瓦量级，并在实验中成功击穿了钢尺。"那时有报道说苏联正在搞激光武器，说赫鲁晓夫的办公桌上放着一个用激光打了孔的钢尺。于是大家就认为，激光有可能做激光武器。"[1] 美国人更是把潜在的激光武器称为"死光武器"[2]。于是，邓锡铭等人将这个实验报告到中国科学院，继而引起国家领导人的关注，并促成了上海光机所的建立。

实际上，激光诞生后，世界各国都非常重视其应用研究。在激光的应用研究方面，美国的进展很快。1960年美国研制成功第一台红宝石激光器以后，就在许多方面展开了应用研究，涉及激光测距、激光雷达、激光导航、激光跟踪、激光通信、激光武器、激光医学、激光工业打孔、激光切割等方面，并取得了一些成果[3]。这其中最引人注意的是美国的激光武器研究。激光武器，通常被称为"死光武器"，美国官方称为"定向能武器"，是一种利用高能激光进行反弹道导弹的战略性防御武器[4]。

我国自第一台红宝石激光器出光后，在激光武器方面也做了初步的探索研究。1962年，王之江带领研究人员将红宝石激光器输出能量提高到了0.1焦耳，并用聚焦的激光烧穿了刀片；1963年，他们将红宝石激光器输出能量提高到了10焦耳，并在实验中击穿了钢尺。这些实验证明了激光作为辐射武器的可能性。为展示这一时期的成果，1963年7月，中国科学院在长春组织召开了第二次全国激光学术会议。会议期间，王之江作了《二年来受激光发射研究的进展》报告，他的研究生沈冠群报告了红宝石

---

[1] 王之江访谈，2018年11月6日，上海。资料存于采集工程数据库。
[2] Jeff Hecht. Short history of laser development. Optical Engineering, 2010, No. 9, 091002.
[3] 沃新能等：光激射器的应用.《光激射器情报》，1965年第1期，第1—8页。
[4] 沃新能等：激光武器及大能量激光.《激光情报》，1966年第2期，第1—8页。

激光击穿钢尺的实验。

会议期间,陪同朝鲜科学院代表团参观长春光机所的中国科学院党组书记、副院长张劲夫观看了红宝石激光器的演示实验后,了解到激光作为武器的潜在可能,鼓励研究人员要加快激光研究,并指示:"发展这门新技术要考虑一些非常措施"[①]。

在这样的背景下,成立一个专门研究激光的专业机构的意向很快就形成了。对此,沈冠群在回忆这段历史时这样说:"1963年7月召开量子电子学会议以后,王之江、邓锡铭他们就有要做激光武器的打算,想把激光部分的工作迁到上海来。"[②]

邓锡铭、王之江等人对这件事"很感兴趣,认为这是光学上的一次革命,应该大力发展,于是直接上报中国科学院副院长张劲夫,策划成立上海光机所专门研究激光"[③]。同时,邓锡铭还将此事上报到国务院副总理兼国家科学技术委员会、国防科学技术委员会主任聂荣臻元帅那里。

1963年8月,经长春光机所领导班子认真筹划,邓锡铭、王之江等人带着红宝石激光器和氦氖激光器赶赴中国科学院院部,院党组书记、副院长张劲夫陪同聂荣臻观看了激光演示。回顾当时的情形,邓锡铭写道:

> 当时,我们递给聂副总理一把用红宝石激光束打了洞的钢尺,并汇报说:"几天前,苏联部长会议主席在一次记者招待会上展示了一把被激光束打了洞的钢尺,以显示苏联科技的力量。今天展示的是用我国的激光束打了洞的同样的钢尺"。领导们观看后十分高兴。聂副总理指示:"在上海建所为宜,可以充分利用上海的工业基础,加速发展激光技术。"[④]

1963年9月16日,中国科学院专门组织召开"受激光发射工作会议",

---

① 邓锡铭:我国激光的早期发展(1960—1964)。《激光与光电子学进展》,1990年第12期,第13-16页。
② 沈冠群访谈,2020年1月12日,上海。资料存于采集工程数据库。
③ 叶青,朱静:《聚焦星空:潘君骅传》。北京:中国科学技术出版社,2019年,第58页。
④ 同①。

会上，王大珩作了《加强激光研究，建立专门研究机构的若干建议》的报告，建立专门激光研究所的工作正式进入国家领导层的议程之中。

1963年9月底，根据聂荣臻副总理的指示和中国科学院的部署，王之江、孙功虞和牛汉民在结束中国科学院院部的激光演示后直接奔赴上海，开展激光应用研究的宣传活动，为在上海建立专门的激光研究机构做前期准备工作。

到达上海后，在有关方面的安排下，王之江在上海市科技系统作了《激光应用和发展前景》的专题报告，引起了上海市有关方面对激光研究的极大兴趣[1]。

1963年10月中旬，邓锡铭、王之江、孙功虞和牛汉民等人再次来到上海。"来上海做什么呢？是做一些激光演示，用红宝石激光在钢尺上打个洞，直接演示给人家看。所以，我们是带着设备（红宝石激光器）来的，这个东西不大。我们还带着氦氖激光器，做点空间通信。当时空间通信这个实验是在锦江饭店和上海大厦之间进行的。我们要用这个东西来打动上海市相关人员，希望他们能够对这个研究有兴趣，把研究所设在上海。"[2]

在衡山饭店的红宝石激光打孔演示、锦江饭店和上海大厦之间的激光通信演示，引起了上海市领导层的极大兴趣和关注，当时观看演示的上海市委副书记曹荻秋等人表示支持在上海建立专门的激光研究机构。邓锡铭、王之江等人的激光宣传工作取得了圆满成功，上海光机所的建立开始进入实际操作阶段。

1963年10月28日，国家计划委员会副主任安志文主持激光研究规划会议，上海市委副书记曹荻秋、上海市计划委员会主任马天水等参加会议，电子所黄武汉汇报了国外量子电子学的发展状况，并就开展激光研究提出建议。参会人员同意在上海建立专门的激光研究所，并初步确定在上海嘉定建所。会上，曹荻秋承诺，若在嘉定建所，上海市委一定大力

---

[1] 何绍康：上海光机所建所点滴。2019年，未刊稿。资料存于采集工程数据库。
[2] 王之江访谈，2018年11月6日，上海。资料存于采集工程数据库。

支持[①]。

1963年11月30日,中国科学院向国家科学技术委员会、国家计划委员会上报了《中国科学院报光机所上海分所设计任务书》。1964年1月11日,国家计划委员会、国家科学技术委员会批准了《中国科学院报光机所上海分所设计任务书》。同年4月1日,中国科学院下达文件,要求光机所上海分所自4月1日起在上海嘉定开始办公,标志着上海光机所正式建立。

需要强调的是,激光研究也得到了毛泽东同志的关注和支持。1963年12月16日,毛泽东在听取国务院副总理兼国家科学技术委员会主任聂荣臻汇报十年科学规划时说道:"死光(即激光),要组织一批人专门去研究它。没有成绩不要紧。军事上除进攻武器外,要注意防御问题的研究。"[②]这个指示对上海光机所的建立发挥了重要作用。

接受"640-3"工程——激光反导任务

经国家有关部门的精心筹划,1964年5月,长春光机所的激光研究人员、电子所从事固体激光研究(气体激光研究仍然在电子所)的研究人员,连同仪器设备器材陆续迁往上海嘉定,上海光机所正式成立。上海光机所成立后,其最初的研究方向是:"以光及微波受激发射光为单一方向、技术综合的专业性研究所,研究受激发射的光学与量子电子学的基本问题,着重发展光及微波量子器件及其应用,并以辐射武器的研究工作为长远发展方向之一。"[③] 其中作为长远方向之一的辐射武器研究即高能激光武器研究。上海光机所建所之初的高能激光武器研究项目被称作"640-3"

---

① 《所志》编纂办公室:《中国科学院上海光学精密机械研究所所志(简本)》。上海:中国科学院上海光学精密机械研究所,2003年,第3页。
② 中共中央文献研究室编:《毛泽东文集第八卷》。北京:人民出版社,1999年,第352页。
③ 《所志》编纂办公室:《中国科学院上海光学精密机械研究所所志(简本)》。上海:中国科学院上海光学精密机械研究所,2003年,第5页。

工程，也叫100#任务，最初由王之江领导开展。

"640-3"工程的开展与20世纪60年代美国、苏联两个超级大国的军备竞赛密切相关。20世纪60年代初期，美国、苏联两国成功研制出战略导弹，原子弹的投射能力大大加强，我国国家安全面临空前的危机，为提高我国的防御能力，国家领导开展谋划建立可靠的战略反导机制。1963年12月16日，毛泽东同志在听取有关战略武器问题汇报时，从战略防御的角度指出："除搞进攻性武器外，还要搞些防御武器。"[①]根据毛泽东同志的指示，经聂荣臻、张劲夫等人认真研究，决定由钱学森负责组织开展反导弹的探索工作。

1964年2月6日，毛泽东与钱学森、李四光、竺可桢三位科学家进行座谈时，针对战略反导问题，强调："有矛必有盾。搞少数人，有饭吃，专门研究这个问题。五年不行，十年；十年不行，十五年。总要搞出来的。"[②]毛泽东同志这一讲话，成为我国战略反导探索的重要依据，后被称为"640"指示。

根据毛泽东同志的指示，1964年3月，国防科学技术委员会副主任张爱萍、钱学森主持工作会议，研究战略反导的手段，并就"640"工程任务反导体系建设提出初步意见。据参加该次会议的邓锡铭回忆："钱学森总的指导思想是三道防线，第一道防线是导弹反导弹，在100千米外解决问题；第二道防线是超级大炮散靶，40~50千米解决问题；第三道防线强激光，30千米以内解决问题。"[③]经反复探讨，与会人员最终确定了"640"工程反导防御体系的五个组成部分：导弹反导弹、超级大炮反导弹、激光反导弹、预警系统、目标识别。会议期间，参会人员花了大约三分之一的时间讨论强激光作为防御手段的可能性，钱学森对邓锡铭说："未来的光炮，现在有设想，我亲自到展览馆看了您所的红宝石激光器，但是最终实现的光炮，可能与目前的设想面目全非，原因是技术在发展之中。"还叮嘱

---

① 《航天工业部第二研究院院史（1957—1987）》。1987年，内部资料，第187页。

② 石磊：《钱学森的航天岁月》。北京：中国宇航出版社，2011年，第417页。

③ 邓锡铭：关于"640-3"工程的历史片段，1989年。存于中国科学院上海光学精密机械研究所档案室。

邓锡铭:"靶场也得准备起来,一个靶场建设也得花好几年。"[1] 同年 8 月,"640"工程被中央专门委员会列为国家任务。

"640"工程的第三个子项目——激光反导弹,即"640-3"工程,由刚刚成立的上海光机所承担,王之江领导开展。同时,上海光机所还开展了高功率激光核聚变的探索,由邓锡铭领导开展。因此,言及上海光机所的建所历史,通常会说上海光机所以"两大"(大能量、大功率)起家,依据即在于此。

值得一提的是,"640"工程的总指挥钱学森自激光诞生之日起就非常关注激光的发展。在中国第一台红宝石激光器诞生后的第二年,他就把发展激光写进了我国的《1963—1972 年十年科学规划纲要(草案)》之中,其中写道:"重要的发展方向的另一个例子是受激发射,特别是受激光发射。……受激光发射,不但对基础科学会有这些影响,也将在工程技术方面,在远程飞行体的定位、探测、追踪技术上开辟广阔的前景,并为宇宙通信创造新的可能性。因此,受激发射技术的生长和发展有可能将在今后十年内,在科学技术中引起一次广泛的波澜,建立起另一门尖端技术。"而且,他还是"激光"一词的最初命名人。在激光诞生初期,国内学术界对英文单词"LASER"(light amplification by stimulated emission of radiation,简称 LASER)的翻译不统一,有"莱塞"(镭射)音译,有"光激射器""光受激辐射放大器"等意译,比较混乱,为此,钱学森在 1964 年 10 月专门写信给长春光机所创办的《光受激发射情报》杂志社时提议说:"我有一个小建议:光受激发射这一个名词似乎太长,说起来费事,能不能改称激光?"[2] 这一建议在第三次全国激光学术会议上得到广泛认可并被学术界采纳。

1964 年 5—8 月,长春光机所、电子所两家机构从事激光研究的 297 名科研人员陆续迁往上海嘉定,"640-3"工程正式启动[3]。作为激光科学的

---

[1] 邓锡铭:关于"640-3"工程的历史片段,1989 年。存于中国科学院上海光学精密机械研究所档案室。

[2] 沃新能:纪念《国外激光》办刊二十年。《国外激光》,1980 年第 12 期,第 1-11 页。

[3] 《所志》编纂办公室:《中国科学院上海光学精密机械研究所所志(简本)》。上海:中国科学院上海光学精密机械研究所,2003 年,第 4 页。

学术带头人，王之江是首批派往上海工作的其中一员。是年5月，王之江全家也迁往上海。

初建的上海光机所共设置10个科研机构，分别是：一室，总体器件研究室；二室，光雷达光通信研究室；三室，工作物质玻璃器件研究室；四室，场致激发研究室；五室，物理光学频率转换研究室；六室，微波量子放大磁共振研究室；七室，激光光源研究室；八室，技术光学研究室；九室，电子学技术研究室；十室，基本理论研究室。此外还设有设计室。王之江任一室副主任，全面领导开展"640-3"工程的探索工作。

1964年12月，为庆祝上海光机所成立，全国第三次激光学术会议在上海召开。会议期间，上海光机所对外明确了"两大"——大能量、大功率激光的研究方向。经协调，中国科学院系统内各研究机构确立了各自的研究方向：电子所主要从事气体激光器的研究；半导体所主要从事半导体激光器的研究；物理研究所从事基础研究和红宝石的生长等研究工作；大连化学物理研究所的研究方向则是化学激光器的研制。中国科学院系统外的其他研究机构也根据单位的条件开展了各具特色的激光应用研究，高校则侧重于激光人才的培养工作。因此，这次会议的召开，标志着全国统一的激光科研格局基本形成，为中国激光科学事业的长远发展奠定了基础[①]。

提高激光输出能量

上海光机所建立后，王之江带领团队开始了高能激光的探索历程，并完成了1964年年底实现激光输出能量1000焦耳的目标。

那时，增大红宝石激光器的能量仍然是王之江团队的主要探索方向。他们采取增大输入能量、加大工作物质长度的方式，将红宝石激光器的输

[①] 梅遂生：中国激光的足迹。第14届全国激光学术会议特邀报告，1999年10月，未刊稿。资料存于采集工程数据库。

出能量提高到 1500 焦耳。当输出能量接近 1500 焦耳时，红宝石发生了损伤，表明红宝石激光器输出能量已接近极限。与此同时，他们看到了国外的类似报道。由于继续提高红宝石激光器的能量比较困难，他们开始转向钕玻璃激光研究，因为"我们所有很好的光学玻璃基础，很容易做出来很大的玻璃，要输出多少能量，要输出多大功率，我们都能想办法做得出来，所以就放弃红宝石，做钕玻璃"[①]。

实际上，早在 1963 年 4 月在长春光机所时，干福熹、姜中宏[②]等研究人员已经实现了钕玻璃激光器的成功运转。这台钕玻璃激光器主要是姜中宏参考美国学者斯尼泽（Snitzer）的研究成果研制的。斯尼泽于 1961 年利用掺钕的冕牌玻璃丝实现了钕玻璃激光输出，并在《物理评论快报》上公开了钕玻璃的熔炼配方。但是，利用斯尼泽的玻璃配方熔炼的钕玻璃只能拉制成直径 1 毫米左右的玻璃纤维，为此姜中宏通过改良玻璃配方和加工工艺，"制成了一根长 5 厘米、直径 3 毫米、两端面垂直平行的棒状钕玻璃。之所以采用这种棒状结构，是为了置入王之江设计的球形激光器共轭腔中，以替换原有的红宝石棒"[③]。1963 年 4 月 27 日，姜中宏利用自己研制的钕玻璃棒，在王之江设计的红宝石激光器装置中实现了我国第一台钕玻璃激光器的成功运转。因为钕玻璃棒的加长、加粗相对红宝石晶体来说要容易得多，所以在红宝石激光器的输出能量接近极限的时候，王之江带领团队转向了钕玻璃激光器的探索。

1964 年秋，姜中宏熔炼出一根 15 厘米长的大尺寸钕玻璃棒[④]。长春光机所于 1963 年 4 月完成的那台钕玻璃激光器输出能量仅 1 焦耳，但利用这根 15 厘米长的钕玻璃棒作为工作物质，激光器输出能量达到了 104 焦耳。这个实验显示了钕玻璃激光器成为高能激光反导武器的巨大潜力。在钕玻

---

① 王之江访谈，2018 年 11 月 6 日，上海。资料存于采集工程数据库。

② 姜中宏（1930— ），原籍广东广州，生于广东台山，无机非金属材料专家，中国科学院上海光学精密机械研究所研究员，中国科学院院士。1953 年毕业于华南工学院（现华南理工大学）化工系。长期从事光学材料研究，为高能激光、高功率激光系统的光学玻璃研制作出了杰出贡献。

③ 徐德祖，于春雷：《无华的演绎——姜中宏传》。上海：中国科学院上海光学精密机械研究所，2018 年，第 52 页。

④ 《无华的演绎——姜中宏传》书中记录，该钕玻璃棒长为 1 米，王之江更正为 150 毫米。

图7-1 1965年中国科学院颁发的高能钕玻璃激光器研究奖状

璃激光器输出能量达到104焦耳后，时任上海光机所副所长李明哲立即对王之江和姜中宏提出了新的指标任务，要求他们在1964年年底实现1000焦耳的高能激光输出。

为达到输出能量1000焦耳的指标要求，王之江设计了两套方案：一套方案是将钕玻璃做成片状，一片一片地串接起来；另一个方案是将钕玻璃做成圆棒串接起来。实验过程中，片状激光装置在运行过程中发生了氙灯爆炸，导致玻璃破损，没有继续开展下去；由两组棒长50厘米、直径30毫米的钕玻璃棒串接而成的棒状激光装置在1964年年底成功输出了1200焦耳的激光。

其后，高能钕玻璃激光器输出能量的指标要求是每年提高10倍，1965年成功实现了12000焦耳的激光输出能量。

在提高激光输出能量的过程中，王之江带领团队解决了一系列技术难题。例如，在器件方面：①氙灯。采用直管状，与国外的用多个细灯（2厘米以下）达到高能输入不同，他们采用直径5厘米以上的粗灯，每米可输入电能50万焦耳/10毫秒。②钕玻璃。通过采用接棒方式降低规模，熔制成长度5米、直径12厘米的钕玻璃棒，并通过去除铂颗粒、降低铁离子杂质、钕玻璃棒外加水套等措施，提高了钕玻璃激光器的工作效率。③照明器。经对成像照明、紧包式照明及漫射式照明等照明方式的认真分析，采用对细长钕玻璃棒最合理的圆柱形近紧包式照明。④能源。建立了1500万焦耳的电容能源及充电设备。⑤介质膜。通过实验，先后放弃了金属膜、$ZnS-MgF_2$高反射和低反射膜系，最后采用机械强度、抗潮解性能都很稳定的ZrO_2-SiO_2膜系。在扩大器件的同时，他们还通过钕玻璃棒侧面磨毛、加水套、棒端面磨斜等手段来提高激光器的工作效率，以提高激光输出能量。在这个过程中，钕玻璃的损伤是他们遇到的一个非常棘手的问题。最初，提高钕玻璃激光输出能量的最为有效的手段是增大钕玻璃的工作面积——把钕玻璃棒做长、做大,但是钕玻璃受高能激光的照射非常容易发生损伤,一旦钕玻璃出现损伤,就限制了钕玻璃的工作面积,影响能量的输出。关于钕玻璃发生损伤的原因,王之江根据损伤多半出现在功率密度较高的激光输出口附近且具有点碎裂的结构性特点,推断是由玻璃中存在的铂杂质造成的。回顾此事,他说:"这个损伤,第一是与功率密度有关,第二是跟杂质有关。是什么杂质呢?我们推断可能是铂金,因为是用铂金坩埚化的玻璃。当时做玻璃的人不相信,因为铂金是非常稳定的,怎么会跑到玻璃里面呢?后来经过分析,确定是铂金。这时国外也有论文发表,说杂质是铂金。"①

姜中宏接受访谈时印证了这段历史,他说:"引起玻璃破坏的原因有很多,王之江提出是金属引起的爆炸。当时我们都不相信,他根据计算说,玻璃之所以破坏,是由于金属受到很强激光的照射,变成蒸汽,体积变得很大,就引起爆炸。当时我们觉得玻璃不可能有什么金属,大家都反对。后来我到情报所去查,查找到美国的确也有这样一个说法,证明还是他说得对"。②

实际上,铂杂质的混入经历了比较复杂的化学变化。虽然铂的熔点高达1772℃,高温下非常稳定,抗腐蚀性极强,常作为熔炼玻璃的器具,但是在长时间的高温环境中,铂仍然有少部分被氧化成氧化铂沉积在铂金器具表面,固体的氧化铂在400~500℃时会汽化成气体而混入玻璃,为维持气相平衡,高温玻璃中的部分氧化铂会离解成铂金颗粒而混入玻璃。在弄明白铂杂质产生的原因后,姜中宏先后建立了除铂工艺、无铂金全陶瓷工艺,成功去除了钕玻璃中的铂颗粒,为高能激光的发展作出了突出贡献。

1965年年底,王之江因"四清"运动被调离钕玻璃激光研究,其后一段时间领导这项研究的是总体组组长蔡英时和王之江的研究生沈冠群,主要致力于钕玻璃激光器的能量提高研究。

---

① 王之江访谈,2018年11月6日,上海。资料存于采集工程数据库。
② 姜中宏访谈,2020年11月19日,上海。资料存于采集工程数据库。

超前提出高能激光的亮度指标

1965年12月15—23日,中国科学院技术科学部在上海衡山饭店主持召开"大能量激光方案论证会",国内41个单位(院内27个)76名正式代表和16名列席代表参加会议。会议讨论并拟定了1966—1970年大能量激光研究的计划,提出1970年激光输出能量要达到100万焦耳的目标。

对于当时提出的指标,王之江是不赞成的。其实,在接受"640-3"工程的任务后,王之江就对激光反导的机理进行了理论探索,并在1964年完成了《辐射武器的可能性和现实性》一文[①],对激光反导的机理进行了全面阐述。回顾当时的情形,王之江说:"那个时候,无论中国,还是美国,对于反导的激光是什么样子,要求是什么都不知道,但是有一个是看得清楚的,比如红宝石激光打钢尺,1个焦耳只能打个小窟窿,要在导弹上打个大窟窿,至少要一个很大的能量吧,这个是很明确的一件事。因此,一个很重要的工作,就是研究激光破坏的机理,激光是如何破坏的,比如打穿一个钢板需要什么条件,这个工作当时是放在重要的位置来做的。"[②]

王之江认为,作为一个激光反导的武器,不是一个单纯的能量问题,仅提一个能量指标是不能解决问题的。在《激光武器的可能性和现实性》这篇文章中,王之江对激光反导的条件进行了全面分析。

第一是对激光破坏机理的分析。当时国外也非常关注这个工作,提出了多种激光破坏机理,经过认真分析,王之江认为,激光破坏目标的主要机理是激光烧蚀。要使激光能够烧化目标,要求照射到目标上的激光必须达到一定的功率密度(单位时间内照射到单位面积上的光能量值)。"它要

---

① 王之江:辐射武器的可能性与现实性。见:舒美冬,《王之江科研生涯》。上海:中国科学院上海光学精密机械研究所,2015年,第62—77页。

② 王之江访谈,2018年11月6日,上海。资料存于采集工程数据库。

有一定的功率密度,不是能量密度(照射到单位面积上的光能量值)。为什么不是能量密度呢?就像太阳光照在钢板上,一天到晚地晒,晒1年钢板也不会化,所以激光烧蚀目标必须要有一定的功率密度。"[1] 为了搞清楚激光烧蚀需要多大的功率密度,王之江带领研究人员用红宝石激光照射钢尺,通过实验来计算激光烧蚀钢板时必须达到的功率密度,计算结果表明,功率密度要达到 10^5 瓦/平方厘米才能融化钢板,破坏目标。通过实验,王之江还发现,对于飞机、导弹等目标的外部不透明介质保护层,其主要破坏机理并非烧蚀,而是非线性光学效应,因此,考虑到导弹的外层保护,要实现目标破坏,激光的功率密度要达到 10^8 瓦/平方厘米。

第二是激光的远距离传输。激光反导是破坏几十千米以外的导弹目标,需要用望远镜把激光束扩孔后聚焦到目标上,并且要求照射到目标的激光有一定的功率密度,因为激光在传输过程中不可避免地会因大气的吸收、散射等因素而产生损耗,这就要求激光有一定的亮度(单位面积、单位频带宽度和单位立体角内发射的光功率)。因此,"激光作为武器,第一条,要有一定的功率密度;第二条,要能够远距离传输。这两条就决定了激光要达到一定的亮度才行。假使亮度达不到这一点,激光是不可能产生远处破坏的,就不能进行激光反导。这个是我在 1964 年年底完成的文章里提出来的,……要在导弹上达到一个功率密度,美国人到 1987 年才知道这个事情。1987 年,美国物理学会在审查美国的定向能武器的报告时才提出有亮度问题,我们在 1964 年就提出来了。"[2]

通过计算和分析,王之江指出:要实现目标破坏,激光在目标处产生的激光能量密度要达到 10^5 焦/平方厘米,打击金属目标的激光功率密度要达到 10^5 瓦/平方厘米以上,打击陶瓷目标要达到 10^8 瓦/平方厘米;100 千米打击目标的激光亮度要达到 10^{13} 焦/(平方厘米·球面度)。当时激光器的亮度与上述数据至少相差数万倍,并预言"气体激光器和光泵其他激光器较有前途"(20 世纪八九十年代氟氖激光器、氧碘激光器取得的

---

[1] 王之江访谈,2018 年 11 月 6 日,上海。资料存于采集工程数据库。
[2] 同[1]。

一些进展证明了他这个预言的准确性）①。

根据理论分析和计算，王之江指出当时的激光器与实现激光反导还有很大差距，但美国方面关于激光武器的报道给他们造成了很大的困扰。回顾当时的情形，王之江说："我们在做这个工作的过程中受到的很大困扰是美国人的报道。当时他们经常报道他们的激光反导已经成功打下了导弹，我觉得导弹是打不下来的，他们说打下来了，所以我们的压力非常大。我这篇文章就提出来，在目标是1千米的时候，亮度是多少；目标是10千米的时候，亮度是多少。实际上，当时的激光跟1千米的亮度要求还是比较靠近的，超过10千米，就差得远了。作为反导来讲，10千米也不行，因为是战略反导，核弹，要几百千米。"②

直到今天激光反导在全世界范围内都未实现，表明当时美国的宣传是虚假的，也证明了王之江1964年超前提出亮度概念的科学性。但是，当时绝大多数人并不理解亮度的重要性，只是基于0.1焦耳能量的激光只能烧穿刀片、10焦耳的激光能击穿钢尺等事实，片面认为只要提高激光的输出能量，就能达成激光反导的目标。因此，王之江提出要提高激光的亮度指标，不仅没有得到大家的支持，反而受到了批判，特别是"四清"③工作队进驻上海光机所后。

当时，上海光机所副所长李明哲曾是长春光机所党委书记，他在长春时说一不二，长春光机所的决策基本上由他拍板。到上海后，他依然保持在长春光机所的工作作风，不怎么配合上海市的工作安排。在这种背景下，上海市派"四清"工作队进驻上海光机所，李明哲、邓锡铭等一批所领导被调离领导岗位，王之江也被迫"靠边站"，不再担任"640-3"的领导工作。在此之前，上海光机所的高能激光探索还是能量、亮度同时兼顾的，比如在红宝石激光的探索中，他们重点加大红宝石晶体的长度，

---

① 王之江：辐射武器的可能性与现实性。见：舒美冬，《王之江科研生涯》。上海：中国科学院上海光学精密机械研究所，2015年，第76页。

② 王之江访谈，2018年11月6日，上海。资料存于采集工程数据库。

③ "四清"运动是1963年至1966年5月开展的一次全国性的社会运动，最初是农村中的"清账目、清仓库、清财物、清工分"，城市中的"五反"——反贪污盗窃、反投机倒把、反铺张浪费、反分散主义、反官僚主义，后统一为清政治、清经济、清组织、清思想。

但不寻求增大红宝石的直径,这种举措可以在增大能量的同时提高亮度。但"四清"工作队进驻上海光机所后,大力鼓吹"上能量",对王之江提高亮度的主张持批判态度,提高能量逐渐变成唯一追求的指标。谈及这段历史,高瑞昌说:"那个时候,我刚好参加工作不久,我来的时候,下面都在批判王之江,主要是能量和亮度的问题。我个人认为,当时的'四清'工作队为了自己的功名或业绩,拼命鼓吹上能量。王之江是从科学发展的规律超前认识了亮度的重要性,这个非常关键。这一点反映出王之江深厚的光学基础和对光学理论的清楚认识,没有这个亮度,是没用的。"①

当时王之江的研究生沈冠群也对王之江因为主张提高亮度而承受的压力感同身受,他说:"当时要做武器了,但是做了不久,王之江先生就提出来了,主要的指标不能够单单只提一个能量的指标,必须有其他的一些指标,最重要的一个就是亮度的指标,单单凭能量指标将来作为武器是不够的,而且他不管是在领导面前还是在我们面前都阐述了这个事,当时他能够这么明确地提出这个事情,我觉得压力其实是蛮大的。"②

1966年,"文化大革命"开始,"对(毛泽东)'最高指示'的形而上学理解日益升级,'死光'武器也逐渐变成只争朝夕的政治任务,追求单一指标,单纯扩大规模成了一种倾向"③。此后一段时间,钕玻璃激光研究只注重提高输出能量,1965年输出能量达到1.2万焦耳,1966年达到19.1万焦耳,1969年达到33.8万焦耳(至今已公布的国际最高水平)。1969年,上海光机所研究人员用33.8万焦耳的高能激光距离目标10米进行打靶实验,结果打不穿5毫米的铝靶,只能熔化铝靶的表层④,这时大家才理解亮度的重要性,开始把提高激光的亮度作为高能激光探索的一项重要工作来做。

---

① 王之江访谈,2018年11月6日,上海。资料存于采集工程数据库。
② 沈冠群访谈,2020年1月12日,上海。资料存于采集工程数据库。
③ 王之江:回顾高能钕玻璃激光研究,1989年4月22日。存于中国科学院上海光学精密机械研究所档案室。
④ 刘颂豪:有关"640-3"工程的历史事件的回顾,1988年11月。存于中国科学院上海光学精密机械研究所档案室。

提高激光亮度与打靶实验

1971年年底，上海光机所党委落实知识分子政策，王之江重新出任"640-3"技术小组副组长、第一研究室副主任，并兼任第一研究室革命委员会副主任，重新参与高能激光的探索工作，在提高激光亮度方面解决了一系列技术难题。

（一）形变

形变，是指钕玻璃被氙灯光照后受热而引起的内部结构不再均匀的变化。形变对激光的效率、输出能量、亮度都有很大影响。为解决钕玻璃的形变问题，王之江带领团队首先改变激光器的工作条件。此前，研究人员采用延长光泵时间来增大输入能量的方式，以提高激光输出能量，光泵时间长达20毫秒，长时间氙灯照射形成的累积效应导致钕玻璃形变严重，因此，他们将光泵时间缩减到10毫秒来减小形变的累积效应，取得了一定的效果。研究人员为减小形变对激光器的影响所采取的措施还包括采用片状钕玻璃使之产生平面层状的不均匀折射率、采用发散光束通过钕玻璃圆棒使光束在边缘区域通过的光路长度减小等，这些措施均取得了一定的效果。

（二）弥散

弥散，是装置自身产生的激光照射钕玻璃使之受热而产生的形变，其产生原理与光泵照射钕玻璃使之产生形变的原理基本一致。但与形变不同的是，由于激光强度不均匀致使钕玻璃折射率不均匀，在折射率温度系数为正的介质中弥散会形成恶性循环（自作用），即激光强度较大的地方折射率也高，从而使光程变长、波面弯曲而形成自聚焦现象，更容易使钕玻璃产生局部损伤。在某些情况下，激光照射产生的弥散量可以与光泵产生的形变相当，对激光亮度的提高产生极为不利的影响。

1976年，王之江在关于钕玻璃高能激光研究的总结中直言："我们对弥散的认识要比国外早，只是最近国外才注意大功率器件的弥散问题。"[1] 最先提出这一问题的是一室成员陈守华,"他(陈守华)提出来,激光也有可能产生形变。如果用做实验来证实激光能不能产生形变,完全是可以的。用已经产生的激光,让它通过一根玻璃棒,旁边没有光泵照射,看这个玻璃棒在激光照后有没有变形。一做,确实有变形,大家就肯定了,激光也能使玻璃变形。为区别于上面的形变,我们给它取了一个名字叫弥散。"[2]

为消除弥散现象,王之江带领团队一方面对激光参数进行检测,另一方面分析激光方向性的影响因素,并重点从激光的模式、发散光束和象散光束、光束运动扫描、液体补偿和玻璃改进等多个角度来降低弥散对激光亮度的影响。为了降低形变、弥散等因素对激光亮度的影响,王之江带领团队采取了多种措施来改善激光器的结构,研制出的数种激光器装置的输出激光亮度都得到了有效提高,并在打靶实验中取得了显著效果。

当时的打靶实验主要在室内进行,初期的打靶距离、激光输出孔径都不确定,很难衡量打靶的实际效果。为此,王之江建议统一打靶的实验条件,将打靶的激光输出孔径统一限定为 100 毫米、打靶距离限定为 10 米。"为什么是 10 米呢?主要是因为,当时用高能量的几千焦耳到上万焦耳的激光打靶的时候,在靶上面散出来的金属颗粒溅有 10 米远,会损伤透镜,所以至少要 10 米远。"[3] 此后,所有的室内打靶都按这个标准进行,显著地暴露了不同规格激光器的打靶效果,为进一步改善激光装置的性能提供了可靠参考。

那时,王之江率领团队在上海也开展了室外打靶实验。据一直参与"640-3 工程"的高瑞昌回忆:"那时候他(王之江)和我们一起在稻田里打靶,最远达到 1.5 千米。"[4] 由于上海市人口密集,开展室外打靶存在着很大的安全性问题,因此室外打靶就转移到合肥董铺岛进行。

---

[1] 王之江:钕玻璃大能量激光器的发展(1976)。见:舒美冬,《王之江科研生涯》。上海:中国科学院上海光学精密机械研究所,2015 年,第 73-91 页。
[2] 王之江访谈,2018 年 11 月 6 日,上海。资料存于采集工程数据库。
[3] 同[2]。
[4] 高瑞昌访谈,2020 年 1 月 11 日,上海。资料存于采集工程数据库。

董铺岛激光靶场的建设始于 1965 年。当时，为满足高能激光打靶实验的需要，中国科学院党组书记张劲夫要求上海光机所建立"小三线"，主张 2~3 年后将高能激光研究迁到安徽合肥董铺岛，同时要求中国科学院电工研究所（简称电工所）在董铺岛为高能激光研究建设电感能源站。1965 年 3 月，经中国科学院党组、安徽省委批准，中国科学院合肥董铺工程筹建委员会成立，负责上海光机所和电工所能源部分迁移和管理。不久，电工所在董铺岛为激光打靶实验建成了电感能源站，强烈要求将高能激光研究迁往合肥，当时负责上海光机所业务工作的干福熹曾两次到合肥董铺岛考察[1]。因当时合肥的技术水平不适合开展高技术研究，同时上海市领导坚决反对将上海光机所迁往合肥。不久，"文化大革命"开始，搬迁之事不了了之。1970 年，中国科学院安徽光学精密机械研究所（简称安徽光机所）在合肥董铺岛正式筹建。安徽光机所建立后，董铺岛仍然建有上海光机所高能激光的打靶基地。1972 年，上海光机所派遣"小分队"，由刘颂豪带队到合肥董铺基地进行高能激光打靶实验，所用电感能源站是电工所搭建的。

1973 年 6 月 19—29 日，在合肥董铺岛建立的激光远距离打靶场，利用口径 1.2 米的玻璃发射望远镜和电工所研制的电感能源装置，王之江团队研制的高能钕玻璃激光器将 1.7 千米远的 0.2 毫米厚铝靶击穿，2 千米远的 0.2 毫米铝靶击成网状。

王之江多次参与了合肥董铺岛的激光打靶实验，他在总结这些远距离打靶实验的结果时认为："唯一的意义，是确定了大气的影响非常严重。"[2]实验结果表明，大气抖动严重限制了激光打靶的效果，"大气的密度起伏引起的光程不均匀对激光传输是更严重的限制。它使激光能量分散，光斑扩大，从而使它失去破坏能力。"[3]

经过不断探索，上海光机所高能钕玻璃激光装置的亮度得到了大幅

---

[1] 干福熹：《科海拾贝——60 年科研生涯的点滴回顾》。桂林：广西师范大学出版社，2011 年，第 56—57 页。

[2] 王之江访谈，2018 年 11 月 6 日，上海。资料存于采集工程数据库。

[3] 王之江：钕玻璃大能量激光器的发展（1976 年）。见：舒美冬，《王之江科研生涯》。上海：中国科学院上海光学精密机械研究所，2015 年，第 73—91 页。

提高，并在激光打靶实验中取得了一系列进展，为评判激光反导的可能性提供了大量可靠的实验数据。回顾这段历史时，王之江这样总结自己从事的这项工作："1964年负责高能高亮度钕玻璃大能量激光装置的研究（激光定向能武器）十余年中，运用应用光学知识开展科研工作和解决科研工作中的问题，特别在1973年本人提出'高能、高亮度——大孔径片状运动扫描钕玻璃激光装置'……采用光学成像复原原理使激光光束亮度不变，实现了高能高亮度的钕玻璃激光输出。此装置最终实现输出能量1万焦耳，亮度达10^{10}瓦/（平方厘米·球面度）[中心部分达10^{11}瓦/（平方厘米·球面度）]，用直径12厘米透镜聚焦在10米处可打穿8厘米铝板，是世界上已知的最高水平。（这些工作）为固体技术路线——定向能武器作出了有力的实验依据的评判。"[1]

根据激光打靶实验取得的数据，王之江判断，当时高能钕玻璃激光系统输出激光的亮度距离激光武器的要求还差至少4个数量级，很难实现激光反导的最终目标。这个科学判断，为1976年终止"640-3"工程奠定了基础。

力主终止"640-3"工程

1976年6月6—15日，中国科学院、国防科学技术委员会、国防工业办公室联合在上海召开强激光工作会议，中国科学院所属的上海光机所、大连化学物理研究所、力学研究所、电工所等所有参与"640-3"工程的机构都派人参加了会议，该会议由"640"工程的总负责人钱学森主持召开。在这次会议上，王之江以《钕玻璃大能量激光器的发展》为题作了大会报告，介绍了1964年以来上海光机所研究团队在提高激光能量、亮度方面进行的技术探索与创新，并根据激光打靶实验的结论指出，"钕玻璃激

---

[1] 王之江：激光定向能武器的发展（2014年）。见：舒美冬，《王之江科研生涯》。上海：中国科学院上海光学精密机械研究所，2015年，第114-126页。

图7-2 高能钕玻璃激光研究获1978年中国科学院重大科技成果奖

光器离武器要求甚远，只宜在较小规模下进行局部性的探索，在有所突破时才扩大"①，并提出终止"640-3"工程的高能钕玻璃激光研究。

王之江终止"640-3"工程的意见，引起了与会人员的激烈争论。支持终止"640-3"工程的包括大连化学物理研究所的张存浩等一批科学家。彼时，张存浩领导的氟氢化学激光器输出功率也达到了10万瓦以上，力学所的二氧化碳气动激光输出功率也达到了几万瓦以上，但是，用这些激光器进行打靶实验，按照王之江建议的室内打靶标准，只能将铝靶熔化，5毫米厚的铝靶都打不穿，打靶效果远不如钕玻璃激光器。国防科学技术委员会情报所的一些工作人员则认为，"美国已经全面部署激光武器，我国也应大上激光武器"②，反对终止"640-3"工程。

作为"640"工程的总负责人，钱学森也希望继续做下去。但是，王之江依然坚持自己的意见。回顾当时的情形，他说："那时候，钱学森希望做下去，但是我认为，当时器件的水平是不可能打下导弹的。美国人是气动激光、化学激光，水平可能比我们高一点，但是高不了太多，那个水平的东西是打不下导弹的。我这个判断现在得到了肯定，美国这些文件也都解密了。那时候国防科学技术委员会情报所非常相信美国的报道，认为他们打下了导弹，所以有一个希望做下去的意见。我认为不值得做，最后也就决定终止了。"③

时至今日，世界范围仍然没有激光反导武器获得成功的确切信息，印证了王之江终止"640-3"工程决定的正确性。实际上，美国国防部在

---

① 王之江：钕玻璃大能量激光器的发展（1976年）。见：舒美冬，《王之江科研生涯》。上海：中国科学院上海光学精密机械研究所，2015年，第73-91页。

② 徐德祖，于春雷：《无华的演绎——姜中宏传》。上海：中国科学院上海光学精密机械研究所，2018年，第58-59页。

③ 王之江访谈，2018年11月6日，上海。资料存于采集工程数据库。

2001年、2007年分别公开过两份关于激光定向能武器（DSB）的报告。2001年的报告认为激光反导存在成功的可能性，而2007年的报告明确指出，用现在的这些技术路线不可能实现激光反导。美国国防部2007年的报告得出的结论，与王之江1976年的结论是一致的。

历时13年的"640-3"工程没能实现激光反导的最终目标，对于这一结果，有关方面在工程启动之初就已有预见。早在1963年12月16日，毛泽东在听取国务院副总理兼国家科学技术委员会、国防科学技术委员会主任聂荣臻汇报时曾指示，要专门组织一支队伍开展激光武器研究，并明确提出："没有成绩不要紧"①。

1964年5月，在"640-3"工程启动之初，中国科学院党组书记张劲夫在给国防科学技术委员会起草的报告中明确提出有成功与失败两种可能："①激光炮的研制与两弹不同，后者国外已有，前者全世界均未实现，存在成功与失败的两种可能性，其指导方针是'摸着石头过河，走一步看一步'。②希望用4~5年时间，研制出百万焦耳、射程为3000千米打飞机的光炮样机。③能获成功，则在70年代扩大规模，造出千万焦耳或更大的激光武器。上海光机所的规模也随之扩大。④如遇到意想不到的困难，则将中间成果推广应用。"②

1965年8月，张劲夫在上海光机所就"640-3"工程召开的专家座谈会上，

图7-3 王之江（左）与张劲夫（右）（摄于1987年）

---

① 中共中央文献研究室编：《毛泽东文集第八卷》。北京：人民出版社，1999年，第352页。
② 邓锡铭：关于"640-3"工程的历史片段，1989年。存于中国科学院上海光学精密机械研究所档案室。

面对与会专家又明确指出：

> 失败是可能的，我们是采取激光探索的态度，遇到困难怎么办？花了一些钱，用了一些人力、物力。失败了不要怕，我们就准备丢一笔钱到大海里，这是辩证法。现在我们准备花钱，就是失败也值得，摸得了经验。……
>
> 我们是希望成功，但也不怕失败……要准备两手：成！不成！不成再暴露问题，暴露出问题也是成就。我认为100万焦耳是搞个实验装置，不要搞武器，武器说要牵涉很多方面，目的是搞出个实验器件，来验证激光的破坏力和实现武器的可能性。另一方面也是为强光物理现象研究提供一台装备，从而开阔眼界，扩大认识，除此以外也培养了干部。[①]

历时13年的"640-3"工程虽然没能实现激光反导的最终目标，但通过长期的艰苦探索，中国激光科学在理论、实验、总体和单元技术等方面取得了一系列创新成果，同时也培养了一批激光科技人才，有力推动了中国科学整体水平的快速提升。对此，中国著名激光专家、中国科学院院士干福熹在回顾中评价"640-3"工程产生的历史影响时写道：

> 虽然到1976年根据科学判断，决定高能量的光抽运钕玻璃激光系统不再作为辐射武器的主要技术途径，但在提高效率和亮度过程中，发现和解决一系列理论和技术问题，都属于原始创新的。这些工作不仅在当时使高能量激光器的激光性能达到很高的水平，时至今日对发展高能激光器仍有指导性价值。高能量钕玻璃激光系统的研究，从单元技术到科研队伍等各方面都为以后开展以激光核聚变研究为目标的高功率钕玻璃激光系统的研制奠定了基础。[②]

[①] 王之江：回顾高能钕玻璃激光研究，1989年4月22日。存于中国科学院上海光学精密机械研究所档案室。

[②] 干福熹：《中国近代和现代光学与光电子学发展史》。上海：上海科学技术出版社，2014年，第39-40页。

中国科学院院士姜中宏曾经在"640-3"工程和激光约束核聚变研究中作出了重要贡献,他在传记中对"640-3"工程的评价是:

> 激光反导项目"640-3"长达10余年,高能钕玻璃激光系统的研究投资与美国同类研究相比,仅占十分之一,但得到的结论和成果并不亚于美国,甚至有过之而无不及。这项研究工作不但推进和发展了我国激光技术,而且培养和造就了一大批激光科学家和科技骨干,其中包括干福熹、王之江、徐至展、邓锡铭、王育竹、姜中宏、林尊琪7位中国科学院院士和中国工程院院士范滇元。同时,促进了激光在国防建设、科学技术和工农业等各方面的应用。特别需要指出和肯定的是,以激光核聚变和核爆炸模拟研究为应用目标的高功率钕玻璃激光系统的研究,很大程度上应用了高能钕玻璃激光系统的研究成果、单元技术,以及获取并积累的相关数据。[①]

王之江谈及这段历史,认为"640-3"工程的意义主要在于:"第一,科学上的事,不做不知道,做了之后才知道,假使没有这么一个激光反导的目标的话,其实很难有机会去探索激光发展过程中亮度发展有没有极限、有没有限度、什么东西限制了它的亮度等问题,因为探索这个东西也要花不少钱的。第二,在做这个事情的过程中,钕玻璃、灯等许多设备都有了改进,这些设备后来都应用在激光聚变中了。激光聚变,在我们所里是后来发展的,实际上它的玻璃、灯和工艺都是在开展'640-3'工程中发展起来的,因为有了'640-3'工程的基础,所以发展起来比较容易。在这个过程中,也培养了一批人,这批人,至少说他们对于激光是比较懂的,可以做其他的一些激光的应用。另外,中国本身原来没有激光,因为这个'640-3'工程,中国激光工业、激光科学都得到了发展。"[②]

因此,从"640-3"工程的历史影响来看,该工程虽未实现激光反导

[①] 徐德祖,于春雷:《无华的演绎——姜中宏传》。上海:中国科学院上海光学精密机械研究所,2018年,第58—59页。

[②] 王之江访谈,2018年11月9日,上海。资料存于采集工程数据库。

的终极目标，但达到了张劲夫1965年提出的"目的是搞出个实验器件，来验证激光的破坏力和实现武器的可能性。……除此以外也培养了干部"的初级目标。

当然，也如张劲夫所言，"640-3"工程"花了一些钱"。因此，王之江1976年力主终止"640-3"工程的决定，不仅及时纠正了激光反导探索的技术路线，也为国家节省了大量人力、物力和财力。

第八章
历尽艰难磨难　实现入党夙愿

1966 年，历时 10 年的"文化大革命"开始。在此期间，王之江被作为"反动学术权威"遭遇多次抄家，在清理阶级队伍中又因国民党特务嫌疑问题等，先后三次被隔离审查，[①] 个人及家庭都遭受了空前的磨难。自 1969 年起，基于电影摄影镜头光学设计、钕玻璃高能激光等研究的需要，王之江重回科研岗位。1979 年，经上海光机所党委精心安排，王之江实现了加入中国共产党的夙愿。

"反动学术权威"

1966 年，"文化大革命"开始，王之江很快被当作"反动学术权威"而受到批判。

实际上，"文化大革命"前，基于在应用光学实践和光学设计理论，以及在开创中国激光科学事业的卓越贡献，王之江已是光学界名副其实的学

[①] 坚持党的原则，排除"左""右"干扰，认真落实党对知识分子政策——关于对副研究员王之江同志的教育情况，1972 年。存于中国科学院上海光学精密机械研究所档案室。

术权威专家。在长春光机所就与王之江共事的上海光机所离休干部陈国华在接受访谈时说:"他(王之江)在长春光机所的时候就已经出了名。他在光学设计方面有一本书,这本书在全国影响很大,不单是中国科学院系统,在全国的各大院校都是很权威的一本著作。因此,他对光学设计的贡献是一流的,大家对他的学术造诣都很佩服,王大珩都说他这个学生是一流的。"①

由于王之江当时已是全国著名的光学权威专家,"很多人不敢接触他,因为他实在是太有权威了"。② 同时,王之江本人沉迷于科学研究,很少参与社会交往,且与人交谈时说话比较直率,其言论很容易引起别人的误解,甚至得罪人。③ 其长子王颖曾提到,王之江在学术方面特别严谨,经常会就出现的学术问题毫不留情地批评他人,王颖在回忆时说:"我对我爸的一个感觉是,他在学术方面非常认真,也很严厉。上海光机所刚建所时,经常有人来我们家跟他聊工作上的事情,我有几次在隔壁房间听见我爸很严厉地训斥这个人,说他那个想法有问题。他要觉得哪个东西不对,会不留情面讲出来,他在学术方面很严厉。"④ 正是这些原因,王之江被一部分人认为"高傲自大,自命不凡"。⑤ 在这个过程中,他对一些党员干部直言不讳地批评,更是刺痛了一部分人,后来也都成了他反党、反社会主义的罪证。

基于以上原因,王之江在"文化大革命"开始后不久就被定性为"反动学术权威"。

被 抄 家

"文化大革命"期间,王之江家里遭遇多次抄家,个人和家庭都遭到

---

① 陈国华访谈,2020年10月11日,上海。资料存于采集工程数据库。
② 何绍康访谈,2020年1月11日,上海。资料存于采集工程数据库。
③ 顾美玲访谈,2019年11月7日,上海。资料存于采集工程数据库。
④ 王颖访谈,2020年10月11日,上海。资料存于采集工程数据库。
⑤ 坚持党的原则,排除"左""右"干扰,认真落实党对知识分子政策——关于对副研究员王之江同志的教育情况,1972年。存于中国科学院上海光学精密机械研究所档案室。

了前所未有的磨难。

"文化大革命"开始不久,"打倒反动学术权威"的大字报就贴到了王之江的家里。据王之江的长子王颖回忆:"那个时候,很突然地到处贴上了大字报,学校里边也贴了好多大字报,很快我们家就受到冲击。那时候我上三年级,有一天放学回家,我们家里贴满了大字报,连我爸妈的铁床上面也都贴满了,床头是一个大长条横幅,上面写着:'打倒反动学术权威'。"①

王之江家里被贴大字报后,接着就是遭到抄家。在儿子王颖的印象里,那时候王之江在家里要么是在看书,要么是在进行计算,没有任何娱乐活动,也没有闲暇去过问孩子的学习。因为王之江喜欢读书,所以家里存有大量书籍。被抄家时,这些书籍被扔得到处都是。当时年仅9岁的王颖和7岁的弟弟刚好在家,至今仍对抄家的情景记忆犹新:"我对这次抄家印象是很深刻的,好多人来抄家,我们家被翻得一塌糊涂,很多书摊得到处都是,很多东西被拿走了。"②

抄家对王之江的家庭影响最大的是他的岳母,他的岳母因受抄家的刺激而精神失常。王之江的岳母就顾美玲一个女儿,因王之江全身心扑在工作上,岳母就跟随他们一家生活,帮助照看小孩、料理家务。据王颖回忆,在被抄家之前,他经常拖着外婆,央求她讲"七侠五义"的故事,但因抄家事件的刺激而精神失常后,外婆就总是坐在一处自言自语,再也无法给他讲故事了。而且,由于王之江被隔离审查,很长时间不能回家,妻子顾美玲白天劳动,晚上要去学习班进行思想改造,没办法送已经精神失常的老人去住院,延误了疾病的治疗。同时,由于"文化大革命"的影响,他们全家被迫从居住位置较好的308宿舍搬到305,后来又被赶到1楼。在1楼,王之江一家5口人加上精神失常的岳母,住处本来就已十分拥挤,后来又有一对年轻夫妻跟他们家合住,情况越发糟糕。住在1楼给他们家带来的最大困扰,是附近小孩对他们家的不断骚扰。那时候,住在附近的小孩都知道他们家住着一个"反动学术权威",还有一位疯疯癫癫

---

① 王颖访谈,2020年10月11日,上海。资料存于采集工程数据库。
② 同①。

的老太太，就经常用棍子、石头或者其他东西来敲他们的窗户，使得精神失常的老人更加紧张、害怕。回想这段经历，王颖说："我那时候最怕人家来敲我们家的窗户，但是我也没办法，我也打不过那些人。"①

那时，由于王之江因隔离审查长期不能回家、顾美玲被迫参加学习班进行思想改造，王之江年仅11岁的大女儿王征担起了家庭的重任，既要照看已经精神失常的外婆，又要为全家吃饭而奔波，还要保护因"文化大革命"而遭受欺负的两个弟弟。回顾这段往事，王颖说："我们家最苦的那段时间，我姐姐非常辛苦。因为我爸妈都被关起来，她稍微大一点，所以我们家实际上就是靠她。那时候，她每天要管我和弟弟，还有外婆吃饭，还要读书。早上五点多钟就去排队买菜，那时天气已经很冷了，非常辛苦。她很护着我们，看谁欺负我们，她就会跟人家吵架。"②

回顾那段艰苦的日子，顾美玲非常心疼、也非常感激自己的女儿，说："那个家就靠我女儿，11岁就替我管这个家，还要管我精神失常了的妈。家里没多少钱，她早上五点多钟就去排队买骨头，然后用骨头烧一锅汤加点菜填肚子。"③

那段时间，王之江的境况也非常糟糕，除了接受批斗、审查，还要被迫去从事艰苦的体力劳动。"他一边接受审查，一边被迫劳动，重活、苦活他都要干，如干最苦的泥水匠，明知他体力有限，还逼着他背一个几十人用餐的大铁锅，步行几十千米，提前为军训的人烧饭等。"④据王之江回忆，他当时从事的体力劳动主要是拆木头箱子，他说："我印象最深的是拆电容器箱子。那时的电容器尺寸很大，大概有半米高，一个木箱子只能装两只电容器，由于电容器需求量很大，所以有大量的空木箱子堆在那里。我的工作就是把箱子拆成木板，然后再堆起来，最后堆起来木板的高度可能有两三米高吧。"⑤

---

① 王颖访谈，2020年10月11日，上海。资料存于采集工程数据库。
② 同①。
③ 顾美玲访谈，2019年11月7日，上海。资料存于采集工程数据库。
④ 舒美冬：《王之江科研生涯》。上海：中国科学院上海光学精密机械研究所，2015年，第5—6页。
⑤ 王之江访谈，2019年11月6日，上海。资料存于采集工程数据库。

抄家、挨批斗、从事体力劳动，以及家庭经历的种种磨难，让王之江陷入了人生低谷，他的情绪非常低落。1967年好友潘君骅出差路过上海，去嘉定看望王之江，"那时候王之江正拉着三轮车，属于下放劳动的状态，情绪很是低落。他的夫人担心他自杀，要我劝劝他"。①

遭受"特务"嫌疑审查

1968年7月15日，受"清理阶级队伍"运动影响，上海光机所开展"抓特务周"运动，王之江又被诬告为"国民党特务"，再次被隔离审查。

当时，由于大多数科技人员都曾在国民党政府的学校读过书，这部分被认定为"国民党特务"，而去过苏联留学的就是"苏修特务"、到过美国的就是"美国特务"，等等。王之江因出身资产阶级家庭，同时又因曾在国民党政府的"江苏省立常州中学"读过书，所以被认定为"国民党特务"而接受隔离审查。在隔离审查期间，王之江的家里再次遭遇抄家。这次抄家，给王之江一家留下了最为痛苦的回忆。当时，王之江的岳母经住院治疗，其精神失常的症状已经好了很多，考虑到王之江又被隔离审查，为了让她少受刺激，妻子顾美玲决定将她送回南京老家躲避一段时间。然而，就在准备回南京的前一天，红卫兵再次来抄家，他们家省吃俭用好不容易积攒的200多块钱也被抄走，让病情本已好转的老人再次陷入精神失常状态，直到1972年去世都没有好转。谈及此事，顾美玲十分伤感地说："最伤心的就是这件事。我妈精神失常后曾经住过精神病院，第一次好了一些，刚接回家。因为王之江被隔离审查，我让父亲把我妈接回南京避一下，给了他200块钱生活费，票都买了，明天就要走了。哪知道又来抄家，把那200块钱也抄走了，那是我一点点存起来的。从这以后，我妈就再也没好，本来是好多了，一下就不行了。"②

---

① 潘君骅访谈，2019年10月29日，苏州。资料存于采集工程数据库。
② 顾美玲访谈，2019年11月7日，上海。资料存于采集工程数据库。

家里的苦难遭遇，加上受有人蒙冤自杀事件的影响，让处于隔离审查中的王之江十分悲观，"这时的王之江也曾经写过遗嘱，做好了万一被折磨至死的准备"。①

重返科研岗位

1969 年，在被关押 8 个月之后，王之江被取消了隔离审查，但仍需进行"劳动改造"，②但当年启动的全国电影摄影镜头设计会战，为王之江重新回到科研岗位创造了机会。

1969 年，时任中央宣传部电影处处长的江青，在对当时国产电影、国外电影画面的色彩、灯光等进行对比后，对国产电影的摄影、采光很不满意，于是给国防科学技术工业委员会写信要求改进摄影相关技术，国防科学技术工业委员会决定在全国范围内开展电影镜头设计会战。③④ 在这次电影镜头设计会战中，上海光机所也被下达了设计电影镜头的光学设计任务。由于王之江是我国光学设计领域的权威专家，就安排他参与电影摄影镜头的设计工作。在 1969 年和 1970 年这段时间，王之江主要进行光学设计方面的工作，先后完成了 8.75 电影缩放机镜头设计、紫外照相机镜头等设计任务。其中，8.75 电影缩放机镜头，使得我国电影放映机的体积大大减小，极大方便了农村电影的放映工作。在研制主要用于公安系统侦探破案的紫外照相机镜头时，王之江提出采用国产冕玻璃替代进口玻璃作为镜头的光学材料，不仅保证了相机的拍摄质量，还大大节约了成本，该成果后来获评中国科学院科技进步奖。

---

① 舒美冬：《王之江科研生涯》。上海：中国科学院上海光学精密机械研究所，2015 年，第 5–6 页。

② 干福熹：《科海拾贝——60 年科研生涯的点滴回顾》。桂林：广西师范大学出版社，2011 年，第 11 页。

③ 胡晓菁，董佩茹：《追光：薛鸣球传》。北京：中国科学技术出版社，2020 年，第 123 页。

④ 电影镜头设计组编：《电影摄影物镜光学设计》。北京：中国工业出版社，1971 年。

1971年，上海光机所的"640-3"工程高能钕玻璃激光研究遇到了困难，主要体现在：第一，没能实现1965年提出的到1970年激光输出能量达$1×10^6$焦的目标；第二，高能激光打靶效果不理想，1969年建成的输出能量达$3.38×10^5$焦的高能钕玻璃激光10米打靶只能熔化铝靶的表面。在这样的背景下，上海光机所党委决定让王之江回到"640-3"工程工作。当年9月，王之江参加了在合肥进行的高能激光室外打靶实验，并根据实验结果建议高能钕玻璃激光研究转向提高亮度方向。同年11月，中国科学院在合肥召开激光工作会议，与会领导和专家接受了王之江的建议，决定将高能激光的研究重点转向提高亮度方向。年底，王之江提出了提高激光亮度的大口径片状钕玻璃激光器方案。上海光机所党委决定给王之江落实知识分子政策，让他重返"640-3"工程领导岗位，出任"640-3"技术小组副组长、第一研究室副主任、第一研究室革命委员会副主任。

回到"640-3"工程后，王之江带领研究团队在高能钕玻璃激光研究方面取得了一系列创新成果，使得中国的激光科学技术在"文化大革命"期间也得到了发展。

光 荣 入 党

1978年3月，全国科学大会在北京召开，王之江出席大会，并被评为全国科学大会先进工作者，其专著《光学设计理论基础》获全国科学大会奖。同年，他还当选了第五届全国人民代表大会代表，并就任上海光机所副所长。在这样的背景下，上海光机所党委班子通过大量的政治思想工作，成功帮助王之江加入中国共产党，实现了他多年的入党愿望。

王之江在大学时期就有加入中国共产党的意愿。王之江于1948年考入江南大学，并于1949年5月在江南大学加入了新民主主义青年团。是年，王之江从江南大学退学，考入大连大学，实际上也是基于对解放区的

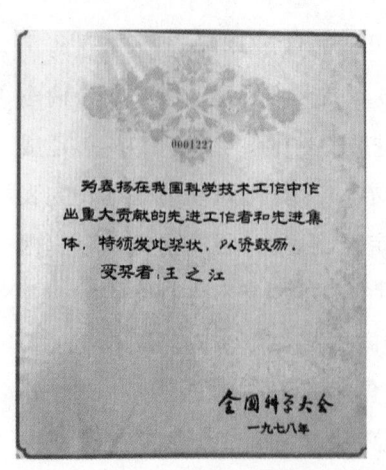

图 8-1 王之江被评为全国科学大会先进工作者

向往，"憧憬着老解放区的一切"。① 在大连大学，王之江阅读了大量马克思、恩格斯、列宁，以及毛泽东的著作，并且在大二之后就"渐有了入党的进步要求，而且后来也向支部提出过"。② 直到20世纪60年代中期，他一直有入党的愿望，"曾数次向组织表达过自己争取成为伟大的党组织一员的愿望"。③

王之江在阅读马列主义经典著作时，对其中一些著作的观点持怀疑态度，其中最具代表性的是列宁在《唯物主义和经验批判主义》中批判马赫主义的观点。同时，王之江还了解到苏联科学界的李森科、勒伯辛斯卡娅、信息论和计算机等事件对苏联的科学发展产生了消极影响，所以就有意或无意表达了支持马赫主义的言论。④ 王之江的这些言论，发表在20世纪50年代，当时中苏关系处于蜜月期，因此毫无意外地被认为是"反动言论"，成为指证他是"反革命分子""白专"典型的重要证据。正是这个原因，王之江虽然一直有加入中国共产党的意愿，却迟迟无法实现。

在1978年3月召开的科学大会上，邓小平明确提出"知识分子是工人阶级的一部分""科学技术是第一生产力"，打开了"文化大革命"以来一直束缚知识分子的桎梏，广大知识分子迎来了"科学的春天"。在这样的背景下，上海光机所时任党委书记沈怡主动找王之江谈话，动员王之江加入中国共产党，在得知他早有入党的意愿后，立即按入党程序开始了对王之江的政治考察。

---

① 王之江自传（二）。王之江人事档案，1952年5月10日。存于中国科学院上海光学精密机械研究所档案室。
② 同①。
③ 王之江入党申请书。王之江人事档案，1979年1月31日。存于中国科学院上海光学精密机械研究所档案室。
④ 潘君骅：王之江早年经历。2019年10月29日，未刊稿。资料存于采集工程数据库。

由于王之江此前曾是"肃反"对象、"白专"典型等，政治考察的过程非常曲折。对此，王之江曾这样回应："我那时并不适合入党，因为很多运动我都被认定是一个严重的反动分子，所里有许多人不赞成我入党。所以，当时所里让我入党还是比较敏感的。"①

事实确实如此，上海光机所四室党支部在最初讨论王之江的入党问题时，有很多党员持反对意见，有的甚至直言不讳地说，不能因为他是副所长、是学术权威就降低入党的标准。回忆当时的情形，王之江的入党介绍人、四室支部书记陈国华说："当时是有阻力的，十几个党员，一多半不同意。"②

在这种情况下，上海光机所党委书记沈怡、四室支部书记陈国华、四室支委委员梁宝根研究决定，在王之江入党的问题上要慎重，要做到两点：第一，要把好标准关，要抛开王之江是学术权威、是副所长，以及中共中央组织部有发展知识分子党员精神等各种因素的影响，一定不能降低标准；第二，由于王之江的政治背景比较复杂，必须要做一些深入、细致的考察工作，同时还要广泛听取党内外群众的意见。

为了做好王之江的入党工作，沈怡、陈国华、梁宝根进行了大量细致的工作，并形成了一系列关于王之江入党问题的审查文件，其中包括1978年9月21日上海光机所党委上报中国科学院上海分院的"对王之江同志问题的复查结论"和"对王之江同志问题的复查报告"；1978年9月23日陈国华向所党委提交的"关于王之江同志入党问题四党支部给所党委的报告"；1978年11月14日上海光机所四室党支部委员会提交的"关于王之江同志入党问题四党支部给所党委的审查报告"；1978年11月20日上海光机所党委上报中国科学院上海分院的"关于发展王之江同志入党的请示报告"；等等。

考虑到有很多党员反对，沈怡指示陈国华、梁宝根一定要做好党员的思想工作。因此，陈国华、梁宝根一方面通过与王之江谈话了解他对党的认识，帮助他提高政治思想觉悟；另一方面通过支部会议、座谈会、个人

---

① 王之江访谈，2019年10月3日，上海。资料存于采集工程数据库。
② 陈国华访谈，2020年10月11日，上海。资料存于采集工程数据库。

征求意见等方式向支部党员介绍王之江的政治思想动态，帮助他们改变对王之江的固有成见。经过多轮、大量的细致工作，四支部的多数党员还是不能完全信任王之江，在这样的背景下，沈怡指示陈国华召开支部大会，让王之江在支部大会上亲自面对大家讲他对党的认识，终于得到了广大党员的认可。1979年4月25日，上海光机所党委班子形成"党委一致通过王之江同志入党"的决议，正式批准了王之江的入党申请。

1979年5月20日，在上海光机所东楼会议室，陈国华专门召开支部大会举行王之江的入党仪式，所党委书记沈怡也到会参加。会上，王之江面对全体党员宣读了自己的入党申请书。会后，上海光机所就王之江的入党过程专门刊发了"积极慎重　大胆发展——关于发展王之江同志入党的做法（情况简报第二十八期）"的简报，并上报中国科学院上海分院。

第九章
结交国际学术同行　建言光学发展大计

1978年，随着党中央十一届三中全会作出实行改革开放的政策决定，中国学术界开始与国际学术界建立联系，并逐渐融入国际学术界之中。在这个过程中，王之江以中国光学学会副理事长的身份参加了大量国际学术活动，促进了中国光学界与国际学术界的相互了解，为中国光学学会加入国际光学学会等学术组织作出了重要贡献。与此同时，王之江根据当时光学、激光学科的国际发展趋势，并结合中国光学的实际情况，针对强激光、光电子学等领域的发展提出了一系列建议，促进了中国光学事业的发展。

让五星红旗登上了外文期刊封面

1979年，随着改革开放和与美国建立正式的外交关系，中美学术交流活动迅速升温。1979年5月30日至6月1日，受美国电气与电子工程师协会（IEEE）和美国光学学会（OSA）的邀请，中国仪器仪表学会组成激光代表团，王之江任代表团团长，带领中国科学院、教育部、第一机械工业部、第五机械工业部的几位专家，到美国首都华盛顿参加第七届激光工程与应用学术会议（CLEA）。

激光工程与应用学术会议每两年召开一次，与国际量子电子学会议交替召开，是非常有影响力的国际学术会议，参加该次会议的人数达1100多人。① 王之江等人参会是中国学者第一次出席这一国际学术会议。在这次会议上，王之江向大会提交了论文《关于中国的激光科学和技术》，"这一论文在时间期限上虽已属迟到，但仍十分受重视，被作为特别邀请报告，并多次预告"。② 关于当时的报告，王之江回忆道："在会上我有一个报告，题目是《关于中国的激光科学和技术》。这个报告是美国人临时安排的，我预先没有计划参加这次会议，所以没有准备做报告，而且这种报告是不会在正式的会议中宣读的。但是，会议的主持人此前对中国不了解，看到中国还有激光很感兴趣，所以他就把这个报告放在正式的那场报告里面。从那之后，美国人就知道中国还能在激光方面做些事。"③

在王之江作报告时，几乎全部华裔学者，以及很多外国学者到场参会。在报告中，王之江介绍了中国的激光器件及其应用研究，以及在激光约束核聚变等领域进行的探索，与会专家都对中国在激光科学领域取得的

图 9-1　Laser Focus 期刊1979年第9期封面　　图 9-2　Laser Focus 编辑对王之江的访谈摘录

---

① 钧跃：第七届激光工程及应用会议．《激光与红外》，1979年第7期，第30页。
② 王之江，章志鸣：访美激光观感．《激光》，1979年第11期，第51—55页。
③ 王之江访谈，2019年11月6日，上海。资料存于采集工程数据库。

成就感到惊讶，并由衷地钦佩，在报告结束后纷纷向王之江表示祝贺。

报告取得的巨大成功，引起了 *Laser Focus*（今 *Laser Focus World*）期刊主编的关注。为此，该期刊主编在报告结束后专门采访了王之江，并以《中国激光取得的成就——来自上海一位显要人物的讲述》为题将访谈摘录发表在该刊 1979 年第 9 期上，同时用五星红旗作为该期封面的主图。

在美国期间，王之江一行得到了来自中国台湾的美国华裔学者的友好接待，王之江直言："这些来自中国台湾的华人学者的好意，使我们从完全封闭的状态，比较容易进入美国社会。"[1] 因此，在会议结束后，经福特汽车公司研究实验室著名物理学家王正鼎和加州大学圣地亚哥分校王正平安排，代表团又访问了美国麻省理工学院、罗切斯特大学、斯坦福大学、加州大学贝克莱分校、南加州大学、亚利桑那大学、加州大学圣地亚哥分校七所大学，考察了贝尔实验室、KMS 聚变公司、加州大学劳伦斯·利佛莫尔实验室、福特汽车公司研究实验室四个著名实验室的激光研究，还参观了休斯公司、阿夫柯公司、光谱物理公司、相干公司四个

图 9-3　1979 年王之江在美国亚利桑那大学光学中心与美国学者交谈

---

[1] 王之江：《王之江传》初稿修改意见，2022 年 6 月 1 日，未刊稿。资料存于采集工程数据库。

专门生产激光器件的工厂，以及通用汽车公司、圣纳蒂克视听服务所、宝丽莱（Polariod）公司、撒奈尔（Sinai）医院四个开展激光应用的单位，对美国的激光研究、生产以及应用等有了比较深入的了解。

回国后，王之江在《激光》上发表了《访美激光观感》，专门介绍了会议的相关主题，并从美国的新型激光器、光纤通信、激光约束聚变、激光分离同位素、激光加工以及基础研究等几个方面进行了点评分析，为中国激光学术界了解国际发展动态提供了重要参考。

主持中国加入国际光学学术组织活动

在改革开放初期，中国与国际学术界开展了大量的学术交流活动。对于那时的国际学术交流活动，王之江认为其更重要的意义在于帮助中国融入了国际学术界。"我本身相信科技的交流，其实通过论文的发表就可以达到充分交流。我们当初做激光，完全是从西方的文献里了解到激光，看到别人是怎么做的，然后根据我们自己的想法、条件来决定我们怎么做。因此，科技交流通过文献的发表是能做到充分交流的，至于互相访问不过是一种互相承认友好的表现。当时中国开过几次国际激光会议，美国劳伦斯·利弗莫尔等著名实验室的主要人员都来参加，他参加是为什么呢？他来参观是想了解中国的激光武器到底做成什么样了，其实通过访问交谈能够得到的还是比较表面的。所以，我觉得互相访问只不过是代表互相之间的友好，或者说互相承认，只不过如此而已。"[①]

在中国融入国际学术界的过程中，王之江以中国光学学会[②]副理事长的身份参加了大量国际光学学术会议等活动，为中国光学学会加入国际光学委员会等组织作出了突出贡献。

---

① 王之江访谈，2019年11月6日，上海。资料存于采集工程数据库。
② 中国光学学会于1979年12月在北京成立，是由王大珩、龚祖同、钱临照等著名光学家发起的，会上推选严济慈为名誉理事长，王大珩为理事长，王之江为第一副理事长。

（一）与国际光学工程学会[①]建立联系

国际光学工程学会是一个全球化的非营利专业组织，主要通过跨学科信息交流、继续教育、期刊出版、专利预判等方式来推动与光学有关的新兴技术的发展，目前全球会员超过25万，成员主要是科学家、工程师和企业家，是光学工程学术界非常有影响力的一个组织。中国光学学会与国际光学工程学会的学术交流始于王之江的访美活动。1982年5月，国际光学工程学会在美国东部召开技术报告会（Technical Symposium EAST 1982），会议总主席卡特（Wiilliam H Carter）特向王大珩等中国光学家发出参会邀请，王大珩因国内事务无法出席，但考虑到该学会在美国光学工程界的重要影响，特委派王之江以中国光学学会副理事长的身份代替他前往，以寻求与美国光学界建立学术联系。与王之江同行的还有时任

图9-4 王之江（右）与诺贝尔奖获得者美国激光科学家布鲁姆伯根（左）

图9-5 王之江（左）与诺贝尔奖获得者苏联科学院院士普罗霍洛夫（右）

[①] 国际光学工程学会官网（https://spie.org/about-spie/about-the-society/history?SSO=1）显示，该组织在1955年成立之初英文名称为 The Society of Photographic Instrumentation Engineers，1981年更名为 The International Society for Optical Engineering，2007年更为现名称 The International Society for Optics and Photonics，英文简称 SPIE 一直未改。

中国光学学会工程光学专业委员会主任唐九华、吉林省光学学会副理事长沈柯二人。

参会期间，王之江最重要的工作是与国际光学工程学会执行主席亚弗（Joseph Yaver）商讨了国际光学工程学会与中国光学工程界1983年、1984年的互访活动。亚弗提出，第27届国际技术论文报告会将于1983年8月在美国圣地亚哥召开，国际光学工程学会邀请中国光学工程界派团参加，请中国学者专门介绍中国光学工程领域的发展与成就，并承诺国际光学工程学会将承担中国代表团在美期间的活动费用。同时，亚弗还提出，国际光学工程学会希望可以在1984年派出一个5~15人的讲学团到中国进行回访。另外，王之江还与费城德雷克塞尔（Drexel）大学物理系纳尔杜奇（Narducci）等光学专家进行了交流，纳尔杜奇提出由他邀请10名国际著名光学专家在1983年到中国办一个暑期光学讲习班，以促进中国与国际光学界的学术交流。此外，王之江等人还参观了美国马里兰大学物理系哥达德空间中心激光测月实验装置、海军实验室的光学和等离子体实验室，以及国家标准局的集成电路计量及激光实验室。[①]

图9-6 王之江（左二）、唐九华（左一）等人参观美国国家航空航天局哥达德航天中心

王之江这次出访，以及后续的相关学术交流，使中国光学界与国际光学工程学会及美国光学界建立了紧密联系，为中国光学界与国际光学工程学会的合作奠定了基础。1995年，国际光学工程学会在成立四十周年纪念之际在陕西西安举办了国际传感器应用和电子器件展览，标志着中国光学

---

① 王之江，唐九华，沈柯：1982年5月参加美国光学工程会议汇报，1982年5月31日。存于中国科学院上海光学精密机械研究所档案室。

学会与国际光学工程学会正式建立长期合作关系；2007年11月12日，中国光学学会成立国际光学工程学会中国全国委员会（SPIE-China），与国际光学工程学会的合作更加广泛、深入。中国光学学会与国际光学工程学会之间交流与合作关系的建立与发展，王之江功不可没，他本人也于1991年7月当选为国际光学工程学会特别会员。

（二）主持中国光学学会加入国际光学委员会

王之江在担任中国光学学会副理事长期间对学会作出的最重要贡献是他亲自主持了中国光学学会加入国际光学委员会的工作。

国际光学委员会成立于1947年，其成员来自各国光学学会或光学委员会，其宗旨是促进国际上光学机构的合作和国际学术活动的开展、促进光学学科的发展。中国光学学会成立后，王大珩等光学专家就积极寻求加入该组织，并开展了大量相关工作。

1987年，经过多年努力，中国光学学会加入国际光学委员会的条件基本成熟。同年8月，第14届国际光学学会会议在加拿大魁北克召开，王之江与复旦大学章志鸣代表中国光学学会参会。会议期间，王之江、章志鸣成功解决了中国

图9-7　王之江与王大珩等人参加1990年第15届国际光学学会会议
（左起：王之江、王大珩、刘立人）

加入国际光学委员会的一些事宜，"主要是通过魁北克大学的华人学者介绍，认识了当时也来参加会议的中国台湾光学工程学会理事长张明文、副理事长苏青森。在征得王大珩先生同意的情况下，通过会商与他们达成相互谅解，对于中国加入国际光学委员会，他们将投赞成票"。[①] 通过努力，在这次会议上，中国加入国际光学委员会的申请获理事会一致表决通过，

---

① 王之江：《王之江传》初稿修改意见，2022年6月1日，未刊稿。资料存于采集工程数据库。

中国光学学会正式成为国际光学委员会大家庭中的一员。①

（三）加入国际量子电子学理事会

国际量子电子学会议是激光物理领域最为传统的一个会议，首次会议于1959年召开，之后每两年召开一次，1984年起与激光光电子学会议一起召开，是激光学术界最具影响力的会议之一。中国加入该会议组织也是王之江主持完成的。1987年11月，王之江与复旦大学章志鸣代表中国光学学会出席在美国举行的国际量子电子学特定委员会会议，并当选为国际量子电子学委员会特定成员。国际量子电子学委员会特定成员身份的获得，充分彰显了中国激光与光电子学科在国际学术界的重要地位。②

1990年5月20日，为加强中国光学学会与国际量子电子学学术界的联系，王之江、章志鸣、汤星里赴美国参加国际量子电子学理事会会议，主要目的是申请在上海主办1996年国际量子电子学会议。当时参加申请的有苏联、澳大利亚和中国三个国家，苏联申办地点的交通与通信条件较为落后，澳大利亚的激光研究较薄弱，上海本来很有希望获得主办权，但因当时国际政治环境的影响，大会未当场表决，决定延至1992年维也纳会议时再行表决。王之江回国后专门就该事件向王大珩汇报，并就会议在上海举办的可能性进行了分析，认为1996年的会议仍有较大可能在上海举行，但那时他和章志鸣已退休，建议安排年轻科学家接替他们继续与国际量子电子学理事会保持联系，同时就会议的其他准备工作提出了初步安排。③ 遗憾的是，1996年国际量子电子学会议的申办工作最终以失败告终。

（四）中国第一位"美国光学学会特别会员"

随着国际交流活动的逐步深入，王之江的学术成就得到了国际学术界的高度认可。1988年7月24—27日，"88国际激光材料与激光光谱学专题会议"在上海召开。在这次会议的招待会上，美国光学学会主席布里奇斯（W. B. Bridges）授予王之江"美国光学学会特别会员"证书。"美国光

---

① 中国科学院上海光机所1987年度工作总结。存于中国科学院上海光学精密机械研究所档案室。

② 同①。

③ 王之江给王大珩、徐大雄的信，1990年6月21日。存于中国科学院上海光学精密机械研究所档案室。

学学会特别会员"由五名以上有名望的科学家推荐,授予在光学和激光领域作出显著贡献的科学家,其名额为美国光学学会正式会员总数的十分之一,王之江是中国第一位获此荣誉的光学家。王之江获此荣誉,是由美国光学界著名科学家厉鼎毅(Tingye Li)、萧洛(A.L.Shawlow,诺贝尔物理学奖获得者)、格拉斯(A.J.Glass)、考尔菲尔德(H.J.Caulfield)、王正平(C.P.Wang)、布鲁姆伯根(N.Bloembergen,诺贝尔物理学奖获得者)、F.T.S.Yu共同推荐的,[①] 获得布鲁姆伯根和萧洛等国际顶尖科学家的推荐,充分显示了他在国际光学界崇高的学术地位。

王之江的学术贡献同样也得到了国内学术界的高度认可,1991年他被增选为中国科学院学部委员(院士)。实际上,王之江在1980年院士增选时未被选上,这令中国光学学术界颇感意外,1985年王大珩给王之江写的学术评价的末尾曾专门附言此事,王大珩在附言中写道:"上次(1980年)中国科学院增选学部委员(院士)时,王之江同志未能选上,同行们甚为惊异,原因是在选举范围内,了解光学方面的人少,从而投票

图9-8 1993年王之江参加世界(华人)光学大会
(前排右二至五:徐至展、徐匡迪、王大珩、王之江)

图9-9 1985年王大珩为提高王之江待遇所写的评价签名页

---

① 乙民:中国光学学会副理事长王之江教授作为第一位中国学者被授予美国光学学会特别会员荣誉称号。《光学学报》,1988年第11期,第1017页。《中国激光》《激光杂志》《光学仪器》《激光技术》《应用激光》《激光与光电子进展》等期刊均有此报道。

第九章 结交国际学术同行 建言光学发展大计

相应地少。"[1]

起草、制订强激光研究计划

改革开放之初，随着中外学术交流活动的频繁开展，王之江对美国的高能激光研究状况有了更加全面的了解。他根据高能激光研究的国际进展，开始筹划重新启动中国的高能激光探索。

高能激光研究的主要目标是研制激光武器，通常是世界各国严格保密的内容，出国访问一般也不能了解到这些保密的内容，但王之江凭借多年的高能激光探索经历，能够通过会议报告、出版文献等内容敏锐地捕捉到国外高能激光研究的敏感信息。例如，1982年他就根据几家研究机构的会议报告分析过美国高能激光的研究情况，"关于美国的高能激光。在会上，Rockwell、TRW、United Tech. Air Force Weapons Lab 等单位报告的诊断工作反映了美国高能激光现状的一角，它的器件规模都很大，如 HF 化学激光兆瓦级，CO_2 和 KrF 脉冲激光窗口直径都是米量级，但看起来均匀性很差，如存在明显的燃烧喷流界限及不均匀区，光程起伏在几个波长的量级，光束质量不好，对小区不均匀没有检测措施。各大公司为诊断研制了大型设备，例如 64 点 10 微秒取样记录分析数秒内的过程，能够自动记录、处理、显示。报告中有细致到对处理程序的讨论，也有粗糙到只有工作内容的目录而毫无实际情况。总的来看，美国高能激光光束质量存在问题，并且尚未解决。"[2]

通过参加国际学术会议、阅读外文文献等活动，王之江看到了美国20世纪80年代初在兆瓦量级连续波化学激光、准分子激光、自由电子激光

---

[1] 王大珩：王之江在学术上的成就与贡献。王之江人事档案，1985年1月29日。存于中国科学院上海光学精密机械研究所档案室。

[2] 王之江，唐九华，沈柯：1982年5月参加美国光学工程会议汇报，1982年5月31日。存于中国科学院上海光学精密机械研究所档案室。

器、X射线激光以及大型反射镜、随动跟踪系统等高能激光研究领域取得的进展，考虑到我国在终止"640-3"工程高能激光研究后再无相关探索，迫切需要重新启动中国的高能激光研究以跟上这项研究的国际发展趋势。1981年3月，利用到北京参加全国人民代表大会的机会，王之江专门就激光武器研究向国防科学技术工业委员会张爱萍将军递交了一封信，希望国家每年以美国经费的1%左右支持高能激光探索，张爱萍将军当即批示国防科学技术工业委员会落实此事。1982年6月，国防科学技术工业委员会组织召开军用激光座谈会，商讨了高能激光武器研究的相关事宜。会后，中央决定由国防科学技术工业委员会总体负责激光武器的研究开发。

1983年3月，为促进国内高能激光研究的整体发展，王之江亲自起草"对强激光研究工作的意见"并上报中国科学院。他在上报意见中指出，"从美国来看，激光武器是最主要的激光方面的研究开发项目，历年来在有关总经费中占最大的份额。我国情况与美国有很大不同，不必将它放在第一位，但放任自流则也是不正确的"，[1]建议国家尽快组织专家就兆瓦量级连续波化学激光、准分子激光、自由电子激光、X射线激光等高能激光的最新进展进行论证，继而"作出有目的的、协调的、有纵深的工作部署"。在上报意见中，王之江就国内高能激光研究的整体布局提出了自己的建议。

在向国家领导提出建议的同时，王之江作为分管科研的副所长，率先在上海光机所领导部署了强激光的相关研究。1981年4月30日和5月8日，王之江连续两次主持召开上海光机所学术委员会会议，重点讨论研究所的发展方向问题。会议认为："激光武器的探索研究，曾是我所'两大'之一，近年来开展的工作少了，我们还可以继续进行，并且要侧重基础研究，多途径探索。化学激光可以搞，脉冲式器件可开展，一氧化碳电激励气动激光已建立实验室，可转成基础研究。高功率电子束源是应该建立的，因为它是开展自由电子激光的需要，也可以搞化学激光、准分子激光，还可做高能激光的基础研究。X激光也可进行一些基础研究，诸如X

---

[1] 对强激光研究工作的意见，1983年3月24日。存于中国科学院上海光学精密机械研究所档案室。

射线光谱及 X 射线光学的研究。"[1]

对于当时激光学术界寄予厚望的 X 射线激光研究，王之江于 1982 年 5 月 28 日主持召开上海光机所 8205 次学术委员会会议，专门部署 X 射线激光研究的开题工作。会议动员全所科研人员充分利用所里的六路高功率钕玻璃激光系统，从 X 射线激光反转机理、X 射线激光元器件、X 射线激光测量技术、X 射线激光光谱等多方面进行基础性研究。[2] 这个研究部署为上海光机所开展 X 射线激光研究奠定了基础。20 世纪 80 年代末，徐至展、王世绩等利用上海光机所高功率联合实验室六路钕玻璃激光装置在 X 射线激光领域取得一系列原始创新成果，一定程度上是这次工作部署的直接结果。

除此之外，王之江还在 1981 年领导开展了自由电子激光的相关研究，并在 1985 年成功研制出中国第一台拉曼型自由电子激光器、1986 年成功研制出中国第一台康普顿型自由电子激光器，为后来"北京自由电子激光装置"等大型装置的研制开辟了道路。

指导"863-410"强激光主题探索

1986 年 3 月，为跟踪美国"星球大战计划"、欧洲"尤里卡计划"等国外先进技术规划，在王大珩、王淦昌、杨嘉墀、陈芳允四位科学家的建议下，经邓小平批示，国务院于 1986 年 3 月批准施行《高技术研究发展计划（"863"计划）纲要》（简称"863"计划）。"863"计划正式施行后，高能激光研究被列入该计划"410"主题，王之江作为专家组成员在"410"主题探索中发挥了重要作用。

---

[1] 上海光机所第 8112 次和第 8113 次学术委员会议纪要，1981 年 5 月 10 日。存于中国科学院上海光学精密机械研究所档案室。

[2] 上海光机所第 8205 次学术委员会议纪要，1982 年 5 月 28 日。存于中国科学院上海光学精密机械研究所档案室。

图9-10 1988年哈尔滨"863-410"会议专家合影(前排左起:王乃彦、杜祥琬、陈佳洱、陈能宽、张存浩、王之江;后排左三王守志,左四龚知本,左五惠钟锡,左六李幼平,左八王世绩,左十孙承纬)

"863-410"主题主要跟踪美国"星球大战计划"中的激光武器研究。"星球大战计划"源自1983年3月23日时任美国总统罗纳德·里根的一个著名演说,目标是建立一套有效的反导弹系统来保证其战略核力量的生存能力和威慑能力,维持美国对苏联的核优势;同时也想凭借其强大的经济实力,通过太空武器竞争,把苏联的经济拖垮。"星球大战计划"于1985年1月4日由美国政府正式立项,计划的目标是运用天基、地基、舰载的定向能武器在弹道导弹飞行的助推段、末助推段、中段和再入段四层分别拦截,建立一个多层次、多手段的反弹道导弹防御系统。在这个计划中,定向能武器的主要种类包括自由电子激光器、氟化氢化学激光器、X射线激光器、准分子激光器等高能激光器,以及高能粒子束武器等,"863-410"主题跟踪的就是其中的高能激光武器研究。

在担任"863-410"主题指导专家的过程中,由于专家组的绝大多数成员不是激光专家,不了解激光武器的基本原理、发展趋势,也不了解中国早期高能激光探索的经验和教训,跟踪研究难免表现出一定的盲目性。在这样的背景下,王之江充分利用自己领导"640-3"工程的经验和敏锐的科学判断能力，为"863-410"主题的相关研究指明了正确的研究方向。在回顾这段历史时，他说："在'863'工作中，我当'410'的专家组成员，应该算是起了些作用。因为当时的专家组人员都不懂激光，他们不知道我们当时'640-3'工作的成功和失败。专家组这些人员，完完全全就是看看国外文献，看美国人是怎么做的，就跟着怎么做，美国人不重视的，他也不重视，对于技术的发展方向缺乏判断。"[①]

当时专家组参考的一份关键资料是美国物理学会 1987 年出台的一份报告，名称是《定向能武器的科学与技术》（Report to The American Physical Society of the study group on science and technology of directed energy weapons，简称 APS 报告）。[②] 该报告是以诺贝尔物理学奖获得者布鲁姆伯根为首的 10 多位顶尖物理学家专门针对美国的定向能武器研究进行的全面评估，是非常权威的一份报告。为了使"863-410"主题研究减少跟踪研究的盲目性，王之江于 1988 年 1 月专门撰写《关于 APS 报告的一些看法》一文，该文结合他领导开展"640-3"工程探索的经验，分析了 APS 报告解密的关于激光武器研究的数据和结论，指出了中国高能激光研究应该重视的环节和问题，对"863-410"主题探索的方向产生了积极影响。那一时期中国在自由电子激光、X 射线激光等方面取得的一系列创新成果就是"863-410"主题资助完成的。

实际上，在担任"863-410"主题指导专家期间，王之江是明确反对"863"计划的跟踪方针的，他说："'863'的方针其实是有很大问题的。'863'的方针叫跟踪，跟踪国外的先进技术，人家走错了路，你也跟踪，那要跟踪到泥潭里面去了。对中国科学院来讲，跟踪不是正确方针，探索才是，中国科学院探索才应该是对的，所以'863'的跟踪方针是有问题的。"[③]

在评价"863-410"主题的成果时，王之江除对 X 射线激光、射频型自由电子激光等领域获得高亮度激光等少数开创性工作给予肯定外，对多

[①] 王之江访谈，2019 年 11 月 6 日，上海。资料存于采集工程数据库。

[②] N. Bloembergen, et al. Report to The American Physical Society of the study group on science and technology of directed energy weapons, Reviews of Modern Physics, 1987, Vol. 59, No.3, Part II.

[③] 王之江访谈，2019 年 10 月 3 日，上海。资料存于采集工程数据库。

数跟踪研究持批评态度。他在《关于"863-410"的个人总结》中写道：

> 跟踪并不是要我们跟美国人一起去走弯路下陷阱，而是通过自己的工作能够分析美国的得失，作出自己的判断。如激光定向能武器是否可行？其技术路线的主要障碍为何？美国公开报道的消息中哪些真实可靠？哪些不可靠等等。由于我们国力与美国相差太远，全面的模仿是完全不可能的，为此，必须确定少数几个重点问题，才有可能作出一点有意义的工作，作出一些重要判断。以此为衡量标准，我认为"410"的工作做得不好。
>
> ……
>
> 我希望"863-410"能在过去认识的基础上，在国外公开知识的基础上，作出一些重要的判断。[①]

应该说，王之江对"863-410"主题跟踪研究的评价是客观的，因为到目前为止世界上还没有哪个国家真正研制出激光反导系统，但他的批评态度还是不可避免地招来了专家组一些成员的不满。对此他非常坦然，他说："我这个人，很多时候人家认为是比较武断的。像20世纪70年代我说这些技术路线都做不成武器，当时人家觉得我太武断了，没有一个人能接受，这种事情还比较多，所以在专家组里也说了一些他们不满意的，但那都是为了让'410'真正能作出点成绩，对我满不满意无所谓。"[②]

建议建立专利制度

在与美国光学学会、国际光学委员会、国际工程光学学会等组织的交流过程中，王之江不仅参观了贝尔实验室、劳伦斯·利弗莫尔实验室等国

[①] 王之江：关于863-410的个人总结。未刊稿，1991年。资料存于采集工程数据库。
[②] 王之江访谈，2019年11月6日，上海。资料存于采集工程数据库。

际一流的研究机构,还参观了休斯公司、阿夫柯公司、光谱物理公司、相干公司等生产激光产品的国际一流工厂,看到了中国激光科学在基础研究、应用研究以及产品生产等许多方面与美国的差距,也深入了解了美国的科学管理制度。借鉴自己了解到的美国等发达国家的先进科学管理经验,王之江提出了很多促进我国激光科学发展的建议,建立专利制度就是其中之一。

《中华人民共和国专利法》于1984年3月由全国人民代表大会常务委员会审议通过,1985年4月正式实施。在这之前,王之江曾多次建议建立中国的专利制度。他最早提出这个建议是在20世纪50年代,他那时做出的很多创新的光学设计是可以申请专利的,所以建议建立专利制度。他用英国工业革命的发生与专利制度的密切联系来说明专利制度能够促进科技创新,"我读过英国的历史,读英国历史得出的一个结论是,专利制度是有利于科技进步的。工业革命为什么是发生在英国,而不是德国、法国?这是因为,英国有一个很特殊的情况,它是第一个建立专利制度的国家。所以,在工业革命过程中发明的机器,可以说绝大部分都是英国人发明的,这表明专利制度是能使国家进步的。"[1]

20世纪80年代,随着中外学术交流的开展,王之江更加清晰地看到了中国激光在原始创新方面与国际先进水平的巨大差距,再次提出国家要尽快建立专利制度。1982年10月,在上海召开的激光工业应用讨论会上,王之江指出,当时中国激光应用研究存在的最典型的问题是"模仿为主,缺乏开创性的成果"。对于这一现实,他既肯定了模仿工作的积极意义,认为:"对于后进国家,学习和模仿当然是发展的捷径;而且真正学习理解透彻了,也就是改进和创造的开始。"[2] 同时他也指出:"单纯模仿的结果只是重复已有的结果,不能获得新的知识,因此对于研究工作而言,模仿毫无价值,走模仿捷径而取得'填补国内空白'的成果可能没有任何实际意义,应予以轻视。……我们应重视能形成实效的、有远见的、建立技术基

---

[1] 王之江访谈,2018年11月8日,上海。资料存于采集工程数据库。

[2] 王之江:应用光学的发展。激光工业应用讨论会,1982年10月,未刊稿。资料存于采集工程数据库。

础的学习和模仿。"①

鉴于模仿在科学研究中的价值很低,王之江主张国家应该鼓励开创性研究——"开辟一个小小的研究领域,发明一种前所未有的应用,生产一种本质上有所不同的产品,等等"。②他同时指出:"因为开创性工作风险较大,达不到预期目标的可能性很大,比在学习和模仿中求改进要难得多,因此我们应当对未能达到预期目的的创造性工作予以足够重视,只要它在工作中澄清了科学技术问题,就应给予应有的鼓励。"③

如何鼓励开创性研究,王之江提出国家应建立专利制度来替代当时的发明奖,"应及早实行专利制度,使创新的思想有被使用的机会"。④

在1982年的激光工业应用讨论会上,王之江除了建议实行专利制度,还呼吁学习西方的科技管理制度。在报告中,王之江借鉴"美国陆军武器研制与装备的管理模型"(简称美武器研制模型),提出了解决我国科研与生产之间脱节问题的办法。那一时期,我国研究所取得的成果通常无法在工厂直接投产,形成了科研与生产之间的脱节现象,通过对"美武器研制模型"与我国科研到生产过程的对比分析,王之江认为缺少"生产型样机研制"阶段是我国科研与生产脱节的根本原因。"美武器研制模型"将从研制到生产产品的过程分为武器构型、实验模型、原型样机、生产型样机、试产品、批产品6个阶段,原型样机阶段只表明技术已经达标,而真正进行产品生产则须考虑其可行性、经济性、兼容性、通用性、可靠性及可维修性等诸多问题,需要对原型样机进行重新设计,即研制"生产型样机",以适应实际生产的需要。在我国,研究所通常只做到原型样机阶段就进行成果鉴定,缺少"生产型样机"的研制,工厂拿到的通常是原型样机,无法直接进行生产,改变这种科研与生产脱节的问题,必须增加"生产型样机"的研制阶段,"划出一些研究所与工厂密切合作,专门从事

---

① 王之江:应用光学的发展。激光工业应用讨论会,1982年10月,未刊稿。资料存于采集工程数据库。
② 同①。
③ 同①。
④ 同①。

这阶段的工作"。① 王之江 1978 年至 1988 年兼任所长的上海激光技术研究所某种程度上就是这种性质。通过上述具体案例的分析，王之江指出："资本主义国家经过长期的发展，已经形成了一套对他们适合的政策和管理方法。尤其是美国在 20 世纪 60 年代初，为夺回导弹技术领先地位而进行的管理改革，我们虽不能照搬，但有不少可借鉴之处。"② 王之江在这次会议上提出的观点得到了与会专家的广泛共鸣，光学家钱临照更是在王之江这篇报告文字的页边密密麻麻写满了"很有见地"等批注。

主持制订光电子发展战略规划

1988 年 6 月，国家自然科学基金委员会为更好地资助基础科学研究，决定在全国开展学科发展战略研究，旨在明确各分支学科的前沿研究与国际发展趋势，为国家基金委员会基金资助工作提供参考。③ 受国家自然科学基金委员会信息科学部和中国科学院技术科学部委托，王之江担任光学与光电子学发展战略研究组组长，全面负责光学与光电子学科发展战略报告的调查研究与报告撰写。

1989 年 2 月，王之江在上海光机所主持召开了我国光学与光电子学发展战略第一次工作会议，参加会议的有长春光机所陈星旦、中国科学院物理所叶佩弦、清华大学金国藩等来自国内 8 个研究机构的专家以及国家基金委的领导等 14 人。会议确定王之江任研究组组长，何慧娟任副组长，陈星旦担当研究报告的总执笔人。研究组经过讨论确定了 15 个光学与光电子学前沿专题，指定了撰写专题报告的具体负责人。会上，王之江还介绍了美国国家科学基金会出台《光波技术的未来》报告的情况，为专题负

---

① 王之江：应用光学的发展。激光工业应用讨论会，1982 年 10 月，未刊稿。资料存于采集工程数据库。
② 同①。
③ 国家自然科学基金委员会：《自然科学学科发展战略研究报告——光学与光电子学》。北京：科学出版社，1991 年。

责人开展研究提供了重要参考。会议结束后，研究组分别向中国科学院院属机构物理所、长春物理所、半导体所、电子所、化学所、感光化学所、冶金所、长春光机所、上海光机所、上海技术物理所、西安光机所、安徽光机所和光电所等单位发出通知，请相关科学家提出意见，推荐需要重点发展的学科方向。在各研究机构的大力支持下，研究组共收到建议82份。经过归纳整理，王之江带领研究组确定了17个有代表性的项目，并委托有关专家撰写详细的建议书，为撰写研究报告提供可靠资料。

1989年9月，王之江在上海光机所主持召开我国光学与光电子学发展战略第二次会议，中国科学院物理所杨国桢、长春光机所陈星旦等专家参会。会议根据国家自然科学基金委对学科战略研究的要求，分析了我国光学与光电子学学科的发展状况及与国际先进水平的差距，确定了我国"光学与光电子学"到20世纪末的发展战略目标。根据会议精神，陈星旦在会后撰写了《光学与光电子发展战略》报告初稿，然后以书面形式向国内17名著名专家征求意见，再根据专家意见对初稿进行了修改、完善。

1989年11月，王之江在上海光机所主持召开我国光学与光电子学发展战略第三次会议，包括王大珩在内的中国科学院技术科学局、科技政策局、数理化局、大恒公司以及有关研究所的负责人和科学工作者共43人参会。与会人员逐个听取了建议项目报告并进行了深入讨论，继而确定了应予优先发展的13个重点项目。在会议形成意见的基础上，研究组经过修改补充，完成了《我国光学与光电子学发展战略》报告第二稿。该稿于1990年年初分别送交上海技术物理研究所匡定波（院士）、西安光机所侯洵（院士）、半导体所王启明（院士）、物理所叶佩弦、大连化学物理研究所张存浩（院士）5位专家评议，5位专家对报告给予了高度评价，同时也提出了继续完善的意见。

经多轮征求意见和不断完善，《我国光学与光电子学发展战略》报告的结题评审于1990年7月在上海光机所举行。评审会议由王大珩主持，评审专家包括上海技术物理研究所匡定波（院士）、物理所杨国桢（院士）、复旦大学李富铭、清华大学周炳坤（院士）、上海交通大学张煦（院士）、浙江大学唐晋发6位专家组成。经认真评审，专家们评审一致认为：

本发展战略提出以加强应用基础研究为主，选择既有重大应用前景又有一定基础和优势的项目作为发展重点的战略思想是符合我院的实际情况和国际上发展趋势的。所提出的由四个方面13个项目组成的近期予以优先发展的重点基本上是恰当的，基本上概括了我院的较有基础、有优势而又有重大应用前景的项目，可以发挥各研究所的积极性。

总的来说本发展战略是一份有情况、有分析，既反映国际最新发展趋势又符合我国、我院实际的文件，尤其是在本发展战略中体现出的以下思想是正确的：光学与光电子学既是一门基础科学，又是一门应用科学。虽然都要重视基础性的研究工作，但开展的方法是不同的，作为一门基础科学，应围绕学科开展基础研究（包括应用基础研究），如围绕量子光学激光光谱学、非线性光学等，立足于发展学科（这部分内容本发展战略已声明没有包括在内）。作为一门应用科学，开展应用基础研究则应该按本发展战略所提围绕重大的应用目标、探索新原理、新材料、新器件、新技术，开拓新领域，这一思想亦适用于今后的组织、协调工作。[①]

王之江主持完成的这份《我国光学与光电子发展战略》后由科学出版社出版发行，为国家自然科学基金委、中国科学院，以及光学和光电子学从业者开展相关研究提供了重要参考。

[①] 中国科学院《光学与光电子学》发展战略（定稿本）。存于中国科学院上海光学精密机械研究所档案室。

第十章
紧跟国际发展趋势　开拓光学前沿研究

20世纪80年代，为跟上现代光学的国际发展趋势和满足国家对尖端光学仪器的迫切需求，王之江领导开展了光信息处理与光计算、自由电子激光器、光刻机、激光打印机、激光分离铀同位素等多个方面的前沿研究，很多工作填补了国内研究空白，乃至为打破相关技术"禁运"奠定了基础，有力促进了中国激光科学的发展。对于这部分工作，王之江虽在其中付出了大量精力，并在装置的光学系统设计等关键工作上发挥了主导作用，但却将成果的获得归功于其他科技人员，说"关于这部分工作，99%是其他人创造性劳动的成果"，[①]体现了他淡泊名利、甘于奉献的高尚精神。

编写光学设计计算机程序

1976年，终止"640-3"工程后，借用华东计算技术所的108计算机，王之江运用ALGOL语言编写了一套光学设计程序，并成功应用于上海光

[①] 王之江：《王之江传》初稿修改意见，2022年6月1日，未刊稿。资料存于采集工程数据库。

机所日常的光学设计工作中。

20世纪70年代以前,由于没有计算机,中国的应用光学从业人员进行光学设计都是依靠人工,工作量非常大,特别是光线计算,有时一人一天只能计算一根光线,复杂一点的光学设计甚至要花费几个月的时间才能完成。1946年,随着第一台电子计算机在美国宾夕法尼亚大学的诞生,少数西方国家已于20世纪50年代开始利用电子计算机进行光线计算,60年代已开发出能够自动进行像差平衡(优化)的程序,光学设计的大量烦琐工作已逐渐由计算机承担,工作效率得到了极大提高。中国的计算机事业建设相比西方晚了10多年,直到《1956—1967年科学技术发展远景规划》(简称"十二年科技规划")出台、电子计算机的发展成为"十二年科技规划"的12个重点任务之一,中国的计算机事业才真正开始。1958年,中国组装调试出第一台电子管计算机。1964年,中国自行设计的大型通用数字电子管计算机和第一批晶体管计算机研制成功,计算机开始应用于科学研究等少数领域。实际上,这一时期的计算机由于体积非常庞大,并未实现应用的普及,仅在我国"两弹"试验等极少数领域发挥过作用。1971年,中国成功研制出第一台集成电路电子计算机TQ-16(图强16计算机)中型计算机,计算机开始进入中国科学院属研究机构、国防科研单位以及少数高校。在终止"640-3"工程时,上海光机所还没有计算机可用,于是王之江就求助于华东计算技术研究所,该所于1958年建立,是当时我国计算机科学研究和技术开发的南方基地,拥有一批国内先进的计算机设备,全国范围内有很多高校和研究所来该所处理繁杂的计算工作。利用该所的108计算机,王之江开始自学ALGOL语言,并编写了进行光线计算、自动像差优化等工作的光学设计程序,以减轻光学设计的繁重工作量。

谈及当时编写光学设计程序的过程,王之江说:"'640-3'结束后我就去研究光学设计。那时研究光学设计就是写程序,768、793就是我当时写的光学设计计算机程序,用ALGOL语言写了两个程序。我那时觉得我什么事情都能够做,当时新兴起的程序设计,我也是能够做的。于是,我先自己读读这种语言,然后再用这个语言写了这个程序。这个程序后来被李元康的学生改进了一下，把它改得比较好用，我那时也经常用。"[1]

1976年8月，王之江完成了进行光线计算的768计算程序，一下子减轻了光线计算给上海光机所光学设计人员带来的巨大工作量。谈及此事，上海光机所退休干部何绍康说："应用光学的工作很难做，非常苦涩。搞计算用计算尺，工作量太大了，是很大的工程。后来王之江引导他们应用计算机，就好多了。"[2]

在完成进行光线计算的768程序后，王之江又于1979年3月完成了可计算包含任何偏心组元系统和能定出任意弯曲形状像面的793程序的编写。

利用这些程序，上海光机所光学设计组完成了很多重要的光学设计任务，"神光Ⅰ"高功率激光约束聚变装置中进行激光打靶的非球面透镜系统的设计就是其中之一。当时，这类光学系统通常是结构较为复杂的球面系统组合，但由于"神光Ⅰ"装置输出功率高达 10^{12} 瓦，极易损伤光学系统中的光学玻璃器件。在这样的背景下，研究人员运用王之江编写的793程序设计出了一个中央有孔的非球面单透镜光学系统，[3]满足了高功率激光聚变装置建设的迫切需要，为上海光机所高功率激光物理实验装置的建成和正常运行作出了重要贡献。

虽然这些程序在实际工作中发挥了重要作用，但王之江并不十分满意。他说："这个程序不能算多大成绩。现在回过头来看，这个工作没有做到最好，用起来有点磕磕绊绊的。实际上，做程序，要朝着商业化的目标去做，不能仅仅是为自己用而

图 10-1　王之江在家中工作

---

① 王之江访谈，2018年11月8日，上海。资料存于采集工程数据库。

② 何绍康访谈，2020年1月11日，上海。资料存于采集工程数据库。

③ 李元康，王书泽，翁自强：激光打靶透镜的设计。《中国激光》，1983年第7期，第427-429页。

做，为自己用的这种程序是没有价值的，现在更加没有价值，因为已经有好多商业程序了。若这些商业程序有缺陷，你的程序做得比它还好，而目的是商业应用，这样才有价值。这个工作，至少要专心致志地花个几年工夫，专门去做这个事，才能做得好。我那个时候，实际上也就是花了几个月时间做这个事，当然也可以，但真正要做，要有人专门去做才行。"①

在20世纪80年代，王之江运用这些程序还设计出了一系列光刻镜头等光学系统，其中扫描式投影光刻机物镜（王之江）、有像差校正的1∶1折反射式光学系统（王之江、张雨东）、薄膜分光1∶1折反射式光学系统（王之江、邹海兴、严琪华）等成果获得了国家专利。

开展光信息处理与光计算研究

1978年，落实知识分子政策后，王之江开始了新的科研征程。经过广泛调研，他决定首先开展光信息处理研究。

实际上，早在20世纪50年代王之江就已经对光学信息进行过深入研究。1957年，王之江和谭维翰合著的《光学信息论及其他》②对光学信息论进行了初步探讨。在此基础上，王之江于60年代初陆续在《物理学报》发表了《关于光学成像的谱项分析及信息传递》③、《关于光学信息量》④等5篇论文，将信息论应用于光学系统的信息传递过程，分析了光学成像的物理实质、谱平面的测量与物体信息的获得、可相互区分的光子态与光学信息量值等问题，系统阐述了他的光学信息论思想。由于看到了肖洛和汤斯1958年在《物理评论》上发表的《红外和光量子放大器》一文，他在1959年就转向了激光研究，从而中断了在光信息领域的继续探索。

---

① 王之江访谈，2018年11月8日，上海。资料存于采集工程数据库。
② 光学信息论及其他（1957年）。存于中国科学院长春光学精密机械与物理研究所档案室。
③ 谭维翰，王之江：关于光学成像的谱项分析及信息传递。《物理学报》，1960年第6期，第305-315页。
④ 王之江：关于光学信息量。《物理学报》，1964年第11期，第1180-1181页。

1978年，在王之江重新开始光信息处理研究之际，光信息处理的研究内容较20世纪50年代发生了巨大变化，其显著特征是光学与电子学结合形成了一门新兴学科——光电子学，主要研究光信息的获取、传输、存储、接收、处理和利用，包括光通信、光计算、光盘、图像显示和复制等。[①] 在对当时国际上光学信息处理研究的最新发展趋势进行分析后，[②] 王之江在上海光机所建立了光信息处理实验室，领导开展图像的电子全息照相、编码孔成像、光数字处理、光学计算机等方面的基础与应用研究。

1985年，王之江带领研究团队首先在电子全息照相领域取得了重要进展。电子全息术是匈牙利物理学家盖伯（D. Gabor）于1948年为了校正电子显微镜像差提出的，但由于技术上存在许多困难，很长时间都没有进展。直到1978年，日本日立制作所Tanonura小组才取得了一项标志性成果。1978年，Tanonura小组利用他们研制的一台高亮度场发射电子显微镜成功拍摄到了含有3000根干涉条纹的电子全息图，但由于场发射电子显微镜运转条件要求非常高，普通实验室无法开展这样的研究探索。1986年，经过艰苦探索，王之江小组在普通的热电子发射装置上获得了与Tanonura小组同一量级的好结果。1985年，王之江、陈建文在电子显微镜专家郭可信、姚骏恩的帮助下，利用宝山钢铁总厂的普通热电子发射JM-200CX透射电镜拍摄了一张包含650根干涉条纹的电子全息图。1986年，他们再与宝山钢铁总厂合作，在普通的热电子枪上装配上LaB灯丝，拍摄的电子全息图达到1600根干涉条纹，远高于当时国际上同等电镜最高获得300根干涉条纹的结果。[③] 利用这台装置，他们将光学全息中的两次曝光技术引入电子全息中，成功拍摄了MgO单晶的等厚图，"为电子全息术进入实际应用阶段提供了有力的手段，也可以说，这是电子全息术发展史上又一个新

---

① 中国科学院《光学与光电子学》发展战略（定稿本）。存于中国科学院上海光学精密机械研究所档案室。
② 王之江：光学信息处理。《激光与光电子进展》，1977年第11期，第1—7页。
③ 《采用热发射式电子显微镜拍摄成电子全息图》，中国科学院上海光学精密机械研究所科研简报，1985年12月11日。存于中国科学院上海光学精密机械研究所档案室。

的里程碑"。[1] 1988年，意大利Botogna大学物理系电子显微镜中心成功重复了该实验，王之江小组的电子束干涉和全息术成果得到了国际学术界的充分认可。王之江领导的电子全息等工作为上海光机所的信息光学研究打下了坚实基础。

20世纪80年代中期，随着光学双稳、光折变等非线性光学研究的深入，国际上出现了光计算的研究热潮，[2]王之江开始将光信息处理研究的重点放在光计算领域，开展了光计算的体系结构和算法、双稳器件及光折变非线性效应等基础研究。凭借扎实的研究基础，王之江领导的光计算研究先后得到了中国科学院重点项目、国家"863"高技术计划重点项目、国家自然科学基金委面上项目、重点项目和重大项目等基金的支持，完成了从模拟量到数字量、光学矩阵运算、光学图像处理、光学图像处理与数字计算、从数值运算体系到模拟生物处理体系、从分立光学组件组装到光学三维集成等一系列理论探索，其中尺度可变多通道光学傅里叶变换系统、纯相位滤波和边缘特征提取光相关器、衍射干涉可视观察法、X射线编码孔二维分层成像等成果在国际信息光学领域产生了重要影响，这些成果曾在第17届国际光学大会（ICO-17，韩国，1996）等国际会议上的特邀报告中进行展示，研究组成员多次担任国际会议节目委员会委员。[3]

与此同时，借助光计算研究，王之江还指导学生完成了一系列博士论文，其中包括《光折变晶体的非线性效应及在光信息处理中的应用》（马建，1988年）、《多通道大尺度Fourier变换系统和相关滤波器性能研究》（梁敏骅，1989）、《自由空间中的光学并行计算》（钱秋明，1989）、《有机材料的光学非线性及测量手段的研究》（杨少辰，1991）、《光学神经网络的研究》（周常河，1992）、《光学数字计算、互联网络及图像处理研究》（吴亚明，1993）、《光学并行逻辑图像处理》（梁丰，1995）、《合成孔径激光成像雷达的实时光学图像重构研究》（孙志伟，2015），为国家培养了一大批

---

[1] 陈建文，王之江：电子束干涉和全息术的进展。存于中国科学院上海光学精密机械研究所档案室。

[2] 金国藩：国外光计算的进展。《仪器仪表学报》，1988年第3期，第271-283页。

[3] 刘立人：光信息处理与光计算。见：中国科学院上海光学精密机械研究所《所志》编纂办公室，《中国科学院上海光学精密机械研究所所志》，2004年，第162-165页。

高层次人才。

王之江领导的光计算研究对国内光计算相关研究也产生了积极影响，并且为相关单位提供了技术支持。1989年，为推进国内光计算研究的发展，国家"863"计划决定在上海光机所信息光学实验室建立"光计算器件和材料的超快非线性光学特性测量"网点，为国内从事光计算、非线性光学研究的机构提供测试服务。为此，王之江带领团队，经过两年努力，建成了测量精度达皮秒量级的超快测量系统，其中包括6台激光器系统、9台用于测量不同非线性参数的实验装置。经广泛试用，这套装置的性能得到国内相关研究机构的充分肯定，中国科学院感光化学研究所的研究人员在试用后这样评价："三阶非线性光学材料，特别是快速响应的三阶材料的性能测试，在技术和设备方面难度较大，因而国内许多单位不得不把样品送到国外去测量。邱佩华先生（课题第二完成人，王之江是课题主持人）所在的光计算器件和材料非线性光学测量实验室是国内最早、为数不多、可以进行这类测量的实验室。我们通过与他们合作已经测定、筛选获得了一批皮秒量级响应、$\chi^{(3)}$值很高的三阶非线性光学材料（已写成论文）。他们学术思想活跃，积极跟踪国际最新研究成果，探索新方法，发展新技术，有力地支持和推动了该领域国内的高技术研究。"[①]

"863"计划专家评委会评审意见认为，王之江领导完成的"光计算器件和材料的超快非线性光学特性测量"课题研究"全面并部分超额完成计划指标，实验室已达到国际先进水平"。[②]

1991年，王之江与伍树东合作编撰完成《成像光学》，将自己在光信息处理

图10-2 《成像光学》封面

[①] 中国科学院科学技术进步奖申报书（光计算器件和材料的超快非线性光学特性测量），1992年。存于中国科学院上海光学精密机械研究所档案室。

[②] 同①。

与光计算研究领域进行的基础理论探索进行了系统总结，为国内光信息处理相关研究提供了重要参考。

研制光刻机

图10-3 王之江在作学术报告（1978年）

1978年年底，根据中国科学院上海冶金研究所（以下简称上海冶金所）[①]集成电路研究对光刻机的迫切需要，王之江在开展光信息处理研究的同时还领导开展了光刻机的研制工作。

光刻机是制造大规模集成电路的核心设备，被誉为半导体制造业皇冠上的明珠，一直以来都是西方国家对中国严格"禁运"的高技术产品。20世纪70年代末，美国、日本大规模使用能在硅片上刻出小于3微米的线条，且不损坏掩模、成品率高的扫描式投影光刻机，但由于技术"禁运"，中国买不到这种设备，只能使用刻画线条精度大于4微米，且操作过程易损伤掩模的接触式或半自动接近式的光刻机，严重制约了中国集成电路的发展。1978年年底，在参加上海市人民代表大会的会议期间，王之江遇到了上海冶金所从事集成电路研究的张敏，张敏根据当时光刻机的发展现状，提出让王之江领导研制当时国际上最先进的扫描式投影光刻机。在中国科学院上海分院、上海市科学

[①] 中国科学院上海冶金研究所，前身可追溯至1928年成立的国立中央研究院工程研究所，1953年更名为中国科学院冶金陶瓷研究所，1959年更名为中国科学院冶金研究所，1970年更名为中国科学院上海冶金研究所，2001年更名为中国科学院上海微系统与信息技术研究所。

技术委员会的支持下，王之江于1980年正式开始了扫描式投影光刻机的研制。①

为了完成此任务，王之江从所内抽调了一批光、机、电方面的研究骨干组成了光刻机研制团队，组织领导并亲自参与项目系统设计工作。在王之江领导进行扫描式投影光刻机的研制之时，世界上只有美国Perkin-Elmer公司、日本佳能等两三家公司生产这种类型的光刻机，因技术"禁运"，他们无实物参考，且缺乏光刻机制造的相关技术基础，"当时仅有的少量技术资料，都不涉及结构细节和工艺技术关键"，②制造技术难度非常大。就是在这样的背景下，他们"独立设计了样机并开展了关键技术研究"，③经过5年的不懈努力，解决了高精度投影光学系统的设计和加工、高精度扫描驱动架、超高压毛细管汞灯、紫外宽带薄膜和整机调试等一系列关键技术问题，于1985年成功研制出我国第一台1:1扫描式投影光刻机。④

在研制过程中，王之江不仅统领全局，还亲自参与光刻机光学系统的设计等很多工作，领导课题组设计出了由"两个同心球面镜组成的环带视场投影系统、三个相互垂直平面镜构成的正像反光镜组、全反射式高质量聚光系统和连续变倍观察瞄准系统"四部分构成的扫描式投影光刻机光学系统。⑤

图10-4　I型扫描式投影光刻机

---

① 汇报扫描式投影光刻机研制情况（上报上海分院、市科委），1982年3月16日。存于中国科学院上海光学精密机械研究所档案室。

② "1:1扫描式投影光刻机"国家级科学技术进步奖申报书，1987年1月5日。存于中国科学院上海光学精密机械研究所档案室。

③ 同②。

④ "1:1扫描式投影光刻机"中国科学院科学技术进步奖申报书，1986年2月25日。存于中国科学院上海光学精密机械研究所档案室。

⑤ 王之江，王书泽，高瑞昌：扫描投影光刻机的光学系统设计.《光学仪器》，1982年第4卷第2期，第1—5页。

因为无实物作为参考，他们研制的光刻机在结构、技术工艺等很多方面都与国外同类型光刻机有较大不同，体现了他们的独创思想。曾经亲身参与该项研究的高瑞昌在回忆时高度肯定了王之江的引领作用，他说：

> 扫描式投影光刻机的研制，因为镜头很小，视场小，线条还要搞得很细，在3微米以下，结构精度上要求非常高，难度在这。我们在王之江的带领下，就凭着一个产品说明书搞清楚了光刻机的整体结构。而且，我们研制的光刻机是有所创新的，比如照明系统部分等很多方面都跟国外是有区别的，有我们独创的地方，这都是老王（王之江）的功劳。①

1985年年初，中国科学院半导体研究所王守武（中国科学院院士）课题组在对这台光刻机进行了大量工艺试验后认为："该光刻机的光学成像质量较好。在目前工艺能达到的参数控制水平上，能较稳定地获得3微米的实用分辨率（工艺的极限分辨率可达1.5～2微米）。"② 其性能"与美国Perkin-Elmer公司110型机相当"。③

图10-5　I型扫描式投影光刻机获上海市科学技术进步奖一等奖

1985年，在获知中国已成功研制扫描式投影光刻机的消息后，美国Perkin-Elmer公司放开了MicraLign110系列光刻机对中国的出口"禁运"。对此，上海光机所档案是这样记载的："1984年中国科学院半导体所与美商谈判进口该机，美商根据我国已研制成功扫描式投影光刻机的信

---

① 高瑞昌访谈，2020年1月11日，上海。资料存于采集工程数据库。
② 王希平：1:1扫描式投影光刻机鉴定会资料之五，投影光刻机工艺试验小结，1985年1月29日。存于中国科学院上海光学精密机械研究所档案室。
③ "1:1扫描式投影光刻机"国家级科学技术进步奖申报书，1987年1月5日。存于中国科学院上海光学精密机械研究所档案室。

息，申请许可证。1985年，MicraLign110系列获准出口。上海光机所研制成扫描式投影光刻机为我国大规模集成电路专用设备填补了一项空白，对打破国外'禁运'起了重要作用。"[①]

利用研制这台扫描式投影光刻机奠定的技术基础，王之江领导的团队又在Ⅱ型1∶1扫描式投影光刻机、OPS-Ⅰ型一步法投影光刻机、1∶1 Stepper亚微米光刻机、准分子激光亚微米光刻机等光刻机的研制方面取得了一系列进展。

Ⅱ型1∶1扫描式投影光刻机的研制，是1984年由国务院大规模集成电路办公室下达上海光机所的一项任务，后转入国家"七五"攻关计划，由国家、中国科学院和上海市科学技术委员会共同出资，其目标为研制一台刻线为3微米、硅片尺寸为直径100毫米的1∶1扫描式投影光刻机。他们之前研制的成功打破美国技术"禁运"的那台扫描式投影光刻机光刻线宽3微米、硅片尺寸为直径75毫米。为区别，他们将之前已成功研制的光刻机称为Ⅰ型，国务院下达的硅片尺寸为直径100毫米的为Ⅱ型。Ⅱ型1∶1扫描式投影光刻机于1992年5月研制成功并通过中国科学院组织的成果鉴定。相比Ⅰ型，Ⅱ型1∶1扫描式投影光刻机在结构上有很多创新，比如光学系统，Ⅰ型非对称光学系统的环视场宽度（即扫描狭缝的宽度）太小，只有1毫米，为此，王之江在Ⅱ型光学系统的转像前加了一块同心球差修正镜以校正像差，使环视场宽度从Ⅰ型的1毫米增加到Ⅱ型的8~10毫米，大大缩短了光刻曝光时间，提高了生产效率；又如高精度扫描系统，Ⅰ型采用十字弹簧支撑挠性轴转动结构，Ⅱ型则采用气浮导轨直线结构；再如照明系统，Ⅰ型采用千瓦弧形毛细管汞灯作为光源，Ⅱ型采用千瓦球形汞灯作为光源，光源成本大大降低，且有更好的通用性。这些创新，为Ⅱ型1∶1扫描式投影光刻机的成功运转奠定了基础。

OPS-Ⅰ型一步法投影光刻机是王之江团队为满足一些小型半导体实验室的需要而研制的一款无须扫描的简易投影光刻机，刻线为4微米，硅片尺寸为直径50毫米。该机投影系统采用国际上独一无二的一步法投影的

[①] "1∶1扫描式投影光刻机"国家级科学技术进步奖申报书，1987年1月5日。存于中国科学院上海光学精密机械研究所档案室。

1∶1折反系统，光学系统采用大口径校轴外像差的非球面校正镜，照明系统采用恒流等待恒光强点灯，既有接触式光刻机的简洁特点，又有投影光刻机不损坏掩膜的特点。该机于1984年4月在上海市科学技术委员会支持下开始研制，1987年10月通过中国科学院组织的成果鉴定，并投入了小批量生产。

亚微米光刻机是王之江根据光刻机国际发展趋势而开展的一项研究。20世纪80年代初，国外的先进分步投影光刻机已通过采用大数值孔径、小视场等技术手段将光刻线宽推进到亚微米，为能将中国的光刻机光刻线宽推进到亚微米量级，王之江于1984年6月开始带领团队研制1∶1 Stepper亚微米光刻镜头。1987年10月，他们成功研制出数值孔径为0.4、光刻线宽为0.8微米、视场为10毫米×10毫米~7毫米×21毫米的亚微米光刻镜头，并通过中国科学院的成果鉴定。

此外，王之江还带领团队开展了准分子激光光刻镜头的研制。他指导学生完成了308纳米XeCl准分子激光光刻镜头的研制，获得数值孔径为0.35、光刻线宽为0.7微米、视场为10毫米×10毫米的实验结果；带领团队研制出了248纳米KrF准分子激光光刻镜头，获得数值孔径为0.4、光刻线宽为0.5微米、视场为10毫米×10毫米的实验结果；其研究团队于1995年11月实现了远紫外255纳米铜蒸气倍频激光亚微米激光光刻的相关实验。[①]

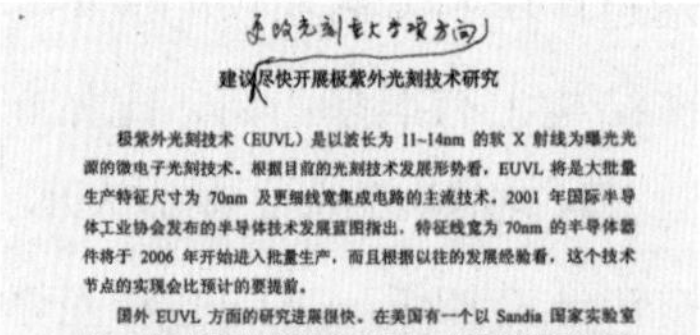

上海光机所光刻机研制团队"十余年所取得的成绩，倾注了王之江所付出的精力和智慧，为我国半导体装备的发展、进步和打破国外对我国'禁运'的壁垒作出

图10-6 开展极紫外光刻技术研究建议的手稿

---

① 路敦武：光刻机与激光光刻。见：中国科学院上海光学精密机械研究所《所志》编纂办公室，《中国科学院上海光学精密机械研究所所志》，2004年，第180-186页。

了贡献",[①] 但十分遗憾的是，这些光刻机并未实现产业化，未能从根本上扭转我国光刻机的落后局面。对此，2002年，王之江在向上级部门提交的"尽快开展极紫外光刻技术研究"的建议中是这样分析的：

> 我国曾经组织过多种光刻机机型的攻关研究，但在产业化方面几乎无一成功。除投资力度小、国内光学精密机械制造业的整体水平相对落后外，最重要的原因是研究目标缺乏超前性和预见性。过去我们确定的光刻机攻关目标都与当时国外已经商品化的机型相同。国外已经可以批量生产的光刻机，我们要经过约5年时间的努力才能研究成功，光刻机升级换代的速度相当快，常常会使我们处于极为不利的境地；刚刚研制成功的光刻机已在淘汰产品之列，或至少已错过了需求高峰期，不再是主流产品；而且此时国外同类光刻机的售价大幅度下降，我们的光刻机就更无市场竞争力可言。所以通过这些攻关目标的实现，只是培养了一批相关的技术人员，却是对国家财力和物力的浪费。[②]

对于2002年我国刚启动的193纳米ArF准分子激光光刻机研制项目，王之江直言该研究"就是重走以前不成功的老路"，[③] 因为国外三大著名光刻机制造商——荷兰的ASML公司、日本的Nikon公司和Canon公司很早就开始研发分辨率为100纳米的193纳米ArF准分子激光分步扫描式投影光刻机，并已可上市销售。根据当时美国Sandia国家实验室、荷兰ASML公司已经大力开展极紫外（EUVL）光刻研究的国际情势，王之江向上级有关方面建议："为了能够在未来的光刻设备市场上具有一定的竞争力，我国应尽快更改光刻重大专项方向，开展EUVL技术研究。"[④]

同时，王之江还根据国内的光刻技术基础，指出了我国在极紫外光刻方向重点攻关的技术方向：

[①] 舒美冬：《王之江科研生涯》。上海：中国科学院上海光学精密机械研究所，2015年，第50-53页。
[②] 王之江：尽快开展极紫外光刻技术研究。《科学新闻》，2002年第21期，第14页。
[③] 同②。
[④] 同②。

1. EUVL 光源研究。我国在激光等离子物理研究方面具有坚实的基础，通过进一步的工程化研究可以获得 EUVL 所需要的光源。

2. 全反射式离轴非球面缩倍投影光刻物镜研究。与目前的光学光刻不同，对极紫外光已无透射材料，因为在该波段所有材料的折射率都接近 1，必须采用反射式光学系统。

3. 高精度离轴非球面反射镜加工、检测技术研究。EUVL 光学系统中的反射面要求具有接近理想的面形和亚纳米量级的表面粗糙度。

4. 极紫外多层高反射率光学薄膜制备技术研究。EUVL 的反射式光学系统的反射面必须在镀制了高反射率光学薄膜后才能正常工作，反射率越高，则生产效率越高。①

应该说，王之江 2002 年向上级部门提交"尽快开展极紫外光刻技术研究"的建议是及时的，可惜的是我国光刻机研究还是未能跟上国际发展的步伐，导致今天高端光刻机仍然被荷兰 ASML 等公司对我国实行严格的技术"禁运"，其中原因值得深思。

研制自由电子激光器

20 世纪 80 年代，自由电子激光成为强激光前沿探索的一个热点，为跟上这项研究的国际发展趋势，王之江率先在国内领导开展了自由电子激光研究，并在 1985 年与中国科学院上海原子核研究所②合作研制出我国第一台拉曼型自由电子激光器，在 1986 年与中国科学技术大学国家同步辐射实验室合作研制出我国第一台康普顿型自由电子激光器，在 1993 年与中国科学院高能物理研究所等单位合作研制出北京自由电子激光器，为中

---

① 王之江：尽快开展极紫外光刻技术研究.《科学新闻》，2002 年第 21 期，第 14 页。

② 中国科学院上海原子核研究所成立于 1958 年，2003 年更名为中国科学院上海应用物理研究所。

国自由电子激光的发展奠定了基础。

实际上，王之江早在研制我国第一台红宝石激光器时就提出过产生自由电子激光的科学思想。早在1958年，王之江与邓锡铭、王乃弘、顾去吾等年轻学者曾针对光波长只能变长而不能变短的应用光学问题进行过深入探讨。通过对英国军方研制雷达过程的深入研究，王之江掌握了微波发射器——磁控管的工作原理，理解了微波是自由电子在磁控管的周期性磁场中运动而产生的。[①]基于微波的产生机制，王之江提出，低能自由电子在周期性的介质或光栅等慢波结构中运动可以实现电子相位和光栅相位的匹配，从而产生光放大，实现自由电子振荡辐射，即产生自由电子激光。[②] 1963年，《中国科学院光学精密机械研究所集刊第一集》收录了王之江的相关论文。

国际上第一台自由电子激光器装置是美国斯坦福大学Madey小组研制的，他们于1976年研制出了世界上第一台自由电子激光器，获了10微米波长的自由电子激光输出。因自由电子激光具有从毫米波到真空紫外区连续可调谐的特点，并有可能实现激光的高功率和高效率输出，具有成为激光武器的可能性，其一经诞生就引起了许多国家的关注，美国很快将其列入激光武器的研究项目之中。

1981年，在获悉美国已研制出自由电子激光的信息后，王之江领导团队迅速开展这项研究。因产生自由电子激光的基础装置是电子加速器，他们最先在中国科学

图10-7　8毫米波段拉曼自由电子激光器

[①] 王之江访谈，2008年11月2日，上海。资料存于采集工程数据库。

[②] 王之江：自由电子振荡辐射。中国科学院光学精密机械研究所集刊第一集，1963年，第117—132页。

院上海原子核研究所的帮助下，于1983年开始研制了一台0.5兆电子伏的脉冲强流电子加速器，并在这台装置上实现了拉曼自由电子激光的输出。在研制这台装置的过程中，因无装置可供借鉴、参考，为慎重起见，他们首先参照美国海军实验室的拉曼自由电子激光器作了"考试"计算，在确定计算方法正确的基础上，再提出总体设计方案，继而对器件的关键组成部件（二极管、波荡器、引导磁场、辐射接收系统、同步控制系统、电子束测试系统）进行了分体设计计算。经艰苦探索，他们于1985年9月研制出我国第一台拉曼自由电子激光器，获得8毫米波段的自由电子激光输出。[1] 该器件的激光输出功率约为1兆瓦，电子转换成激光的效率为1.4%，接近美国海军实验室1983年的水平（2.5%），超过了法国Ecole大学1984年的水平（0.1%）。[2]

这台自由电子激光器的成功研制，当时在国内外引起了很大反响。在装置建成后，国防科学技术大学、浙江大学、成都电子科技大学、上海交通大学、复旦大学等国内重点高校、中国工程物理研究院九院、国防科学技术工业委员会及国内其他军工单位，以及香港大学等单位的科研人员纷纷来访，讨论技术细节或索取论文以求跟踪开展这项研究。由于这台自由电子激光器所使用的强流脉冲加速器电压只有0.5兆伏，装置建造花费较低，很适合中小国家的国情，被一些中小国家认为是开展自由电子激光器基础研究的一个典范，因此也有很多中小国家纷纷来函讨要技术资料。该工作也同样受到美国、法国等发达国家自由电子激光器专家的关注，美国洛斯·阿拉莫斯实验室曾将他们关于这台拉曼自由电子激光器的研究论文译成英文作为DE报告发表。不仅如此，一些自由电子激光专家，如美国伯克利（BerKeley）研究中心的科尔森（W.B.Colson）还专程到上海光机所自由电子激光实验室参观访问，详细了解装置的具体细节及开展研究的情况。科尔森是世界闻名的自由电子激光专家，在自由电子激光理

---

[1] D155-KY-00229-006，拉曼自由电子激光器研制报告（拉曼自由电子激光器鉴定会资料之一），1987年1月。存于中国科学院上海光学精密机械研究所档案室。

[2] "拉曼自由电子激光器"中国科学院科学技术进步奖申报书，1988年3月10日。存于中国科学院上海光学精密机械研究所档案室。

论和实验方面都取得了令人瞩目的成果，曾获 1989 年度的自由电子激光器奖。1986 年 5 月，在科尔森来访期间，王之江邀请他开展了为期一周的讲学活动，对自由电子激光的经典理论、量子理论、实验及物理问题作了详细、系统、全面的讲解，中国科学院高能物理研究所、中国科学院电子研究所、中国科学技术大学、浙江大学、中国工程物理研究院等 12 个单位 40 名研究人员参与学术活动，有力推进了国内自由电子激光的相关研究。①②

在开展拉曼型自由电子激光器研制的同时，王之江还与中国科学技术大学合作开展了康普顿型自由电子激光器的实验探索。1983 年 4 月，他领导的团队与中国科学技术大学合作，开始在国家同步辐射实验室利用 30 兆电子伏直线加速器进行康普顿型自由电子激光实验研究，1986 年 11 月，他们首次观测到了高能电子束在磁摆动器作用下产生的 10 微米自发辐射。③

王之江领导开展的这些开创性工作，对国内自由电子激光研究的全面开展和长远发展规划的制订产生了积极影响。1986 年 3 月，为跟踪美国"星球大战计划"、欧洲"尤里卡计划"等国外先进技术规划，自由电子激光研究被列入"863"计划之中。1987 年 4 月，在"863"计划的支持下，中国科学院高能物理研究所、上海光机所、原子能研究院、上海原子核研究所联合开展北京自由电子激光装置（BFEL）的研制。1993 年，北京自由电子激光装置首次获得 10 微米自由电子激光振荡辐射，1994 年年初达到饱和输出，成为亚洲地区首个实现饱和受激振荡输出的自由电子激光装置。④

在北京自由电子激光装置的研制过程中，王之江领导的团队完成了

---

① 上海光机所上报一九八六年外事工作总结，1987 年 4 月 28 日。存于中国科学院上海光学精密机械研究所档案室。

② 上海光机所半月简讯，1986 年 5 月 16 日。存于中国科学院上海光学精密机械研究所档案室。

③ 舒美冬:《王之江科研生涯》。上海：中国科学院上海光学精密机械研究所，2015 年，第 46-47 页。

④ 陈崇斌：北京自由电子激光装置的研制——谢家麟院士访谈录。《科学文化评论》，2016 年第 13 卷第 3 期，第 110-118 页。

"10微米自由电子激光诊断""10微米自由电子激光器光学腔研究"和"光学速调管"三个课题的研究。这其中,他们在"光学速调管"上的理论与实验探索成果获得了国际学术界的广泛关注。① 光学速调管是自由电子激光器的一种新型结构形式,该结构可以使相对论电子束更好地聚束,从而克服自由电子激光由于摆动磁场(简称Wiggler)长度增加出现的增益饱和现象,能够显著提高自由电子激光的增益。王之江团队结合北京自由电子激光器的总体参数设计出的光学速调管,成功将装置的电子束能散度从0.5%提高到0.2%,器件增益提高了一倍多,解决了当时北京自由电子激光器增益低的难题,"为国家高技术自由电子激光器任务提供一条新的结构形式和技术路线,具有实际应用价值,也为我国短波长(可见光到X射线)激光的研究提供了有益的技术积累"。② 不仅如此,他们在光学速调管研究方面还取得了一个新发现:光学速调管在非线性工作区不仅可以提高自由电子激光的增益,还可以提高自由电子激光的效率。对于这个发现,美国著名自由电子激光器专家、美国海军实验室C.M.Tang评价说:"你们的光学速调管工作深入到增益的非线性区,研究是高水平的,是有创造性的"。伯克利研究中心的科尔森评价说:"以往文章只认为光学速调管结构可以改善自由电子激光器增益,但没有谈到光学速调管可以提高自由电子激光器效率,你们取得了很大进展,希望继续深入研究下去"。马里兰大学等离子体实验室主任格拉文施泰因(V.L.Granatstein)认为他们在光学速调管研究中的新发现非常具有实际应用价值,并邀请他们去马里兰大学进行合作研究。③

应该说,王之江领导的自由电子激光研究在中国属于开创性的,但他在回顾这段历史时坦言这项研究并不是一个成功的创新案例。他在回忆时这样说:

---

① 傅恩生,王明常:自由电子激光。见:中国科学院上海光学精密机械研究所《所志》编纂办公室,《中国科学院上海光学精密机械研究所所志》,2004年,第53-57页。

② 王明常:光学速调管"七五"总结,1991年6月25日。存于中国科学院上海光学精密机械研究所档案室。

③ "光学速调管"中国科学院自然科学奖申报书,1992年3月5日。存于中国科学院上海光学精密机械研究所档案室。

20世纪80年代里根政府出台了"星球大战计划"，中间有自由电子激光。中国为跟踪"星球大战计划"，就有了"863"计划。在跟踪人家科研工作的时候，要跟美国的"星球大战计划"相对应，美国人在做自由电子激光，中国也就去做。我们的工作，因为经费上的一些限制，并不是很有水平的一个工作，谢家麟的工作也是这个水平。①

谈及这项研究没有取得成功的原因，王之江认为，自由电子激光装置本身存在的缺陷是其不能作为激光武器的根本原因。在回顾这段历史时，他是这样分析的：

自由电子激光研究是属于不成功的创新。为什么说不成功呢？当初用自由电子产生激光，是想避免固体或者气体激光器装置因产生激光而发生的积累热效应，这个积累热效应到现在为止也还没有能够真正得到克服。自由电子激光诞生后，人们觉得它是可以克服积累热效应的，是一个好方向。但是这个方向，我开始做这个工作时就做过一个估计，觉得它实际上是有相当的问题的。问题在于，做一般基础研究，自由电子激光是可以的，但要它做武器，其实一开始就有很大问题，因为自由电子激光受电子束亮度的限制，电子束达不到高亮度，自由电子激光也达不到高亮度，就做不成武器。现在，国际上建成的自由电子激光都没有达到高亮度，所以我觉得我当时的估计是对的。②

尽管如此，王之江还是指出了自由电子激光研究的积极意义，他说："现在来看，自由电子激光真正有价值的地方其实不在武器的用途上，而是在基础研究的应用上。做武器这种方向可能就是美国人还在做，美国有两个加速器还在做，其他国家一般都已经转换方向了。转换方向去做什么呢？一个主要是做普通激光器做不到的波长，原则上，自由电子激光什么波长都能做，只要你的加速器能够达到足够的水平就行了，所以就往 X 波

---

① 王之江访谈，2019 年 11 月 6 日，上海。资料存于采集工程数据库。
② 同①。

段做,做高能电子束的X射线激光器;另外一个,应该是很容易做的,就是做红外激光。这两个方向都是为基础科学研究服务的。"[1]

正如王之江所言,目前自由电子激光在基础研究领域的应用仍然是国际前沿科学探索的热点之一。正是这个原因,著名物理学家杨振宁自20世纪90年代起一直向国家有关方面建议要大力开展这项研究。[2][3]

依靠国家的大力支持,中国的自由电子激光研究在近年来也取得了一系列可贵的进展,主要包括中国科学技术大学国家同步辐射实验室(NSRL)目前正在开展用于能源化学相关的气固、液固表界面化学、团簇结构及其分子反应动力学研究的国家重大科研仪器设备研制专项——"基于可调谐红外激光的能源化学研究大型实验装置"建设,装置的后续建设目标是建成覆盖中红外到远红外波长范围的可调谐红外光源;中国工程物理研究院2005年实现了能量为30兆电子伏、远红外/太赫兹FRL(FIR-FEL)的实验出光,2017年建成了我国唯一的基于超导加速器的高平均功率太赫兹(THz)自由电子激光装置(CTFEL);中国科学院上海应用物理研究所2009年建成了我国首个高增益自由电子激光综合研究平台——上海深紫外自由电子激光装置(SDUV-FEL),2014年与北京大学合作开展软X射线自由电子激光项目,建成了波长为8.8纳米、光子能量为0.14千电子伏的自由电子激光装置,2020年1月实现了全相干自由电子激光输出;中国科学院大连化学物理研究所2016年建成了用于分子动力学等前沿研究的"基于可调极紫外相干光源的综合实验研究装置";上海光机所强场激光物理国家重点实验室2021年完成了台式化自由电子激光原理的实验验证;等等。与此同时,国家还在积极推进新的自由电子激光装置建设规划,例如,中国工程物理研究院正在开展长波长的西部光源项目论证,大连化学物理研究所拟建设基于超导加速器的连续EUVFEL装置,上海科技大学和中国科学院上海高等研究院正在建造我国首台能量为8吉电子伏的高品质电子束连续波超导直线加速器,以及辐射波长能量为0.4~25千

---

[1] 王之江访谈,2019年11月6日,上海。资料存于采集工程数据库。
[2] 谢家麟访谈,2007年11月28日,北京。资料存于采集工程数据库。
[3] 杨振宁访问上海光源。中国科学院上海应用物理研究所官网,2017-09-29。

电子伏、X射线脉冲最高重复频率可达1兆赫兹的硬X射线自由电子激光装置。[1]

我国在自由电子激光领域能够取得这些可贵进展，某种程度上离不开王之江最初的开创性工作所打下的重要基础。

开展激光分离同位素研究

激光分离铀同位素，是利用激光将铀235（核电站等核能开发应用的主要物质）从天然铀（主要成分是铀238）中分离出来的一项先进技术，其基本原理是：根据铀235与铀238原子谱线的微小差异，利用特定波长的激光照射铀蒸气使铀同位素中的铀235电离，并通过电场或磁场将其从天然铀中分离出来。相比传统的扩散法、离心法等铀同位素分离方法，激光法分离铀同位素具有分离系数高、成本低等显著优点，对核能的开发利用具有重大意义。为跟上这项技术应用的国际发展趋势，王之江自20世纪80年代初领导开展这些研究，于90年代初领导研制出一套激光分离铀同位素设备并成功运转，使我国成为国际上少数几个掌握该技术的国家之一。

国际上激光分离同位素研究始于20世纪70年代。1970年，美国科学家迈耶（S. W. Mayer）等利用氟化氢气体进行激光分离氢同位素实验并获得成功，其后不久，科学家们就开始探索利用激光分离铀235的可能性。1974年6月，美国科学家图奇（Tuccio）等在第八届国际量子电子学会议上宣布原子法激光分离铀同位素原理性实验获得成功，由此掀开了激光分离铀同位素应用探索的序幕。[2]

受国外激光分离同位素研究的影响，国内一些研究机构于20世纪70

---

[1] 李鹏等：我国自由电子激光技术发展战略研究.《中国工程科学》，2020年第22卷第3期，第35-41页。

[2] 周大凡：原子法激光分离铀同位素.《中国科学院院刊》，1986年第4期，第342-343页。

年代中期开始跟踪该项研究。1976年,中国科学院电子研究所、中国科学技术大学、四川大学等机构率先在硫、硼、氟等元素的激光分离同位素研究方面取得了一些重要进展。1981年11月,为推进激光分离铀同位素研究,中国科学院专门在大连召开学术会议,在全院范围内布置激光分离铀同位素的联合攻关。[①] 1982年6月17日,为配合中国科学院的激光分离铀同位素攻关研究,王之江主持上海光机所第8206次学术委员会会议,与会人员认为,上海光机所作为国内最早建立的专业激光研究所,"参加攻关是责无旁贷的",[②] 由此开始了激光分离铀同位素的相关研究。会上,研究人员全面分析了当时国际上激光分离铀同位素的两种方法——原子法和分子法的发展状况,并重点对美国劳伦斯·利弗莫尔实验室的原子法激光分离铀同位素研究进行了讨论,认为原子法发展相对成熟,因相关技术细节处于严格保密状态,他们决定先就原子法分离进行一些基础性探索,为激光分离铀同位素研究作出先验性的技术判断。[③]

1984年,王之江团队将光谱光源研究领域的空心阴极放电(HCD)技术应用于铀原子光致电离研究,创造性地应用自制脉冲铀空心阴极放电管作为金属铀原子蒸气源,并且用空心阴极放电管本身作为探测光电离信号的元件,于1984年12月27日首次实现了铀原子的共振三步光电离。[④⑤] 他们的实验结果表明,"应用脉冲空心阴极放电来研究铀原子的光电离过程的实验技术不仅对原子法激光分离铀同位素研究具有很大的意义,还有很大的发展潜力"。[⑥] 利用这一技术,他们在实验中发现了"一系列国外保密的铀原子光谱数据,对其后中国激光分离铀同位素分离路线的选择提供了

---

① 朱健强,雷仕湛,刘德安:《激光发展史概论》,北京:国防工业出版社,2013年,第260页。
② 上海光机所第8206次学术委员会会议纪要。存于中国科学院上海光学精密机械研究所档案室。
③ 同②。
④ 殷立峰,胡企铨,林福成,王之江:Ne空阴极放电中1S2-2p反常脉冲光电流信号的研究。《光学学报》,1984年第8期,第673-679页。
⑤ 胡企铨等:用空心阴极放电管研究金属原子的光离化过程(Ⅰ)——铀原子的共振三步光电离实验。《光学学报》,1986年第5期,第385-390页。
⑥ 铀原子的共振三步光电离研究报告。存于中国科学院上海光学精密机械研究所档案室。

重要参考"。① 这些实验进展，为原子法激光分离铀同位素研究成为"七五"计划的重点攻关课题，也为上海光机所参加该课题攻关打下了坚实基础。1986年，上海光机所的"铀原子自电离态研究"成为国家"七五"计划攻关项目"激光法分离铀同位素技术研究"的一个专题。② 1990 年，"激光法分离铀同位素技术研究"项目结题时，项目验收报告这样描述了空心阴极放电技术在其中的贡献："采用原子束与空心阴极灯两种技术，进行了自电离谱和雷得堡能级的测定，获得了数千条自电离谱线，其中绝大部分是国际文献上没有的。这些光谱数据大大地丰富了对铀光谱的认识，并具备了建立我国铀光谱数据库的基本条件"。③

随着激光分离铀同位素技术探索的不断深入，美国能源部于1985年6月5日决定将原子法激光分离铀同位素作为未来浓缩铀的生产方法，同时宣布关闭田纳西州橡树岭离心法铀浓缩原型工厂、停止俄亥俄州博茨茅斯离心法工厂的建设。在获悉美国的这个决定后，王之江于1985年6月15日向中国科学院提交了"建议重新审议我国核燃料工作的部署将原子法激光分离铀同位素列为'七五'科技重点项目"的建议。在这篇建议中，王之江阐述了原子法激光分离铀同位素的优越性及其对核能开发利用的重要意义，并就美国在该项研究上采取的最新举措指出中国开展该项研究的紧迫性，建议"国家成立一个领导小组，统一组织各部分力量，在经费上给予足够的支持，加速完成实验性的实验工作，迅速地过渡到工业生产，力争在本世纪（20世纪）末达到美国现在的水平（年分离铀百吨级）"。④

回忆这份建议提出的背景，王之江说：

> 同位素分离，其实是跟当时中国的科技规划有关。当时的科技规

---

① "铀原子自电离态研究"中国科学院重大项目进展报告，1988年11月30日。存于中国科学院上海光学精密机械研究所档案室。

② "铀原子自电离态研究 75-18-03-22"国家重点科技项目课题、专题合同，1986年9月28日。存于中国科学院上海光学精密机械研究所档案室。

③ 国家计划委员会：《国家"七五"科技攻关项目计划执行情况验收评价报告汇编》。北京：化学工业出版社，1992年，第133—136页。

④ 王之江：建议重新审议我国核燃料工作的部署将原子法激光分离铀同位素列为"七五"科技重点项目。未刊稿，1985年6月15日。资料存于采集工程数据库。

划，按照我的了解，没有把激光分离同位素放在规划之内。因为原来搞同位素分离的人隶属于核工业部，这部分人虽然从文献上看到美国人说用激光可以分离同位素，但是他们当时认为是虚无缥缈的，对于中国来讲完全是做不到的事，所以当时的科研规划中没有这个项目。当时我觉得中国是完全可以做这件事的，于是就写了一份报告给中国科学院，希望把这个事情列入规划。①

王之江的建议很快得到了中国科学院的高度重视。1985年8月26—28日，中国科学院在北京召开激光分离铀同位素院内专家决策论证会，王之江赴会参与论证。同年11月，中国科学院长春应用化学研究所和核工业部天津理化工程研究院宣布成功实现激光分离铀同位素原理性实验。同年12月24—27日，国家计划委员会、国家科学技术委员会、中国科学院、核工业部等单位联合在天津召开激光分离铀同位素学术交流会。② 通过这一系列活动的开展，激光分离铀同位素研究被成功列为国家"七五"计划的重点攻关项目。

1986年，国家正式向核工业总公司和中国科学院下达国家"七五"科技攻关项目——"激光法分离铀同位素技术研究"，上海光机所承担了"原子法分离铀同位素激光系统及光谱测量"专题的研究任务，铀分离的实验探索任务则由核工业部天津理化工程研究院承担。

"原子法分离铀同位素激光系统及光谱测量"是一项综合性极强的前沿应用研究，涉及铜蒸气激光器研究、染料激光器研究、激光振荡放大系统研究、光束合成与多次反射系统等激光与光学系统的研制，以及铀光谱的测量等7个子课题。因该研究与核电站、原子弹等核能的开发利用密切相关，美国、法国、日本等少数掌握该技术的国家均对该项研究的技术细节严格保密，研究任务难度极大。为完成任务，王之江从研究所的6个研究室中抽调了70多名科研人员，分成7个研究团队，分专题开展攻关研究。

---

① 王之江访谈，2019年11月6日，上海。资料存于采集工程数据库。
② 司秉玉：激光分离铀同位素学术交流会在天津召开。《核科学与工程》，1986年第1期，第2页。

在7个专题中，"光束合成和光束反射系统"是实现铀同位素分离的场所，需要将4种波长接近的染料激光合成一束，共光路传输到铀炉内的多次反射系统中，激发其中的铀235原子电离，从而将铀235从天然铀中分离出来。因此，该装置是激光分离铀同位素总体装置的核心，其质量直接决定攻关任务的成败。该装置包括光束合成、光束传输、光束反射三个系统，合成系统要求激光合束时损耗小、光束混合度好；传输系统要求光束传输效率要高；反射系统要求光束在腔内反射次数多，且扫描光束有一定量的重叠，强度分布要均匀。① 当时，"世界上进行原子法激光同位素分离的国家有美国、法国、英国、日本、苏联等国家，但如何进行合束，只见到概念性的报道，无任何具体资料。对于铀炉中使用的多次反射系统，未查到任何有关资料，对这方面的技术处于封锁的状态"。② 在这样的背景下，王之江亲自担任该专题负责人，经过艰苦探索，领导团队研制出了由小角度全反射棱镜光束合成系统、小角度转向和像传递方式传输的传输系统和折叠式多次反射系统组成的"光束合成和光束反射系统"。后来的大量实验表明，该系统"合成和传输效率高，光束在铀炉中反射次数多，且光强分布均匀，可使光能量得到充分利用。……在激光同位素分离总体实验中得到应用，实现了铀同位素分离"。③

图 10-8　激光分离同位素铜蒸气激光系统　　图 10-9　激光分离同位素激光合束系统

---

① "光束合成与光束反射系统的研究"中国科学院科学技术进步奖申报书，1991年3月5日。存于中国科学院上海光学精密机械研究所档案室。

② "光束合成与光束反射系统的研究"研制报告。存于中国科学院上海光学精密机械研究所档案室。

③ 同①。

1989年5月，铜蒸气激光器、染料激光器、激光振荡放大系统、光束合成与多次反射系统4个装置单元均研制成功，王之江带领团队进入最后的总体装置安装阶段。1990年1月，整个激光与光学系统连接成功，并试行运转。与此同时，他们还于1989年11月为核工业部天津理化工程研究院安装了一套激光与光学系统，供其开展激光分离铀同位素的实验探索。[1]

1990年4月，上海光机所承担的"原子法激光分离铀同位素技术——激光与光学系统总体装置"通过国家验收。该装置由6台20瓦的铜蒸气激光器、4台染料激光器、铜蒸气激光振荡放大链同步自动控制系统、光束合成和多次反射系统组成，经国家计划委员会组织的专家鉴定："由6台铜蒸气激光器组成的振荡-放大链的总输出功率大于100瓦，超过原计划（60瓦）水平；单机运行时间已达数百小时，超过了原定150小时的指标；到目前（课题验收时）为止，全部铜蒸气激光器已累计运行数千小时。染料激光器的总输出功率大于7.5瓦，超过原计划（4瓦）的指标。光束合成系统与光腔在能量效率及空间分布重叠等主要指标上都超过了原计划的要求。"[2]

这套激光与光学系统装置"规模略高于美国利费摩尔实验室20世纪70年代末研制的SPP-I，与法国、日本1987年左右的水平相当"，[3]"达到了国际上同类装置的水平，为下一步应用于原子法激光分离铀同位素的总体装置实验创造了条件。由于这套装置的研制成功，使我国成为国际上掌握这种技术的少数国家之一"。[4]

1990年6月，利用这套装置，核工业部天津理化工程研究院完成了激光光学系统和分离系统的联机，并成功进行了激光分离铀同位素的分离实验。联机实验"首先实现了以浓缩铀为供料的三光子浓缩信号试验，最

---

[1] "七五攻关课题（75-18-03）原子法激光分离铀同位素技术——激光与光学系统总装"鉴定会资料第01号，1990年3月。存于中国科学院上海光学精密机械研究所档案室。

[2] 国家计划委员会：《国家"七五"科技攻关项目计划执行情况验收评价报告汇编》。北京：化学工业出版社，1992年，第133-136页。

[3] 同[1]。

[4] "原子法激光分离铀同位素技术——激光与光学系统总体装置"中国科学院科学技术成果鉴定书，1990年4月12日。存于中国科学院上海光学精密机械研究所档案室。

高浓缩分离系数超过了2000；随后又实现了天然铀为供料的三色三光子浓缩分离试验，浓缩分离系数达到500，有力地证实了激光分离内在的高分离特性"。①

在完成"七五"计划的规定任务之外，研究人员还利用这套装置开展了贫化铀的分离实验，探索激光分离铀同位素

图 10-10　激光分离同位素研究获中国科学院科学技术进步奖一等奖

的应用潜力。贫化铀的分离实验结果显示："以贫化铀（0.3%）作供料进行浓缩分离试验，获得浓缩分离系数超过500，而且还能进一步提高。这表明激光分离可应用于我国积存的大量贫化铀的再利用，从而为激光分离的实际应用提供了一种新的途径"。②

"原子法激光分离铀同位素技术——激光与光学系统总体装置"结题后，上海光机所不再承担激光分离铀同位素的探索任务，但王之江仍然十分关注该项研究在国内的发展。1991年11月6日，王之江再次向国家有关方面提交了关于"对我国原子法激光分离铀同位素工作现状的评估和近期工作安排的意见"的报告。在这篇报告中，王之江首先肯定了核工业部天津理化工程研究院1991年在原子法激光分离铀同位素研究取得的实验进展，认为："在完成'七五'攻关任务之后，天津理化工程研究院成功地实现了原子法激光分离铀同位素的宏观量收集实验，它标志着我国本项目已获得了阶段性的突破"。继而指出，该研究在分离器、铀光谱、光束合成与多次反射系统、激光光学系统、总体实验5个方面尚存在诸多需要改进的地方，建议能在国家"八五"计划中设立相应专题进行针对性的探索。他在报告中强调："激光分离铀同位素是涉及多种学科的高技术项目，是一

---

① 国家计划委员会：《国家"七五"科技攻关项目计划执行情况验收评价报告汇编》。北京：化学工业出版社，1992年，第133-136页。

② 同①。

项系统工程。从现在到最终建成有规模的产业，在我国至少还要十年以上的时间。因此我们的工作部署应该使每一个技术环节都建立在可靠的科学分析基础上，切不可为了达到短期的指标而放松了基本的测量与必要的理论分析。"

　　王之江领导开展的激光分离铀同位素研究，为我国该项研究后来的发展奠定了坚实的基础。

第十一章
走上所长岗位　主持发展大局

1978年，王之江被任命为上海光机所副所长，1984—1992年任上海光机所所长。在任所长期间，面对国家科技体制改革的新形势，王之江坚持激光基础研究方向不动摇，为上海光机所的长远发展打下了坚实基础。1978—1988年，王之江还兼任上海激光技术研究所（简称上海激光所）所长，在该所主导开展了一系列改革，使该所从人浮于事的落后机构转变成了全国闻名的激光技术开发中心。

坚持基础研究　反对研究所产业化

1985年，在王之江任上海光机所所长的第二年，中共中央发布《关于科学技术体制改革的决定》，提出"经济建设必须依靠科学技术，科学技术工作必须面向经济建设"的战略方针。[①] 1987年1月，为适应科技体制改革的形势，中国科学院提出了"把主要力量动员和组织到国民经济建

[①] 国务院发展研究中心课题组：《改革开放40年回顾与经验总结》。北京：中国发展出版社，2019年，第314-315页。

设的主战场,同时保持一支精干力量从事基础研究和高技术跟踪"的办院方针,该方针后被称为"一院两制"。[①]同年1月,中国科学院出台《中国科学院光学研究所改革方案》,提出将中国科学院院属的6个光学研究所改为公司(仍保留原研究所建制),改成从市场出发、以组织商品生产为目的、实行技工贸相结合的科研生产经营体,同时仍保留一支能够承担"863"任务和进行一些开拓性、高风险技术研究的精干队伍。[②]根据这一改革精神和所长责任制等制度要求,中国科学院给王之江设定的任期目标之一是:"要及早形成所办产品开发公司,公司应建立精干机构,管理各类生产体。开发的主要目的是形成激光、光电子产业,从市场需要出发,完善激光产业的配套单元产品,建立较完整的有相当效益的单元生产体"。[③]

在这样的背景下,研究所的发展方向是以产业方向为主,还是以激光科学的基础研究为主?这成了王之江首先要解决的问题。

当时,随着科技体制改革的进行,中国科学院对上海光机所的经费拨款连年减少,已严重影响了研究所的正常运转。为此,王之江一方面组织科研人员利用上海光机所的激光研究优势在高功率激光、激光分离铀同位素、强激光等方面申请国家科技重大专项项目、国家自然科学基金以及上海市科技发展基金等资金支持,维持研究所的运转;另一方面,他根据《中国科学院光学研究所改革方案》的精神组织激光产品的开发工作。在他的组织下,上海光机所于1988年5月成立上海大恒光学精密机械有限公司,并先后创办5个联营厂进行激光器件和元器件的生产。

王之江深知基础研究对于研究所发展的重要意义,对中国科学院的产品开发政策持明确的反对态度。在回顾这段历史时,他说:

> 关于这个所里面的技术开发,其实我是非常反对的。

[①] 樊洪业:《中国科学院编年史1949—1999》。上海:上海科技教育出版社,1999年,第323页。

[②] 樊洪业:《中国科学院编年史1949—1999》。上海:上海科技教育出版社,1999年,第309–310页。

[③] 王之江:述职报告。王之江人事档案,1991年9月17日。存于中国科学院上海光学精密机械研究所档案室。

图 11-1　上海光机所历任所长合影
（左起：朱健强、干福熹、王之江、徐至展、李儒新，2014 年）

所里面开始办企业的时候，我也努力过一次。但是这个中间有个问题，科研工作做得好的人搞产业并不见得也是有长处的，产业搞得好的人可能一点专业知识也没有。我后来曾经在一家激光企业当顾问，那个老板根本不懂什么是激光，但企业做得很好。这证明，搞企业跟技术研究是两回事。我有自知之明，知道自己是搞不了企业的，所里在办企业的时候，我当时是主管这件事的，我就没有能够管好这些企业，让他们赚钱、发展，我就不能够做到。[1]

王之江认为，中国科学院的优势在于科学研究，就应该重视基础研究，而不是从事产业生产。基于这种认识，他在任所长期间始终把基础研究放在研究所的首要地位，并在多种场合强调基础研究的重要性。

1986 年 1 月 16 日，在上海光机所全所党员大会上，王之江指出：

---

[1]　王之江访谈，2019 年 11 月 6 日，上海。资料存于采集工程数据库。

科技改革要求科研面向经济建设并不是不要基础研究，要有一定比例。根据我所现在的开发项目来看，能成为产品的项目都是从基础研究开始的。同时这还涉及将来，可能对所的今后的面貌起决定性的作用，需要我们引起足够重视。我所准备每年有10%~20%的科研经费用于基础研究，并希望有一批同志经常去关心世界上的先进科技发展动态。从我所历史来看，20世纪60年代之前并没有激光这门学科，假如那时不开展激光的基础研究，就不可能有今天这样的发展。任何学科，开始都是微不足道的，容易被人们忽视，这种情况我所有过教训。所以要求我们重视基础研究，密切注视世界科技发展趋势。①

在1987年3月18日召开的宣布上海光机所改革方案的全所大会上，王之江说："目前，我所的开发项目都是由基础研究、应用研究的科研成果转化而成的，若不注重基础研究，将来的开发就如无源之水，"②继而明确指出："一个研究所应该有自己的发展方向，不能完全由市场左右……过去我们曾经讨论过，只要强激光技术能够得到经费支持就仍应是我所方向。"③

1987年9月25日，在上海光机所干部会议上，王之江更是明确提出："这个所的研究部分不能削弱，因为它在全国在全世界还占有一定的地位，否则我们就是对国家不负责任。"④

与此同时，王之江还积极向上级领导部门建言加强基础研究。1987年1月，他向上级部门提交"优先发展基础研究领域的意见"的建议。1988年12月，他又向上级部门提交了"发展光电子学的基础研究"的建议。

---

① D155-WS-00307-001，王之江所长在全所党员大会上讲话——关于我所业务工作方针，半月简讯，1986年1月16日。存于中国科学院上海光学精密机械研究所档案室。

② D155-WS-00377-005，王之江所长在传达院工作会议全所大会上讲话——关于我所改革方案（一九八七年三月十八日），半月简讯，1987年3月23日。存于中国科学院上海光学精密机械研究所档案室。

③ 同②。

④ D155-WS-00377-018，王之江所长九月二十五日在干部会议上的讲话，半月简讯，1987年10月16日。存于中国科学院上海光学精密机械研究所档案室。

在这个过程中，王之江还于1989年2月18日专门就基础研究问题给时任中国科学院院长周光召写了一封信。在信中，他写道："我国基础研究工作主要由中国科学院一些骨干研究所和重点高等院校来完成，……希望中国科学院对一些重点骨干研究所加大经费支持，这样做基础研究工作不至于倒退，可能起到促进作用。"同时，他还在信中明确指出中国科学院系统并不适合从事产品开发与生产工作，他写道："中国科学院支持产品开发，我认为只能暂时起到一点很小的作用，并不是长久之计。其原因，中国科学院体制、生产管理、器材渠道专门人员素质都无法与大企业相比；产品生产、产品销售也无法与他们相竞争。"① 因此，他建议将研究所削减的用于产品开发的事业经费返还研究所，以支持基础研究和应用基础研究。

关于研究所的发展方向，王之江在1992年发表的《略谈我院技术科学领域研究所的发展问题》一文中明确指出："社会分工是社会进步的标志，中国科学院的研究所要是一竿子到底，从基础研究一直做到产品生产，一方面财力不容许，另一方面则一定走向低水平低效率。一般而言，一个机构不可能有这样全面的专长。至于形成规模经济更是工业部门的职责，不是中国科学院可能实现的目标"，并强调："研究所应对产业的形成起重大作用，但不能一竿子插到底，自成体系地形成产业，技术科学研究所的工作应以应用研究为主，以迎头赶上世界前沿的高技术研究为奋斗目标，最终目的是开拓新的研究领域，为未来的产业建立基础，或为工业部门的产品开发奠定技术基础。"②

基于以上认识，王之江明确反对"一院两制"的办院方针。因为王之江公开反对"一院两制"的办院方针，当时上海光机所的领导班子很担心会对单位产生不好的影响。时任所办公室主任何绍康在接受访谈时说："他（王之江）到院里去开会，也不理睬院领导，弄得院领导也没有办法。我们都担心了，与院里关系搞得不好要吃亏的，他（王之江）根本不管这

---

① 王之江给中国科学院院长周光召的信，1989年2月18日。
② 王之江：略谈我院技术科学领域研究所的发展问题。《中国科学院院刊》，1992年第1期，第43-44页。

一套，就是坚持他自己的观点。"①

今天，再谈到那时的情况，何绍康十分肯定王之江当时的做法。她说："他（王之江）当所长，我认为最突出的一点，就是他能够摆正所的学科方向，就是一个所到底往哪个方向发展，他坚持研究所一定不能放弃基础研究，这个很重要。那时院里正在搞'一院两制'，一方面搞科研，一方面经营公司搞产业开发。有几个研究所，我们嘉定也有，基本上是把科研放弃了，都去成立公司，成立好多好多公司，他们现在的情况是很难受的。我们王所长主张一定要牢牢把住科研方向，要搞基础研究，要搞应用研究。产品开发也要搞，但比例要弄好，基础一定不能放。当时搞的强激光、量子光学，还有信息光学，这些基础研究为我们所后来的发展打下了非常重要的基础。我认为这是他当所长时最大的贡献。"②

直到今天，何绍康仍十分庆幸当时王之江把握住了所的发展方向，她说："办公司不是我们所的强项，所以我们所的公司到后来基本上都没有办好。因为我们经营管理的人太缺乏了，搞科研的搞不好市场经济，幸亏老王在这方面的投入不多，所以也没有影响我们所的大局。"③

正是基于对基础研究的重视和坚持，在王之江任职期间，上海光机所建成了高功率激光物理联合实验室、量子光学重点实验室和高功率光纤激光技术实验室，研究人员在激光等离子体物理、X激光、量子光学以及激光光谱等前沿基础研究领域取得了一系列重要研究成果。据中国科学技术信息研究所统计，上海光机所1988年发表的国际论文篇数在全国所有研究机构中居第8位，1989年居全国第7位；发表中文论文篇数，1988年居全国第4位，1989年居全国第3位。国际检索系统统计显示，上海光机所1985—1987年科技论文引用率居全国科研机构第9位。

与此同时，上海光机所还面向国家需要承担了大批前沿应用研究的课题攻关，在国家"七五"计划期间，完成了激光12#装置、激光分离铀同位素激光与光学工程装置两项国家重大攻关任务，承担了一系列国家高

---

① 何绍康访谈，2020年1月11日，上海。资料存于采集工程数据库。
② 同①。
③ 同①。

技术研究发展计划("863"计划)项目、国家自然科学基金项目的前沿研究。在这期间,上海光机所共完成中国科学院、上海市鉴定成果118项,其中1990年完成鉴定成果数在中国科学院137个研究单位中居第5位,在中国科学院技术科学单位中居第2位。[①] 这些成果的获得,一定程度上离不开王之江一贯坚持的基础研究的办所方向。

规范所务管理

在任上海光机所所长期间,王之江认为他的主要工作职责在于:"把握所的业务发展战略和以法治所做好管理工作。前者是使业务工作符合世界科技发展的潮流,符合国家的科技发展方针;后者是将日常事务的矛盾,抽象概括为一般性规定,尽量避免个人为具体事务决策。"[②] 因此,他在那段时间除了要正确主导上海光机所的发展方向,还要花很大力气去改革并完善所里的管理制度。

(一)规范管理制度,实行依法治所

在担任所长之初,王之江从自己的经历出发,认为当时的科研秩序"很不理想,低效率而且不能发挥各种人的积极性,个人的决策作用太大,缺乏法治精神",[③] 希望通过在任期间的改革,让上海光机所的科研秩序"能有所进步,实现以法治所、无为而治,(研究所)像机器(一样)能够自动运行"。[④]

因此,王之江在担任所长后首先做的工作就是对当时的管理制度进行改革。1985年,王之江首先组织人员对过去各种规章制度的条例进行补充、

---

① 王之江:述职报告。王之江人事档案,1991年9月17日。存于中国科学院上海光学精密机械研究所档案室。

② 同①。

③ 王之江:述职报告(1986年11月20日)。存于中国科学院上海光学精密机械研究所档案室。

④ 同③。

修改、完善，并新制定了《职工分房管理办法》《出国人员注意事项》等规章制度。这套规章制度，共 30 个项目 150 余条具体规则，在经所各级部门充分讨论通过后，以"上海光机所规章制度集"为名出版，并下发到研究所各个机构，力求使研究所所有事务皆有章可循，削弱人为因素在具体事务中的作用，提高办事效率。

这套规章制度的建立，理顺了科研、生产、工作秩序，为所里科研活动的开展创造了良好氛围。比如，《职工分房管理办法》的制定就解决了当时非常棘手的住房分配问题。那时研究所实行福利分房，之前每次分房时都会产生大量矛盾，严重影响了所里的科研工作氛围。为解决这一矛盾，王之江组织人员制定了《职工分房管理办法》，后来职工分房，"就按照这个办法来，根据你的综合条件，你卡在哪个线上，就按那个线上的分给你，大家都没话好说。这个制度沿用了很长时间，直到取消福利分房为止"。[1]

在回顾自己的所长生涯时，王之江觉得他那时做的最有意义的工作就是为所里制定了一套规章制度。他说：

我当所长时所做的工作，唯一的可能就是给所里定了一些制度。因为我还没当所长的时候，觉得作为一个所的领导随随便便去决定一个事情该怎么做，太不合适了，决策应该是按照一定的制度进行的。所以我当所长的时候，就放权到基层，定一些制度，按制度办事，而不是随所长的意思来办事。[2]

所以，在当所长的期间，他为上海光机所"方方面面定了一些制度，按照制度

图 11-2　上海光机所《规章制度集》封面

---

[1] 何绍康访谈，2020 年 1 月 11 日，上海。资料存于采集工程数据库。
[2] 王之江访谈，2019 年 11 月 6 日，上海。资料存于采集工程数据库。

来办事，所有工作都理顺了。"①

（二）明确岗位职责，实行分层管理

王之江任职时，由于研究所机构庞大，所内存在安于现状、无所作为、遇事推诿、办事拖拉、不负责任的官僚主义现象。他认为："扩大基层和各级的自主权会有利于减少官僚主义。"② 所以，他在任职期间领导制定了《机关行政管理部门岗位职责》，明确了各部门的岗位职责，将管理权下放到了各个基层部门。"由于研究所的细胞是课题组"，管理权一直下放到了课题组，研究所"拟定了课题组负责人负责制的规定，使他对经费和技术决策负全部责任"。③

管理权下放后，王之江坚持自己的管理哲学："尽量少管事，分层负责，不越级指挥"。④ 因此，在任职期间，凡是涉及分管副所长的工作范围，他从不干涉。"有职工碰到一个行政上的事去找他（王之江）的时候，他说：'你不要来找我，你去找某某人'。人家说：'你是所长，我找你聊一聊'。他说：'我们分工（是）明确的，你不要找我，我对你也不了解，你去找某某人'。他都这样挡住了。所以有人对他有点看法，说他不关心职工。我认为他的做法是对的，他这样把管理权分给大家，副所长都发挥作用了。"⑤ 时任副所长的曹珊珊也曾说过，"在老王领导下工作很开心，他从来不干涉我的工作"。⑥

虽然大部分管理权都下放了，但涉及研究所的发展方向以及广大职工的利益时，王之江一定会责无旁贷地承担起相应的责任来，所里取消五天半工作制就是一个典型案例。20世纪80年代末，我国的机关单位实行的是五天半工作制，每周六上午工作半天。这对于上海光机所等很多远离上海市区的研究机构来说弊端很大，因为所里有很多职工住在上海市内，每

---

① 何绍康访谈，2020年1月11日，上海。资料存于采集工程数据库。
② 王之江：述职报告（1986年11月20日）。存于中国科学院上海光学精密机械研究所档案室。
③ 同②。
④ 同②。
⑤ 同①。
⑥ 王颖根据拜访曹珊珊时的记忆进行的补充。

天需要花很长时间从市内坐班车赶到嘉定，周六到了所里工作没多久又要赶回市内，工作效率非常低。同时，所里还要安排班车接送，办公室里要开空调，食堂要供应餐食。因此，五天半工作制对他们而言经济上也很不划算。于是，很多研究所向中国科学院上海分院反映，希望取消每周六的半天工作。上海分院认为这件事情牵扯面太广，需要中国科学院部的领导拍板决定，于是大家都在等上面的决定，不敢自作主张。王之江知道后，专门就这件事召开所长办公会议进行讨论。经过讨论，王之江认为五天半工作制确实弊大于利，当即决定取消，这样上海光机所成了上海分院系统中最先实行5天工作制的单位。"事情虽然不大，牵涉到每一个职工，而且要承担责任。他说，取消，不要管，有责任我来承担。我觉得他是很有魄力的"，①何绍康回忆此事时说。

摆脱了行政上琐碎事务的羁绊，王之江将主要精力放在了指导所里的科研课题上。他经常会早于一些课题的学术带头人发现问题，一旦发现问题会立即把课题负责人找来，向他们提出创新性的建议或者提供很有参考价值的文献，研究人员往往都很受启发。

（三）实行民主决策，注重政策实效

在任所长期间，为了能使决策科学、民主、有实效，王之江推行"咨询→决策→检查→反馈"的决策模式，即重大事件的决策要经过调查研究、所长办公会议或所务会议决策、所办公室负责督促检查反馈的过程。

针对当时的决策过程，王之江直言："'咨询→决策→检查→反馈'的工作秩序是正确的，而我们的弱点则在于咨询和反馈这两个环节。"②因此，他重点对咨询和反馈两个环节进行了改进。

为了做好决策的咨询过程，王之江改组并新建了几个专门的评议咨询机构。学术委员会作为上海光机所的学术评议咨询机构一直存在，其时存在人员老化现象。因此，王之江首先做的是改组学术委员会，于1985年初增选了一批中青年科研人员，以增强该机构的活力。技术委员会、仪器

---

① 何绍康访谈，2020年1月11日，上海。资料存于采集工程数据库。
② 王之江：述职报告。王之江人事档案，1991年9月17日。存于中国科学院上海光学精密机械研究所档案室。

设备管理小组等咨询机构是为适应当时科技体制改革的需要而建立的，其中，技术委员会作为技术开发工作的评议咨询机构，仪器设备管理小组负责大型设备添置与更新的评议咨询，经费管理小组负责所务会议决策前的评议咨询。这些机构都在研究所的发展过程中发挥了积极作用。[①]

召开所长办公会议或所务会议是实现民主决策的核心环节。为了提高会议的效率，王之江要求每次开会必须做到会前有准备、会议有纪要、会后有检查，即每次会议前必须由一职能部门下发会议通知，明确会议内容，指定有关人员准备好调查报告或发言材料；会议形成的决议都以"纪要"的形式下发，布置有关部门落实，并有专门人员检查落实情况。

为了保证政策能够落到实处，王之江要求"所务会议形成的决议和纪要，由所办公室负责督促检查、反馈"，[②]执行情况直接反映给主管副所长、所长，从而加强督促、反馈的环节。

在王之江任职期间担任研究所办公室主任的何绍康至今仍对当时召开会议的情形记忆犹新：

> 开所长办公会，他（王之江）是讲究实效的。怎么样是讲究实效呢？准备开会前，他首先给我们办公室说，人家反映上来的几个问题要在所会议上讨论，你们先去跟机关有关处长说一声，先把情况讲一讲。同时，让我们针对几个问题去做一下情况调查，写出调查报告。然后是开会讨论，如果是能够得出结论的，他马上说，这个事，根据大家的意见总结了这么几条，应该怎么去办，办公室要记下来。接着，他让我们写纪要，纪要写了以后，让我们把纪要交给领导们看，叫他们签字确认。确认了以后还不行，还要我们去检查，检查以后还用表格反馈给他，哪些是能做成的，哪些是还没有做的，没有做的原因是什么。所以，他不像有些领导开会，开到哪里算哪里，他不是这

---

① 舒美冬：《王之江科研生涯》。上海：中国科学院上海光学精密机械研究所，2015年，第56-60页。

② 王之江：述职报告（1986年11月20日）。存于中国科学院上海光学精密机械研究所档案室。

样，他就是要求能够落到实处，讲究实效。①

实践证明，王之江在所务管理方面的举措——规章制度的建立、职责的明确分工、决策过程的程序化、政策落实求实效等，增强了所内各级部门人员的责任感，激发了全所职工的工作积极性，为研究所的科研与生产活动创造了良好氛围。

加强研究生培养

1984年，王之江上任所长时，上海光机所已建所20年，由于"文化大革命"等因素的影响，科研人员未能得到及时更新，研究队伍老化严重，全所科技人员平均年龄在45岁左右，迫切需要大量补充年轻科技人员。为此，王之江一方面积极引进人才，通过招收年轻大学毕业生来优化全所科技人员的结构；另一方面通过培养并鼓励研究生留所工作来加强科技队伍建设。

王之江非常重视研究生培养工作，曾在所务会议等多种场合强调研究生培养的重要性和紧迫性。为了保证研究生的质量，上海光机所出台了一系列相关规章制度，明确了导师带教的责任和研究生必须遵守的学术规范以及相关激励政策，同时还与中国科学技术大学、复旦大学、浙江大学、上海科技大学，以及一些国外科研机构建立了研究生联合培养机制。由于上海光机所主要从事科学研究，大多数人没有认识到研究生培养的重要性，更是有少数人把研究生培养工作当成额外负担，甚至有人在研究生的管理工作上产生了推诿、拖拉、不负责任的官僚主义现象，研究生对此也颇有微词。② 1986年，为解决当时研究生培养存在的问题，王之江与所领导班

---

① 何绍康访谈，2020年1月11日，上海。资料存于采集工程数据库。
② 王之江：述职报告（1986年11月20日）。存于中国科学院上海光学精密机械研究所档案室。

图 11-3　王之江与上海光机所 1985 届研究生合影
（前排左三徐至展，左四姜中宏，左五王之江，左六邓锡铭）

子利用国务院学位委员会、中国科学院学位委员会进行研究生教育和学位授予质量评估检查的机会，决定将所里负责研究生培养的教育科改为研究生部建制，对研究生培养工作进行了整顿。同年 11 月 15 日，王之江亲自召开座谈会，听取研究生群体的诉求；11 月 17 日根据研究生提出的意见，他总结出了九条具体改进措施交办公室进行整改；12 月 21 日，他又亲自检查上述问题的落实情况。同时，时任党委书记何慧娟也亲自找职能部门有关同志谈话，对研究生管理工作提出要求，要求他们做到从内心爱护、关心研究生，做好研究生管理工作。[①] 经过整顿，研究生培养工作更加规范，取得的成效也得到了研究生教育和学位授予质量评估专家组的充分肯定。[②]

提高创新能力是研究生培养的核心目标，王之江主要通过两个方面的学术训练来培养研究生的创新能力。第一，培养研究生的文献阅读能力。王之江一直关注着国际上光学的发展动向，一直保持着阅读国内外物理

[①] 中国科学院上海光学精密机械研究所办公室编：半月简讯，1986 年 11 月 30 日。存于中国科学院上海光学精密机械研究所档案室。

[②] 中国科学院上海光学精密机械研究所办公室编：情况简报，1986 年 12 月 15 日。存于中国科学院上海光学精密机械研究所档案室。

学、光学等学术期刊的习惯。因为读的文献多，所以他能够把握光学研究的国际发展趋势，能始终站在科学研究的最前沿。因此，基于自己的学术研究经验，王之江特别重视培养研究生的文献阅读能力。对此，王之江指导的第一届研究生沈冠群深有体会，他第一次跟王之江见面时，王之江就交给他几篇文献，要求他读文献、查找文献。沈冠群回忆时说："我第一次跟他见面，一方面他讲了好多他的想法，另一方面就是要我去看文献，他也没有给我指定太多的文献，就给了我几篇，然后要我自己去找。……我觉得他对这个很重视，你知道的，当时我们国家基本上封闭的，主要靠的就是文献。"① 第二，培养学生的动手能力。"他（王之江）说，我们总要老的，一定要放手让年轻人自己去做"。② 所以，王之江很早就安排学生参加前沿科学研究，通过真正的科学实践来培养学生的动手能力、创新能力。中国第一台红宝石激光器的输出能量从 0.003 焦耳增加到 10 焦耳，就是王之江指导当时刚入学的沈冠群做出来的。

通过文献阅读和动手实践的锻炼，王之江培养的研究生的创新能力都非常强。王之江共培养了 26 名硕士、81 名博士和 3 名博士后，这批研究生都显现出了很突出的创新能力。硕士生以沈冠群为例，他是王之江培养的第一届硕士研究生中的一位，除参与了中国第一台红宝石激光器的研制外，还在"640-3"工程中作出了重要贡献。他转行到上海第二光学仪器厂后，仅凭王之江给他的一篇文献就研制出了获 1982 年国家发明奖三等奖的"精密快速测量相对位移量装置"，后因工作出色被调任上海激光技术研究所所长。在王之江培养的博士研究生中，马健获 1989 年吴健雄物理奖，张雨东曾任中国科学院光电技术研究所所长、中国科学院成都分院院长、科技部副部长，等等。

王之江培养的研究生的创新能力得到了广大科技人员的充分肯定，长期在王之江身边工作的高瑞昌在接受访谈时说："老王培养的研究生中，沈冠群、王能鹤、唐武是最早的三个，我的印象是，他们的阅读能力、动手能力、创

---

① 沈冠群访谈，2020 年 1 月 12 日，上海。资料存于采集工程数据库。
② 何绍康访谈，2020 年 1 月 11 日，上海。资料存于采集工程数据库。

新能力都很强。搞激光打印机的李庆熊也很强，钱秋明、梁敏骅也是。"①

说起钱秋明、梁敏骅、李庆熊三人，高瑞昌还特别提到了他们三人的一个小故事。1986 年，中国科学院在长春光机所召开光计算发展战略研讨会，开始在院内布局光计算研究，决定在院内设立一个光计算重点研究项目。为能争取到这个项目，王之江委派高瑞昌带领钱秋明、梁敏骅、李庆熊 3 名研究生参加会议。由于其他研究机构参加会议的都是国内著名专家，王之江的这 3 名研究生的报告被安排在会议的最后时段，高瑞昌还因此和会务人员吵了一架，但最终他们还是凭借在会议上的优秀表现成功拿到了中国科学院的这个光计算重点研究项目。谈及此事，高瑞昌仍然记忆犹新，他说：

> 那时中国科学院在国内开展光计算研究，要部署重点项目，到底放在哪里？长春光机所、北京的电子所等好多单位都来争取。我带着王之江的三个研究生到长春去开这个会，结果我们成功把光计算这个重点项目给夺过来了。
>
> 申请那个项目要做报告，我们的报告被排到最后。报告顺序是长春光机所应用光学国家开放实验室的秘书排的，因为把我们排到最后，当时我就跟他吵起来了。那位秘书说："其他单位来的都是研究员、大专家、大人物，你带着三个小孩来，我能怎么办？"
>
> 第二天开会，一发言可不得了了。那些号称老早就开始搞光计算的专家报告时，会场底下吵吵嚷嚷的，没人听，吵得王大珩都生气了。
>
> 等我们报告时，那三个学生说是王之江的学生，第一个报告一做，下面鸦雀无声。三个报告做完，第二天就传出来声音，说其他单位还搞什么光计算，跟王之江比，根本就差远了。②

王之江培养研究生的做法，也对整个上海光机所的研究生培养工作产生了深远影响。在接受访谈时，高瑞昌说：

---

① 高瑞昌访谈，2020 年 1 月 11 日，上海。资料存于采集工程数据库。
② 同①。

>他（王之江）培养研究生的一个作风，带动了我们整个光机所。他首先培养学生的阅读能力，所有的学生都要自己去查阅文献、多读文献、培养阅读能力。另外，他还培养研究生的动手能力和创新能力。我觉得老王在这方面是有他的独到之处的，我们光机所的研究生培养一直传承到现在的就是这个，这是很可贵的。①

推动上海激光技术研究所改革

1978—1988年，王之江兼任上海激光技术研究所所长。在此期间，在业务副所长聂宝成的协助下，王之江在该所进行了大刀阔斧的改革，迅速将一个人浮于事、"吃大锅饭"的落后科研单位转变为全国闻名的激光应用技术研发中心。

上海激光技术研究所的前身是1970年成立的上海激光技术试验站，其成立与20世纪70年代初的批判基础研究运动有关。曾任上海激光技术研究所所长的聂宝成在回忆这段历史时说："上海激光技术试验站成立的一个原因与当时'文化大革命'搞批判基础研究运动有关。当时造反派批判复旦大学脱离生产实际，要他们深入工厂，要和工人相结合，就建了上海激光技术试验站作为批判复旦大学的基地。据说激光技术试验站的名字是徐景贤②起的，他说这个机构不能叫研究所，研究所是修正主义的，就叫激光技术试验站。"③这样的背景某种程度上决定了该机构建立初期的复杂与混乱。

激光技术试验站成立之初，除一部分造反派外，其科研骨干主要来自

---

① 高瑞昌访谈，2020年1月11日，上海。资料存于采集工程数据库。
② 徐景贤（1933—2007），"文化大革命"期间任中国共产党上海市委书记，"四人帮"在上海市的造反急先锋，有"造反书生"之称，1976年被捕入狱。
③ 聂宝成访谈，2023年3月10日，上海。资料存于采集工程数据库。

上海光机所。1970年,作为上海光机所"三线"基地的安徽光机所成立,上海光机所需要分拨一部分研究人员到合肥,其中一部分出身不好、不允许参加"640-3"工程的科研人员被分配到了上海激光技术试验站。试验站还有一部分科研骨干是来自中国科学院上海技术物理研究所从事红外技术的科研人员,以及中国科学院上海分院技术中心的部分科研人员,同样也是出身不好、不适合做军事应用研究的科研人员。此外,上海造船厂等工厂还分拨过来大批工人。到"文化大革命"结束时,试验站人数达600多人。虽然人数众多,但试验站领导是"典型的造反派,是专门批判别人、不干工作的",试验站"没有实验室,没有场地,工作非常杂乱,做煤球炉的也搞激光,做钣金工、砸铁做茶壶什么的也搞激光晶体",[①]整个试验站没有明确的科研方向,混乱不堪,根本谈不上科研。粉碎"四人帮"后,由于出身造反派的领导被免职,试验站基本处于没人管的状态,加上人员构成复杂,也没有研究室,整个试验站人浮于事,职工之间还经常发生矛盾,局面十分混乱。1980年8月15日出版的《文汇报》中有一篇报道这样描述当时试验站的状态:"'四人帮'将这个站弄成'四不像'(即工厂、学校、机关、研究所都不像),科研方向、任务不明,课题设置混乱,科研队伍中用非所学、无所事事的现象十分严重。"[②]

为改变试验站的混乱局面,中国科学院于1977年11月9日将其更名为上海市激光技术研究所,并于1978年8月任命王之江兼任该所所长。到任后,王之江立即带领所领导班子采用"五定"(定方向、定任务、定人员、定设备、定制度)方针对该所的科研秩序进行整顿。经过调研和讨论,王之江与所领导班子明确了该所的定位——从事激光技术应用与产品开发的专业研究所。[③] 在此基础上,根据研究所的实际和国内外激光应用的发展现状,研究所选择激光热加工、激光检测、光学记录、存贮显示等若干方向作为重点研究方向,拟定33个研究课题作为1979年度的具体任

---

① 聂宝成访谈,2023年3月10日,上海。资料存于采集工程数据库。
② 苏瑞常:调整科技队伍,做到人尽其才——上海激光技术研究所打破人员只进不出局面。《文汇报》,1980年8月15日。
③ 《上海科技》编辑部:《上海科技信息指南》。上海:上海科学技术出版社,1985年,第226-227页。

务，并按课题任务组建了研究室组机构，重新选聘了一批科研骨干作为研究室负责人，同时还制定了一系列规章制度以保证科研活动的开展。

确定研究方向和具体任务后，研究所根据课题的具体任务对科研队伍进行了大规模调整，大批不适合进行激光科研的人员被调离，如氦氖激光课题组和全息滴谱仪课题组，总共10人的课题组有7人被调出，整个研究所有100多人被调离，占总人数的近五分之一。在这个过程中，所领导班子和上海市有关单位紧密协作，通过大量认真细致的思想工作，尽量照顾调离人员的专业特点和个人意愿，使调离人员在新的单位也发挥出了专业特长。同时，研究所还从其他研究机构、大学和工厂调进了18名研究人员，优化了科技队伍构成。①

经过调整、整顿，激光所彻底改变了人浮于事、"吃大锅饭"的状况，科技人员的积极性得到了显著提高，科研面貌得到了根本扭转，科研效率迅速提升。到1979年年底，在研究所拟定的33个课题中，科研人员按计划完成了29项，其中有13项获得了上海市科技成果奖，8项获上海市重大科技成果奖。②

由于改革效果显著，1980年8月15日，《文汇报》以《调整科技队伍，做到人尽其才——上海激光技术研究所打破人员只进不出局面》为题专门对上海激光技术研究所的改革进行了报道。1980年8月21日，《人民日报》全文转载了《文汇报》的报道，并以《要有敢于改革的勇气》发表了短评。短评认为：

> 上海市激光研究所以认真负责的态度，采取果断措施，打破科技人员只进不出、死水一潭的局面，使全所的工作出现了生气。这种做法很有意义，值得提倡。
> ……

---

① 苏瑞常：为科学的春天增色。见：上海老新闻工作者协会编，《我们的脚印 第2辑 上海老新闻工作者的回忆》。上海：上海老新闻工作者协会出版，1997年，第357-359页。

② 苏瑞常：调整科技队伍，做到人尽其才——上海激光技术研究所打破人员只进不出局面。《文汇报》，1980年8月15日。

只进不出的现状及其危害，大家都承认，也都在议论，但真正动手解决这个问题的并不多。这是因为这涉及人事制度，难度较大。所谓难度较大，一来是因为框框条条多，禁区多，很难突破；二来是怕处理得不好，很容易得罪人。因此，不少单位即使队伍庞大，人浮于事，也是听之任之，不敢动手解决。其实，难与不难是相对的。如果有决心，有勇气，方法对头，难就可以转化为不那么难。……上海市激光所，不怕麻烦，不畏困难，经过深入细致的工作，帮助不适合在本单位工作的科技人员，找到了能够发挥自己专长的合适岗位。这些事例证明，人事这道难题是可解的，不合理的条条框框，是可以逐步突破的。关键在于这些单位的领导，要有一颗爱才惜才之心，要有对四化高度负责的精神，要有敢于改革的勇气。[①]

　　在解决好人事难题后，研究所根据技术应用和产品开发的定位，对研究体制也进行了改革，开始实行科研—中试—服务一条龙的研究体制，通过把好成果鉴定关、做好成果转化衔接工作、积极开展各种技术服务工作，促进了激光技术的应用研究与技术开发，提高了科研成果的利用率。据统计，1979—1983年，研究所共为全国28个省市提供了1200套激光整机或器件，通过包调试、包使用、包维修、包培训的服务方式，推广了激光科研成果，成果应用率从1979年的30%上升到1983年的90%以上，技术服务和激光产品几乎遍及全国所有省、自治区、直辖市。[②] 同时，研究所还承接了一些单位急需的技术应用项目，合同数量逐年增加（1979年2项，1980年5项，1981年12项，1982年增至34项），经济效益也逐年增加，到1983年总收入达400万元。

　　为打破"吃大锅饭"的状态，上海激光技术研究所还积极运用经济规律，"实行技术经济责任制——课题承包，经济核算，定量考核，奖罚分明——从而打破'吃大锅饭'的状态，调动科技人员积极性，加强研究所

[①] 要有敢于改革的勇气（短评）.《人民日报》，1980年8月21日。
[②] 《上海科技》编辑部：《上海科技1949—1984》.上海：上海科学技术文献出版社，1985年，第566页。

的活力"。① 此前，研究所的科研活动依赖"供给制"，研究经费靠国家拨款，"用钱无计划，超支向上要，根本不考虑经济核算，往往花了九牛二虎之力搞出来的科研成果，技术虽然先进，但价格昂贵，工厂伺候不起，结果只好束之高阁。少数科研人员大手大脚惯了，不计成本，不讲效益，甚至有些项目技术经济论证未做，就四处采购设备、材料，结果条件不具备，只好无偿转让出去"。② 为改变这种不良局面，研究所逐步开始了对科研活动全过程（包括研究、试制、推广、设计、加工、测试、技术服务等）的经济核算。1980年，研究所开始实行课题经费核算和行政经费核算，1983年又开展小批量试生产成本核算和委托科研合同的经费核算，积极推行"由事业费开支改为有偿合同制"的经费使用模式，逐步健全了各项财务管理制度，经济效益逐年提高。研究所获得的经济收益，一部分作为拓展科学研究的经费来源，另一部分用来改善职工福利，还有一部分作为课题组的奖励基金。这些措施大大激发了科技人员的动力和热情，给研究所注入了前所未有的活力。

  通过一系列改革，上海激光技术研究所科研水平迅速提高，取得了一系列国内领先的科研成果，如研制出了中国第一套光盘录放系统③④⑤、激光多普勒测速仪、激光大屏幕显示器、大功率氦氖激光器、手提式高功率CO_2激光器等。据统计，1979—1983年，上海激光技术研究所共取得科技成果110项，获科学院、部级、市级重大科技成果二等奖以上的有6项，三等奖13项。与此同时，研究所还为基层单位提供了急需的激光热加工、激光测试等技术支持。据统计，研究所1981年为用户提供了116项激光热加工服务和22项激光测试服务，1982年为全国24个省区市216个单位提供了113项激光热加工服务，解决了诸如心脏起搏器密封焊接、红宝石

---

  ① 顾九纲，胡孝葆：从研究所到技术开发中心。见：中国经济体制改革研究会编，《联合改组与专业化协作经验选编》。北京：机械工业出版社，1984年，第213—223页。
  ② 大江，尧民：加强研究所经济核算的一些做法。见：上海科学学研究所主编，《科技管理五十例》。北京：世界科学社，1982年，第49—54页。
  ③ 雷仕湛：《中国激光史录》。上海：复旦大学出版社，2016年，第422页。
  ④ 屈景富：《现代信息技术》。北京：兵器工业出版社，1997年，第48页。
  ⑤ 李玉凤，马海群等：《信息管理学概要》。西安：西安出版社，1997年，第363页。

切割落料、用于对进口卫星内部陀螺工作原理进行分析的激光打孔等一系列关键技术问题，还为一些单位小批量提供了金项链激光自动焊接机、拉丝模激光加工机、湿式电磁铁组件激光焊接机、水钻镀膜机等多种激光产品。

王之江在上海激光技术研究所主导的改革得到了国家有关方面和上海市的充分肯定。鉴于该所改革成效显著，上海市科学技术委员会等有关部门在1983年4月13日决定在上海激光技术研究所等6个研究机构实行科技承包责任制试点改革，该事件后被编入《共和国日记》一书。[1]

兼任上海激光技术研究所所长期间，王之江还在研究生招生、《应用光学》杂志创刊、职称评定、科研成果评定等方面做了大量工作，促进了研究所的良性发展。谈到研究生的培养，时任业务副所长聂宝成至今还非常感叹当时王之江的学术影响，他说："1978年全国第一次大范围招研究生，我们地方研究所是没有指标的，我们就以他任所长的名义招收研究生。当时我们所条件有限，指导老师也不多，不能招太多，所以我们当时设想招5个就可以了。但是他的声誉在激光界太高了，影响很大，来报考研究生的很多，有36个人。经过考试，最后录取了6个人，录取比例是6∶1，当时他所在的上海光机所的录取比例也仅仅是2∶1。"[2]

王之江为上海激光技术研究所所作的贡献得到了当时广大职工的充分认可，2019年，上海激光技术研究所的部分退休职工专门为他举办"贺王之江90华诞"活动，并在活动后制作了宣传网页。该宣传网页高度赞扬了王之江为该所所作的贡献，并在文末写道："王之江先生任职十年间，激光所由一个处级单位升格为副局级单位，表明了上级组织的认可。王之江先生任职的十年，是激光所成长、发展和繁荣的十年，是激光所历史光辉的一页。"

---

[1] 《共和国日记》编委会：《共和国日记1983》。郑州：河南人民出版社，2020年，第169页。

[2] 苏瑞常：调整科技队伍，做到人尽其才——上海激光技术研究所打破人员只进不出局面。《文汇报》，1980年8月15日。

图 11-4　上海激光技术研究所老同事贺王之江 90 华诞合影照
（前排左一沈冠群，左三王之江，左四聂宝成）

第十二章
推进激光实用化 再讲光学设计课

20世纪90年代，王之江始终关注着半导体激光泵浦固体激光器的国际发展趋势。2000年，王之江在上海光机所领导开展光纤激光器研究，并很快取得突破，引领了国内光纤激光器研究的快速发展。同时，他还积极投身于各种科学活动：曾任职深圳大族激光科技产业集团股份有限公司副董事长兼总工程师，在上海光机所开设光学设计讲习班，向上级部门提交"尽快开展极紫外光刻技术研究""及早建设太阳能热电站的建议"等科技发展建议。王之江将自己的余热奉献给了中国的科学技术事业。

开展半导体激光泵浦光纤激光器研究

20世纪80年代，随着半导体激光泵浦技术和低损耗光纤加工技术的成熟，光纤激光器在90年代末成功实现了数十瓦的激光输出。当时，王之江虽然已退休多年，却一直关注着激光科学的国际发展趋势，在看到国外光纤激光器的最新研究进展后，他认为这种激光器很有希望实现激光的高亮度输出，有望在工业加工、激光武器等方面得到广泛应用。2000年秋，他开始在上海光机所领导开展半导体泵浦光纤激光器的相关探索。

谈及领导开展高功率光纤激光器研究的原因，王之江说：

我在20世纪90年代开始就在思考，从梅曼的世界上第一台红宝石激光诞生到现在，能够产生激光的方法可能有上千种，但是真正有用的激光其实只有几种，为什么？实际上，几种有用的激光最主要的特点是转换效率高。在所有激光器中，转换效率最高的是半导体激光，但半导体激光本身也存在本质上的缺陷，就是它的亮度太低，输出功率太小，一般只有几十毫瓦。但是，大家都知道，用激光去泵浦一个物体再产生激光也是一种好办法，就是说用半导体激光去让另一个物体来产生激光，可能是比较好的一个技术路线。于是，我就做了一些调查研究，看看用半导体激光泵浦固体产生激光能够做到一个什么样的水平，看看该怎么做。这个反映在我2004年发表的一篇文章中，这篇文章实际上是做了很多年调查研究的一个结果。我在这篇文章中下了一个结论，就是半导体泵浦光纤激光可能是最好的一种。现在证明这个结论是正确的，事实上现在半导体泵浦光纤激光已经是占了半壁天下了。①

实际上，从1992年退休时起，王之江就开始了半导体激光器泵浦固体激光器的相关探索，并很快提出了几种

图12-1 王之江（左）与楼祺洪（右）赴美国参加国际学术会议合影

---

① 王之江访谈，2019年11月6日，上海。资料存于采集工程数据库。

半导体泵浦固体激光器的技术方案，其中有三种分别于1993年、1994年、1996年申请了国家专利（"用半导体激光产生强照明的方法和系统"）。其后，他开始了将半导体激光泵浦技术应用于高功率光纤激光器的探索，并于1999年成功申请了"大功率高效包层抽运光纤激光器""大功率二极管抽运固体激光器的光学耦合系统"两项美国专利。这一系列专利的完成，标志着王之江自主体系的研制半导体激光泵浦光纤激光器的技术方案已经成熟。2000年，王之江向上海光机所时任所长徐至展申请了一笔经费，并请徐至展安排一名科研人员主持半导体激光泵浦光纤激光器研究，徐至展亦立即安排了一名科研人员来从事这项工作。王之江退休后大部分时间生活在美国，只在每年秋季到上海光机所开展相关研究的指导工作。2001年他回到上海光机所后，发现这名科研人员"不争气，做了一年，啥也没干，对我们的工作影响很大，因为一年其实可以做很多工作"。事实上，2000年是光纤激光器研究在国际上刚刚抬头的时候，一年的延误一下子拉大了他们与国际同行之间的差距。于是，王之江赶紧找到楼祺洪来主持这项研究。不久，楼祺洪、周军开展的半导体激光泵浦光纤激光器研究就取得了一系列突破性进展。

与此同时，王之江还指导他的长子王颖在美国开展了这项研究。1996年，王之江的女儿王征和儿子王颖在美国加利福尼亚州尔湾市成立阿波罗仪器公司（Apollo Instruments, Inc.），主要开展光学、光学设计、光机械设计、激光设备和应用，以及成像采集和处理等相关产品的开发。在王之江的建议下，阿波罗仪器公司也开展了半导体激光泵浦光纤激光器相关产品的研发，生产出了光纤耦合半导体激光器、半导体激光驱动器等一系列高技术产品。他们于2000年研发的高亮度半导体激光器实现了当时世界上最高亮度的激光输出，为实现光纤激光器的高功率输出奠定了关键技术基础。

在半导体激光泵浦光纤激光器研究中，半导体激光器与光纤激光器的耦合系统在整个研究工作中尤为关键。由于用于泵浦光纤激光器的高亮度半导体激光器输出的是非准直光，发散角达40°，很难耦合进入直径很小的光纤，必须要将发散的半导体激光整形成准直光才能使其高效率地进入

图 12-2　王之江与光纤激光课题组成员合影
（前排左二楼祺洪，左三王之江）

光纤，从而达到泵浦光纤激光的目的。[1] 其中，光束整形工作难度很大，为此，王之江参与提出了几种光束整形的技术方法，并将"光耦合系统"（2001 年）、"大功率高效包层抽运光纤激光器"（2001 年）、"包层抽运光纤激光器"（2002 年）这 3 种技术方案申请了美国专利。这些专利提供的技术方案至今仍然是制造高亮度光纤激光器的少数几种最具国际竞争力的技术路线。

在王之江的指导下，上海光机所研究团队于 2003 年 11 月 20 日成功研制出输出功率为 107 瓦的高功率掺镱双包层光纤激光器，该成果是当时国内该领域最优异的研究成果之一。该激光器与普通激光器相比，功率消耗低，寿命是其他普通激光器的几十倍，应用前景非常广阔。[2] 2009 年，上海光机所研制的半导体激光泵浦光纤激光器输出功率达到 1774 瓦，为当

---

[1] 王之江：半导体激光泵浦固体激光器进展。见：舒美冬：《王之江科研生涯》。上海：中国科学院上海光学精密机械研究所，2015 年，第 320-359 页。

[2] 李德洙：《中国民族百科全书 2》。西安：世界图书出版公司，2015 年，第 519 页。

时国内该类激光器输出功率的最高值。

2007年9月26日，为促进中国高功率光纤激光器更快发展，上海光机所发起并承办了"高功率光纤激光器及其应用发展"学术研讨会，王之江亲自担任本次研讨会的执行主席。研讨会上，来自清华大学、国防科技大学、中国工程物理研究院等11个研究机构的学者，以及科技部、自然科学基金委、中国科学院高技术局相关专家，对上海光机所"高功率掺镱双包层光纤激光器"获得千瓦输出成果给予了充分肯定，并提出了很多促进国内该项研究快速发展的建议。

图12-3 2005年光纤激光器研究获上海市科学技术进步奖二等奖

经过近20年的发展，目前高功率光纤激光器以其效率高、散热特性好、光束质量好、结构简单、体积小、重量轻、坚固性好等优点，被广泛应用于工业加工、医疗、遥感、国防、科研等各个领域，成为实用化最高的一种激光器。[1] 特别值得一提的是，高功率光纤激光器在战术性激光武器应用方面实现了突破性进展。据报道，进入2010年后，美国海军曾多次使用光纤激光系统击毁过无人机、炮弹、小型舰艇等目标。德国莱茵金属（Rheinmetall）公司于2012年推出了一款输出功率达50千瓦的双管激光系统，并在演示实验中击毁了无人机、炮弹等目标。上海光机所和中国工程物理研究院等单位合作也于2014年成功研制出"低空卫士"高功率光纤激光系统，该系统发射功率近万瓦，在演示实验中成功击落了固定翼、多旋翼、直升机等多种小型航空器30余架次，击落率为100%。[2] 在化学激光器、自由电子激光器等传统激光器体积庞大等固有缺点无法克服的背景

---

[1] 中国国防科技信息中心：《军用电子元器件领域科技发展报告》。北京：国防工业出版社，2017年，第237-238页。

[2] 楼祺洪，张海波，袁志军：光纤和光纤激光器。《科学》，2018年第70卷第2期，第2，4，32-37页。

下，光纤激光器为激光武器应用提供了一条全新的技术路线。

正是基于光纤激光器近年取得的这些进展，王之江认为自己晚年做的最具价值的研究就是光纤激光器研究。所以，在回顾自己晚年的科学活动时，他说："我后期的科研工作，最有价值的是建议把半导体泵浦固体激光器作为一个主要方向来做。"[1]

回顾自己领导半导体激光泵浦光纤激光器研究的过程，王之江感到十分幸运，因为他开始这项研究时及时获得了上海光机所等方面的资金支持。实际上，当时的光纤激光器研究在国际上尚处于摸索阶段，非热门研究，能够及时获得支持，实属不易。回顾这段历史，他感慨道：

在中国，假如我看到一个课题应该可以做的，但不见得就能够拿到钱来真正去做这个课题。即使能够拿到资助，等到拿到一笔钱来，中间通常要经过很长很长的时间，往往会因此失去最好的发展时机。所以，在我们的科技体制下，一般很难作出创新的工作，这反映出我们的科技体制是有问题的。

在这样的科技体制下，研究课题基本上是外国人做过的东西拿过来再来做一下，很难做出来创新的工作。为什么呢？你去申请课题，假如是外国人没有做过的，你申请能通得过吗？多半是通不过的。而且，一个好想法，一旦去申请，别人就知道了，很多人也因此不愿意去申请课题。所以，中国没有多少创新的工作，根本上是中国科技体制的问题。[2]

关于如何促进科技创新，王之江非常推崇美国贝尔实验室的运行机制，他说：

我20世纪70年代末去参观美国贝尔实验室，我了解到他们有个部门是没有课题的，科研人员做什么都行，当然也不是所有的部门都

---

[1] 王之江访谈，2019年11月6日，上海。资料存于采集工程数据库。
[2] 同[1]。

如此。在那里，部门给你一笔钱，你自己想想该做什么，然后就去做什么。这么一个制度，让他们真正发挥出了创造性，所以他们能够有许多创新，贝尔实验室大概是美国获得诺贝尔奖最多的一个私人企业。相比贝尔实验室，中国现在的科技体制是不适合创新的。[①]

兼任大族激光副董事长、总工程师

2002年，王之江接受大族激光科技产业集团股份有限公司（简称大族激光）董事长高云峰邀请，到大族激光访问，并出任大族激光副董事长、总工程师。2002—2008年，在大族激光任职期间，王之江根据激光产业的国际发展趋势和公司实际，为公司的长远发展提出了诸多建议，并亲自指导公司科研人员开展技术研发，对大族激光的转型升级产生了深远影响。

大族激光，是高云峰于1996年创立的一家民营企业。经过多年发展，到2001年，该公司已发展成为全国乃至亚洲最大的激光信息标记设备制造商。2002年，该公司的主营业务收入达1.66亿元，占据市场份额的71.96%，在国内激光产业市场中居于垄断地位。[②] 虽然如此，由于当时大族激光主营的是打皮革、塑料、亚克力的激光打标机，所销售的激光器是低端的CO_2激光器、YAG激光器，功率都在200瓦以下，而当时国外同类企业已经在生产功率超过万瓦的多种类型的先进激光器，光纤激光器也开始进入实际应用阶段。同时，当时大族激光的产品生产还处于系统集成阶段，所有激光器件都是从一些研究所或工厂购买的，工厂的生产活动集中于器件的组装、集成，尚未开始自主技术研发。因此，相比国外同类企业，大族激光的发展尚处于比较低级的初级水平。

[①] 王之江访谈，2019年11月6日，上海。资料存于采集工程数据库。
[②] 张玉明等:《中国中小上市公司成长报告2011年度》。济南：山东人民出版社，2011年，第320页。

图12-4 王之江在指导大族激光研发
（左二高云峰，左四王之江。2003年7月）

图12-5 2004年6月大族激光上市路演董事会合影
（左三王之江，左四高云峰）

有感于国内激光产业的落后状态和大族激光的发展现状，王之江于2002年9月接受高云峰的聘请，兼任大族激光副董事长、总工程师，目标是"想对大族今后的发展能够有所帮助"。到任大族激光后，王之江首先向高云峰等企业领导层介绍了国际上激光技术应用的最新发展和一些国外先进激光企业的生产情况，指出了大族激光存在的问题，并提出了企业未来的发展方向。

回忆当时的情景，大族激光副董事长张建群至今仍非常感慨，他说："他（王之江）当时给我们讲的一些话，我到今天还记得很清楚，那时我就很震惊。他说，现在国际上应用的激光都有几万瓦了，我们国家，特别像你们，你们现在只有200瓦。"那时我们的CO_2激光器才做到200瓦，他说，这个差距很大，要多与国际交流，应该往大功率方向走。

他给我们讲要做大功率激光，包括超快激光、绿光、紫外、倍频，包括做皮秒、飞秒，我觉得他这个预见性非常强。他说，这些国外都有应用，你们可能不知道。我们当时确实不知道，哪懂这些东西，我们连固体都做不好，连CO_2激光器都是到处买。

他的建议对我们企业的发展起到了很关键的作用。我们那时候是没有方向感的，觉得搞点机器卖就行了，企业赚点钱，能把我们当时几百号人养活就可以了。王院士到这儿来后，他给我们讲了一些他的思路想法，应该怎么发展，国外是什么情况，应该怎样跟国外交流，怎样去参加展会。这从精神上、整个方法论上给我们的启发非常大，给我们指明了方向，我们都受益匪浅。所以这么多年下来，我们都很感激他。①

在王之江的影响下，大族激光开始开展技术研发，开始建立公司自己的激光器生产车间。公司研发人员最初从打标机所用激光器的自主研发与生产入手，开始了激光器件的技术研发。由于研发人员绝大多数是半路出家，基础薄弱，王之江就以"怎样搞好公司的研发工作"为题专门为他们开设讲座，向研发人员全面介绍了技术研发的过程和规律——从技术研发前的信息收集，到技术研发的具体步骤，再到激光腔的设计和光束质量测试等一些具体技术细节，并特别强调要加强四个方面的工作："一、将

图 12-6　王之江与母国光、刘颂豪、高云峰等人合影
（前排左起：顾美玲、王之江、母国光、刘颂豪、刘应力、曹健林；后排左二高云峰。2003 年 9 月）

---

① 张建群访谈，2023 年 5 月 11 日，深圳。资料存于采集工程数据库。

设备开发与研究加工规律分开进行；二、要有专人负责打通各种信息渠道；三、加强检测，制造设备；四、要做好实验记录，要保持记录的完整性。"① 在王之江的指导下，大族激光很快步入了自主研发的发展轨道。

在指导大族激光进行技术研发的过程中，王之江经常下到工厂车间一线进行指导。受聘大族激光期间，王之江每年至少两次到公司进行指导工作，"到深圳的第二天，他（王之江）就到我们实验室，到车间现场做指导，现场讲解，孜孜不倦，可以说是从早到晚，我们都累的不行了，他还坚持在现场指导。王院士非常谦虚，一点儿架子都没有，跟我们生产人员有说有笑的。"②

在这个过程中，王之江就谐振腔的光学设计、激光光束质量的改善、激光效率的提高等很多问题给研发人员提出了具体指导意见，促进了研发人员的快速成长，使大族激光很快具备了自主研发激光器及其部件的能力，并逐步建立了公司自己的自主知识产权体系。据统计，在王之江任职的 6 年间，大族激光在 2004 年开始申请专利，专利申请数量逐年上升，到 2007 年专利申请数量达 211 件，2008 年为 200 件，③ 企业研发能力得到了显著提升。

在开展技术研发的同时，公司董事长高云峰还接受王之江的建议，开始与国外著名激光企业进行交流，积极引进国外先进技术。2009 年，大族激光与美国著名激光公司阿帕奇（IPG）达成战略合作协议，公司通过购买美国阿帕奇的光纤激光器来引进光纤激光器生产技术，目前已能够自主生产出功率达到 20 千瓦的光纤激光器。

2008 年，王之江结束了在大族激光的任职，但其国际化的视野和注重技术开发的思想对大族激光的长远发展产生了深远影响。目前，大族激光公司有员工 15000 多人，其中专业从事技术研发的科技人员 5200 多人，拥有 6962 项有效知识产权，多项核心技术处于国际领先水平，成为与德

---

① 王之江：怎样搞好公司的研发工作。《大族人》年刊，2004 年，第 19 页。
② 张建群访谈，2023 年 5 月 11 日，深圳。资料存于采集工程数据库。
③ 张玉明等：《中国中小上市公司成长报告 2011 年度》。济南：山东人民出版社，2011 年，第 320 页。

国通快（Trumpf）、美国阿帕奇齐名的当今世界三大激光加工设备生产厂商，在智能制造装备及其关键器件的研发、生产方面具备从基础器件、整机设备到工艺解决方案的垂直一体化优势，公司获得了国家重点高新技术企业、国家级创新型试点企业、国家科技成果推广示范基地－重点推广示范企业、广东省装备制造业重点企业、深圳自主创新领军企业等一系列荣誉，一些主要科研项目被认定为国家级火炬计划项目。[①]从这个意义上说，王之江实现了当初受聘大族激光"想对大族今后的发展能够有所帮助"的设想。

再讲光学设计课

2004年，在上海光机所成立40周年之际，王之江接受时任所长朱健强的建议，在74岁高龄时再次开办光学设计培训班，且连续10年亲自参加相关培训工作，为国家培养了大量高级光学设计人才。

王之江2004年再次开办光学设计讲习班时，光学设计工作已随着计算机的发展发生了翻天覆地的变化：绝大多数工作都可借助光学设计软件来完成，且功能十分先进，不仅可以进行成像质量的计算和分析，还可以通过内定目标函数调出、限制边界条件进行结构优化，并可以进行公差计算等，甚至可以根据几个系统参数自动进行光学设计。但是，任何光学系统都不可能把所有像差都校正到理想状态，即使是计算机的自动设计也是如此。因此，在利用计算机的优化技术来自动平衡光学系统的像差时，光学设计者仍然需要具有扎实的光学设计理论，以便能够根据像差理论对系统提出尽可能合理的像差参数。"如果（参数）要求提得太多，且提出了矛盾的要求（例如同时提出正弦条件和赫谢耳条件），就可能产生'病态'

[①] 陈碧艳：大族激光科技产业集团股份有限公司简介。2023年5月18日，未刊稿。资料存于采集工程数据库。

方程，使自动平衡不能顺利进行"。① 因此，"对于一个优秀的光学工程师，应该说没有像差理论做基础是没有生命力的，如果没有像差理论的指导，设计过程中的参数选取和调整也是盲目的"。② 正是基于光学设计基础理论的重要性，王之江很快答应了朱健强开办光学设计讲习班的建议。

2004年5月10—17日，经中国科学院人事教育局批准，首届"中国科学院光学设计高级讲习班"在上海光机所正式开班，王之江负责主讲，吸引了国内光电企业以及部分高校、研究所的230多名专业人员参加。在讲习班上，王之江首先讲解了高斯光学、像差理论、常见光学系统的结构、成像质量的计算与分析等基础理论，然后指导学员运用光学设计软件进行结构优化和公差计算等基本操作，最后通过单透镜（焦距控制、视场选择、目标选择）、消色差透镜组（色差和玻璃、校正色差的可能性）、非球面单透镜（优化步骤的影响）、高倍显微镜、双高斯物镜等设计实例帮助学员理解光学设计的基本理论。这种理论讲授和实例分析相结合的教学思路，使学员对光学设计理论有了更加深入的理解，提高了他们分析问题和解决问题的能力。

在授课过程中，王之江特别强调设计思想的重要性，他说："设计软件能起很好的辅助作用，但并不决定设计结构的好坏，最终决定光学结构好坏的是软件无法替代的设计思想。单凭设计软件，不可能设计出高水平的光学系统，这是因

图 12-7 王之江为光学设计讲习班学员授课（摄于 2005 年）

---

① 谢婧，王晓峰：光学设计，现代光学仪器的灵魂——资深光学设计专家王之江院士访谈.《激光与光电子学进展》，2008年第12期，第68-70页。

② 朱健强：《光学设计》（讲义）序言. 见：王之江，《光学设计（讲义）》。上海：中国科学院上海光学精密机械研究所，2004年，序言。

为软件无法掌握人改变结构的思想。但从光学仪器系统发展的历史来看，各种光学系统和结构的出现，并非理论推导的结果。光学设计需要灵感，它更像一种高于技术应用的艺术创作，这种创作灵感是计算机目前无法掌握的"。①

在培训过程中，王之江还专门针对学员提出的具体问题进行面对面交流、答疑。经过理论学习和面对面交流，学员们不仅学会了光学设计的一些方法和技巧，部分学员还解决了困扰他们多年的光学设计难题。更重要的是，这些活动深化了学员对光学设计基础理论的认识，开阔了他们的视野，学员们都表示受益匪浅。②长春一家机构的负责人表示："该课程的实用性非常强，我们单位已经将上海光机所光学设计讲习班作为培训基地，以后只要有工作需要，我们就会派人过来学习"。③为了深度发挥讲习班的作用，上海光机所特意将王之江的授课过程进行全程录像并刻录成光盘，分发给学员们自主学习。

在连续主讲两届讲习班后，考虑到王之江年事已高，体力上难以支撑连续几天的授课工作，朱健强、范正修、徐文东、黄惠杰、齐红基等逐渐接替了他的主讲任务。虽然如此，王之江仍然坚持参加讲习班学员的答疑等面对面交流活动，将自己几十年的光学设计经验毫无保留地传授给众多学员。

经过几年的培训，王之江开创的这个光学设计高级讲习班产生了非常广泛的社会影响，并逐渐发展成为中国科学院的品牌培训活动之一。2007年10月，在第四届光学设计讲习班开班之际，中国科学院人教局专门在上海光机所召开现场经验交流会，并将该讲习班确定为中国科学院的品牌培训活动之一，培训成绩合格的学员将获得中国科学院授权颁发的结业证书。参加第四届光学设计讲习班的学员，既有来自长春光机所、中国科学

---

① 谢婧，王晓峰：光学设计，现代光学仪器的灵魂——资深光学设计专家王之江院士访谈。《激光与光电子学进展》，2008年第12期，第68—70页。

② 王伟之：重思想 求实践 促交流——中科院上海光机所光学设计周专题报道。《激光与光电子学进展》，2008年第11期，第76—78页。

③ 朱俊刚，王伟之，汤超：名师授课 品牌凸显——中科院上海光机所光学培训月进行中。《激光与光电子学进展》，2009年第11期，第112—113页。

图12-8 王之江为学员解答疑难问题（2011年）

院光电技术研究所、西北核技术研究所、上海技术物理研究所、中国兵器工业第二〇五研究所等专业研究机构的学员，也有来自中国科学技术大学、哈尔滨工业大学、华南师范大学、厦门大学、南昌大学等著名高校的学员，还有来自大族激光、宝钢集团、三洋光部品（惠州）有限公司、苏州一光仪器有限公司等国内著名企业的学员，参加人员有92名之多，其广泛的社会影响力由此可见。

2013年，已到耄耋之年的王之江结束了为期10年的光学设计讲习班活动，但他开创的这个讲习班活动作为中国科学院的一个著名培训品牌活动被上海光机所继承了下来，每年10月会准时开班，直到现在仍未中断，已成为国内光学领域最具影响力的培训活动之一。

第十三章
言传身教育子女　儿孙满堂享天伦

王之江育有子女三人。长女王征，获美国阿拉巴马大学亨特斯维尔分校硕士学位。长子王颖，获中国科学院上海有机化学研究所博士学位，后分别在瑞士日内瓦大学、加州大学洛杉矶分校做博士后。次子王庆，获美国得克萨斯大学博士学位。子女三人均学有所成，除了他们的自身努力，王之江的言传身教产生了重要影响。

指导子女读书

在子女读书的那段时间，王之江要么忙于"640-3"工程，要么被批斗、隔离审查，很难有时间指导孩子的学习。但是，王之江本人良好的读书习惯对子女产生了潜移默化的影响，让他们觉得读书很重要。在接受访谈时，王之江的长子王颖说："我爸这个人是一直在看书的。我们在1964年搬到上海时，我才上一年级。我记得，那个时候只要一出门碰到所里的人都问：你爸是不是又在看书？他那时一直在算东西，一直在看书，没有任何娱乐，也不休息。……他的这些习惯，让我们三个小孩子都觉得读书是很重要的,觉得应该认真学习。"①因此,王之江的三个子女学习都非常努力,特别是长女王征,她在农村插队期间,白天下地劳动,晚上就躲在蚊帐里读书。在"文化大革命"时期,晚上躲在蚊帐里看书毫无意外地被看成另类,王征因此被同宿舍的一位女孩举报,举报她晚上看书、不睡觉,以至于王之江夫妇也被批,批判他们鼓励子女读书。

除了潜移默化的影响,王之江也会在关键的节点给孩子们以学习上的指导,引导他们读书。1965年,在王颖刚上小学二年级时,王之江趁到北京出差的机会,给他买了刚刚发行的一套《十万个为什么》。②这套书对王颖的成长产生了比较深远的影响,所以到现在他还记忆犹新,"那时'文化大革命'还没开始,当时他买给我一套《十万个为什么》,是一天的半夜从北京出差回来,就拿着这套书给我,我印象特别深刻。这套书我到现在还留着"。③1977年恢复高考时,为了帮女儿王征和小儿子王庆复习迎接高考,王之江抽出一些时间给他们讲解高等数学等知识。这些指导都对子女的成长产生了积极影响。

在姐弟三人中,王颖是受王之江影响最大的一个。1974年,王颖高中毕业后被分配到了南京焦化厂炼焦车间当工人,具体工作是站在炼焦炉顶当炉顶工,指挥几个大型设备出炉。在了解到王颖的工作后,王之江就给他寄了一些炼焦和相关设备的资料,并告诉他:"你在学校里没学到什么东西,你对这个可能不懂,但是你要啃一啃,得想办法学一学"。④这些资料"是苏联人编写的焦炉资料,纸都黄了,是油印的,不知道他(王之江)是从哪里找来的"。⑤王颖的中学阶段正值全国大、中、小学都在"停课闹革命",学校的教学活动极不正常,他在学校里并没学到多少知识,不过父亲的督促,还是让他硬着头皮去学习那些材料。"虽然看那个东西看得

---

① 王颖访谈,2020年10月11日,上海。资料存于采集工程数据库。
② 《十万个为什么》第一版是由少年儿童出版社(上海)于1961年出版发行,共8册。王之江送给王颖的《十万个为什么》共14册,是少年儿童出版社于1964年出版发行的第二版。
③ 王颖访谈,2020年10月11日,上海。资料存于采集工程数据库。
④ 同③。
⑤ 同③。

很苦，但还是看出点思路来了"，① 当时王颖还根据自己的理解建议车间领导进行技术革新。由于在南京梅山焦化厂表现优秀，王颖 1976 年被推荐到上海第一医学院上大学。

得知王颖要去读大学，王之江又给他写了一封信。信中王之江告诉王颖"你要努力学习知识，不要浪费自己的时间"。"这封信对我的影响是非常大的"，② 王颖在回忆时说。因为这封信，王颖在进入大学后，把所有时间都花在了学习上，每天晚上都学习到很晚才回宿舍休息，周末也不怎么回家。

在大学期间，王颖学习很努力，但不是死读书，非常注重学习方法，这也是受父亲王之江的影响。"他跟我说，读书要注意学习方法，你不需要一定要把某个东西学成什么样，懂了就行了。有了方法学东西就会不累，很多人觉得学化学好难，但其实还好，也不需要死记硬背，原理清楚了，其他就很简单了。光学也是一样，你搞清楚了原理，就没有什么难的了。"③

大学毕业以后，王颖考上了中国科学院上海有机化学研究所的研究生，博士毕业后又去了瑞士、美国做博士后。王颖本科读的是医药，研究生读的是有机化学，在瑞士日内瓦大学做博士后进行的是青蒿素衍生物的研究，在美国加州大学洛杉矶分校进行化学合成和理论化学研究，其后在一家公司进行特种高分子材料和催化剂研究，在每个阶段都有研究上的突破。学业上能取得这些成就，王颖认为父亲对他的影响是其中一个主要因素。他说："尽管他平时好像不把你当回事，细节上不怎么管你，但他心里是很关心你的。他非常忙，只会在大方向上指导你，怎么读书、怎么学习，给你指点指点，我觉得这个对我来说影响是相当大的。"④

---

① 王颖访谈，2020 年 10 月 11 日，上海。资料存于采集工程数据库。
② 同①。
③ 同①。
④ 同①。

助力长子成为激光专家

1996年，王之江的女儿王征在美国加利福尼亚州尔湾市创建阿波罗仪器公司，主要进行光学仪器的开发和产业化生产。公司创建之初，王颖利用自己多年在公司的工作经验，为姐姐王征创立公司提供了许多技术上的支持。1998年，王颖决定辞去原来的化学研究工作，正式加入姐姐的公司，负责公司的技术开发工作。

决定从自己熟悉的化学领域转行到激光技术开发，王颖坦言是受父亲王之江的影响。他说：

我当时的决定，很重要的一个原因，是因为我爸。我想，我爸一辈子做过那么多光学设计，做了那么多研究，但是他的那些东西好像很少能够变成一个产品卖到社会上去，很少被产业化。而且，我看了他的一些设计，我觉得很先进、很高端，但是没有产业化，很可惜。他是没有杂念、一个完全不为名不为利的人，就是搞研究。像他搞光学的人，设计了那么多镜头，自己连一个照相机都没有。……所以，我就想能不能把他的一些想法变成产品。因为我在很多公司里待过，干过很多行业，对产品研发的过程是了解的，对材料的化学性质、物理性质、包括光学的东西都是了解的，我觉得我可以把他的想法变成产品，所以就下决心，从公司辞职出来。所以，我开这个公司，实际上也是想给我爸争点光。[1]

在姐弟俩开办公司的过程中，王之江利用自己对光学发展趋势的敏锐洞察力和光学专业知识为公司的发展提供很多有价值的建议和技术支持，为公司的快速发展作出了重要贡献。

---

[1] 王颖访谈，2020年10月11日，上海。资料存于采集工程数据库。

王之江自20世纪90年代初就开始关注半导体激光器研究，并且申请过3项关于半导体激光器泵浦技术的国家专利，他非常看好半导体激光器的发展，所以建议阿波罗仪器公司开展高亮度半导体激光器的研发与生产。在王之江的建议下，阿波罗仪器公司从1998年开展高亮度半导体激光器、高功率光纤激光器的产品开发。在半导体激光器等高技术产品的研究与开发过程中，王之江在研究方法上的点拨，让王颖从一个化学家变成了一个激光技术专家。

在王之江的指导下，王颖在1999年完成了"大功率二极管抽运固体激光器的光学耦合系统"和"大功率高效包层抽运光纤激光器"两项美国专利成果，2001年和2002年完成了"光耦合系统""大功率高效包层抽运光纤激光器"和"包层抽运光纤激光器"等系列美国专利成果，为高亮度半导体激光器、高功率光纤激光器的技术突破奠定了坚实的理论基础。谈及这些专利，王颖十分肯定父亲王之江的贡献，他说："这些专利，我爸有很多贡献，所以我每一个专利都把他的名字写上了。他确实在这个里面起了很多作用，给我们的想法做了一些纠正。"[1]

2000年，凭借"大功率二极管抽运固体激光器的光学耦合系统"专利和自己长期从事化学研究的优势，王颖成功申请到了几个光学与化学结合的美国政府资助的项目。借助这些项目，他们很快研制出了一款高亮度半导体激光器，并成功生产出产品。接

图13-1 阿波罗仪器公司荣获美国2003年度光电子领域卓越产品奖

---

[1] 王颖访谈，2020年10月11日，上海。资料存于采集工程数据库。

着其公司在半导体激光平台专利的基础上又推出了数款高亮度半导体激光器件产品。由于在技术开发中充分考虑了光学设计、机械设计、热管理和高功率光纤技术等，他们公司的产品得到了业内的好评，在行业内具有非常高的知名度。

由于这些半导体激光器非常先进，在先进制造、科学研究等方面有广泛应用，市场需求非常旺盛，阿波罗仪器公司因此荣获美国2003年度光电子领域卓越产品奖（Photonics Circle of Excellence Award）。

在王颖研发出高亮度半导体激光产品后，王之江看到了其对光纤激光器研究的价值，认为用其作为高亮度泵浦源能大幅提高光纤激光器的输出功率。当时，国际上最先进的光纤激光器的输出功率尚不足百瓦，王颖公司生产的激光器有广阔的发展前景，王之江建议他抓紧进行光纤激光器的研发。谈及此事，王颖说："我们2000年开始卖高亮度半导体激光器产品，当时刚好是光纤激光器开始抬头，那个时候我爸就建议我们做光纤激光器，说这个东西肯定有未来，现在证明他眼光非常好。"①

与此同时，王之江开始在上海光机所布局光纤激光器的相关研究，请楼祺洪牵头开展相关工作。在楼祺洪的主持下，上海光机所的光纤激光器研究很快就取得了突破。上海光机所研究小组利用王颖研发的高亮度半导体激光器作为泵浦源，分别于2003年、2007年实现了光纤激光器100瓦和1000瓦的高功率输出，引领了国内光纤激光器的快速发展。受上海光机所该项研究的影响，清华大学、天津大学、西安光机所、兵器工业部等国内一些单位也开始开展光纤激光器的研究，在国内掀起了研究光纤激光器的热潮。

2013年，凭借在高亮度激光器方面的技术研发优势，王颖应邀作为特聘专家回国工作，致力于将他们具有自主知识产权的阵列半导体耦合技术国产化，面向市场应用研发高功率和高亮度激光产品，以推动国内高功率激光器关键技术的突破。

---

① 王颖访谈，2020年10月11日，上海。资料存于采集工程数据库。

乐享天伦

由于子女都已定居美国，退休后的王之江和妻子顾美玲基本上在每年秋季到上海光机所参加所里的一些活动，其余多数时间是和儿女们一起乐享天伦。

虽已退休，王之江还一直保持着读书的习惯，基本上都是在家看书，很少出门，妻子顾美玲则牺牲了自己的诸多个人爱好，全身心地照顾他的日常生活。实际上，自从他们结婚起，顾美玲为了王之江就一直在作出个人牺牲。在婚后的前20多年，王之江多次受到不公正待遇。顾美玲除了在生活、家庭方面消除王之江的

图 13-2　王之江荣获 1997 年度何梁何利基金科学与技术进步奖

后顾之忧，还要找各种关系为他求情。在这期间，她也经常会受到牵连而被批判，但她一直都无怨无悔，给王之江坚定的支持。到了美国，顾美玲依然以王之江为中心，"把自己的所有快乐全部让位"，[1] 全心全意照顾着王之江的生活。顾美玲非常喜欢旅游，经常和儿女说要跟着他们到世界各地旅游，但是王之江喜欢安静的生活，基本上就是在家读书，几乎没有任何其他爱好。王之江退休前经常到国内、国外参加学术活动，也从不参加主办方安排的参观活动，往往是会议的合影照片中有他，但会议主办方安排的旅游照片里却看不到他。因此，很多时候顾美玲很想跟着儿子到世界各地旅游，"但是她放心不下我爸，她不在家，我爸吃饭怎么办？洗衣服怎么办？生病怎么办"？[2] 所以，无数次说好跟着儿子、女儿出国旅游，到最后都会因为王之江不愿意出门而放弃。顾美玲喜欢养猫、狗等宠物，但王之

---

[1] 王颖访谈，2020 年 10 月 11 日，上海。资料存于采集工程数据库。

[2] 同[1]。

图 13-3 王之江与妻子顾美玲（摄于 2014 年）

江容易过敏，她也因此放弃了这个爱好。"文化大革命"时期，在王之江因"特务嫌疑"被隔离审查的 8 个月时间内，他们家曾养过一只猫，等王之江结束隔离回家后，顾美玲就赶紧把猫送给别人。所以，为了王之江，顾美玲完全放弃了自己的喜好，全力支持他的工作、照顾他的生活。

退休后，王之江仍然时刻关注着激光技术的最新发展趋势，经常和儿子探讨一些新技术的发展情况，也经常对儿子、女儿开办的公司提些建议，也会指导儿子进行技术研发。王之江在学术上是出了名的严谨，会针对一些不成熟的想法提出非常严厉的批评，对待儿子、女儿也是如此。王颖在半导体激光器的研发过程中，有时会就技术问题请教王之江，他绝不会因为王颖不是激光专业出身而放松要求。

虽然在学术方面要求比较严格，但王之江在生活中对孩子是非常随和的，也非常关心孩子的生活。女儿王征在宝山罗店下乡插队时，每到周日王之江都会带着妻子或者儿子骑行近 30 里路去看望女儿，送点吃的。儿子王颖在南京梅山焦化厂当工人期间，他除了寄学习资料，还专门请一位同事在南京的亲戚帮忙照顾自己的儿子；王颖喜欢摄影，他就趁 1979 年到美国考察时给儿子买了一台照相机。小儿子王庆 1976 年高中毕业刚到嘉定造船厂当电焊工人时，他就买了一块手表送给王庆。这块手表虽然在一次事故中被船体上掉落下来的水泥砸中而损坏，却让王庆幸运地避免受到重伤。这些点滴事件，也让孩子们体会到了父亲对他们的关爱。

因此，孩子们也非常照顾王之江，有时间也会经常去看望他们夫妻。在美国时，儿子王颖会经常开车带着他们出门走走，王之江虽然不怎么喜欢旅游，但是非常高兴跟着儿子、孙子一起去欣赏大自然的风景，和儿子聊聊技术发展，教孙子一些科普知识等。在他们研发的高亮度半导体激光

图13-4 王之江全家合影
（后排左一王颖，左三王征，左四顾美玲，左五王之江，左六王庆。摄于2008年12月25日）

器获工业大奖时，王颖也把父亲王之江请到颁奖现场，让父亲分享成功的喜悦。

这样其乐融融的家庭氛围，加上妻子顾美玲的精心照顾，退休后的王之江过着安静、祥和而又积极向上的生活。一方面，他更多地根据自己的兴趣博览群书，涉猎历史、哲学、宗教等各类书籍。有段时间，他对历史非常感兴趣，阅读了大量人类史的书籍；有段时间又对中华文明断代发生了兴趣，儿子王颖就收集了一些相关文献寄给他，供他阅读。另一方面，他保持着对激光前沿技术发展的敏感性，会及时根据激光技术的最新发展趋势对上海光机所以及王颖公司的发展提些建议，为促进激光技术的发展发挥自己的余热。

结 语

王之江大学只读了3年，没有读过研究生，且从未到国外学习或进修过，却在光学领域取得了卓越的科学成就，其学术成长经历有许多值得学习和借鉴的地方。本文在全面回顾王之江学术成长过程的基础上，将其学术成长的过程特点总结为以下几点。

名师指教　奠定成才基础

王之江能够取得卓越的科学成就，首先得益于求学过程中一批名师的指点。

在回顾自己的学术成长经历时，王之江认为是在常州中学的学习为自己的学术生涯奠定了基础，主要体现在两个方面，一是独立学习的能力，二是扎实的数学基础。王之江从事光学设计时，并没有专门学习过应用光学的基础理论，也没有人给予他系统的专业指导，完全靠自学康拉迪的《应用光学与光学设计》(Applied Optics and Optical Design)掌握了光学设计的基本理论和方法。他的这种自学能力，实际上就是在中学阶段形成的。在常州中学求学时，代数老师冯毓厚教代数课程时用的是美国的大学教材，推荐学生课外阅读的是美国原版教材，这对王之江自学能力的提高起到了很大的作用。王之江曾直言："我独立学习的能力是在高中时代养成的，我对故乡，对江苏省常州中学的老师怀有深深的感激之情。"① 同时，光学设计工作涉及非常烦琐的光线运算和晦涩难懂的像差分析，需要有扎实的数学知识作为基础，王之江的数学基础实际上也是在中学时期打下的。在中学阶段，除了冯毓厚为他打下了扎实的代数基础，金品老师教授的几何课程则很好地培养了他的逻辑推理能力，因此，王之江在中学阶段的数学基础已经非常扎实，以至于在大连工学院学习时，他自己"觉得数学水平比那些助教强多了，考试完了，就可以写出标准答案"。② 这样扎实的数学基础是他能够做好光学设计工作并创立中国特色应用光学理论体系的根本原因。

　　大学阶段的一批名师则引导王之江走上了科学研究的道路。初到大连工学院时，王大珩本着科学要实用的理念创立了应用物理系，并在全校范围内作动员学生转系的报告。王之江坦言："听了王大珩先生动员学生转系读物理的报告。既然物理学的基础理论对世界的影响如此深远，我在第二年开始转系读物理。"③ 转学应用物理系为他后来从事应用光学、激光等研究奠定了专业知识基础。助教何泽庆则帮助他形成了注重思想方法和工作方法的良好习惯。何泽庆曾在一次辅导课上让大家在一张白纸上写出自己的读书和学习方法，这件事对王之江影响很深，以至于很多年之后仍清晰记得当时的情形。谈及此事对自己学术成长的影响，王之江说："我当时很不理解。他解释这问题的重要性：工欲善其事，必先利其器。这是我注意思想方法和工作方法的开始，我认为这是我能够做成一点工作的主要原因。"④ 引导王之江走上学术研究道路的则是大学老师吴式枢。王之江在开始从事光学设计工作时，由于只读过3年大学，没有经过专业的学术训练，根本不知道怎样进行科学研究，是吴式枢教会了他怎样去做研究。那时吴式枢已从大连工学院调到了长春，王之江经常去吴式枢那里请教问题。经过吴式枢的指导，王之江阅读了大量光学设计的文献，并重点对德国和英

---

① 王之江：要注意思想方法和工作方法。见：中国科学院院士工作局编，《科学的道路》（下卷）。上海：上海教育出版社，2005年，第1409—1411页。
② 王之江访谈，2018年11月7日，上海。资料存于采集工程数据库。
③ 同①。
④ 同①。

国两个学派的应用光学理论的优点和不足进行了分析,在此基础上创立了中国特色的光学设计理论体系。所以谈及吴式枢对自己学术成长的影响,王之江说:"我做科学研究,实际上对我影响最大的是吴式枢。"[①]

上面提及的这几位老师,冯毓厚和金品都属于常州中学校史中最为著名的名师之一,1949年以后都被调入江苏师范学院(今苏州大学)任教;王大珩、吴式枢两人是中国科学院院士;何泽庆是中国核物理学家何泽慧院士的弟弟,同样才华横溢,是学生们极为推崇的一位老师。这些名师的教导,让王之江掌握了扎实的科学知识,学会了科学研究的方法,为他后来从事科学研究打下了坚实基础。

国家需求　提供成才动力

王之江能够成长为中国光学的领军人物,除了名师的指导,还离不开国家需要的推动。

王大珩曾在《中国光学发展历程的若干思考》一文中谈及人才的培养时提出:"人才一靠培养,二靠锻炼。……培养人才需要环境,需要好的研究方向,需要有任务去锻炼,需要有时间去探索。"[②] 王之江大学毕业后参加工作的研究机构——中国科学院长春仪器馆是为研制国家急需的精密仪器而建立的,国家对精密光学仪器的迫切需求所形成的科研环境对王之江的学术成长产生了极为重要的影响。

初到长春仪器馆,王大珩就把光学设计的工作任务分配给了王之江。实际上,王之江更喜欢做理论研究,光学设计工作属于应用研究,"与理论物理相距甚远,很不符合自己的愿望。"[③] 他曾坦言,"自己曾因不愿做光学

[①] 王之江访谈,2019年10月3日,上海。资料存于采集工程数据库。

[②] 王大珩:中国光学发展历程的若干思考。见:宣明主编,《王大珩》。北京:科学出版社,2005年,第37—46页。

[③] 王之江:要注意思想方法和工作方法。见:中国科学院院士工作局编,《科学的道路》(下卷)。上海:上海教育出版社,2005年,第1409—1411页。

设计工作而要到学校去，情绪波动很大。后来认识到这种工作在中国没有基础，而且又是很需要的，就安定下来"。① 那时，由于王大珩忙于所务，龚祖同专心于光学玻璃研究，光学仪器研制所涉及的光学设计全部是王之江一人承担。面对各种各样光学仪器的研制需要，毫无光学设计理论和实践经验的王之江靠自学掌握了光学设计的基本方法，完成了大量国家急需光学仪器的光学设计任务。在大量光学设计实践的基础上，他借鉴英国、德国两个国家的光学设计理论，创新提出了新的像差理论，继而建立了中国特色的光学设计理论体系，并通过光学设计培训班为我国培养了第一代光学设计人才。这些成就的取得，完全是建立在服从国家分配的基础之上。假如王之江去从事自己感兴趣的理论物理研究，他应该也能够作出一些成绩，但很难说能够作出像创立中国应用光学理论体系、开创中国激光科学事业这样的卓越成就。

因此，在谈到人才的培养时，王之江充分肯定了科研任务与实践对人才成长的关键作用。他说："其实人才（长春光机所早期的）都是通过具体工作而得到进步的。当然，有一些人出国去深造，但多数不是，少数出国深造的其实也不见得比国内的做得高明到哪儿去。我是哪个国家也没去，就是通过具体的工作来促使自己提高的。"②

对此，王之江的大学同学、中国工程院院士姚骏恩也持有同样的观点，他说："我们那时（大连工学院）的班主任陈方培老师，曾经在他的一篇文章中问了一个问题：像王之江、姚骏恩、陈佳洱、宋家树等大连工学院创校时期的毕业生，如果毕业以后还留在大连工学院的话，他们还能不能评上院士？他的回答几乎是否定的。他认为，这些毕业生分配到的工作单位的科研条件（如领导科研的专家、科研课题和经费的来源、科研仪器设备等）对他们的学术成就起着决定性的作用。我觉得这个是有道理的。"③ 姚骏恩的这段话，实际上揭示了新中国成立初期因国家需要而形成

---

① 王之江自传（三），王之江人事档案，1955年。存于中国科学院上海光学精密机械研究所档案室。
② 王之江访谈，2018年11月8日，上海。资料存于采集工程数据库。
③ 姚骏恩访谈，2019年12月23日，北京。资料存于采集工程数据库。

的科研环境对人才成长产生的重要影响。

需要指出的是，那一时期，科研人员做的虽然是国家急需的任务，但科研环境相对宽松，为科研人员的创新提供了一个良好氛围。王之江在回顾中说过："我现在想想，觉得当时的工作条件应该说还是比较宽松的。我做光学设计，没有人逼着我一定要在什么时间完成，我有充足的时间到图书馆读书，否则的话，也是做不好的。在这种条件下，再通过实践来提高自己。"①

善思笃行　成就独特科研品质

王之江能够取得如此卓越的科学成就，还归功于他独立学习、独立思考、独立工作的科研习惯，归功于他注意思想方法和工作方法的科研工作方式。

在和王之江交谈时，他会经常说出"判断"这一词汇，这是因为他在科研活动中经常进行科学判断，在做光学设计时要对光线计算的结果进行判断，在做激光研究时要对实验现象的本质进行判断，等等。判断，既是思考的结果，也是决定下一步科研活动的依据，因此，这一词汇很好地反映出了他注重思想与方法、善于思考、不走寻常路的科研风格。

注重思想与方法、不走寻常路，是王之江能够不断创新的根本原因。以高级像差的理论创新为例。在王之江从事光学设计初期，二级光谱的校正在世界范围内都是一个难题，英国应用光学理论的数学分析方法分析不够透彻，德国理论中的级数展开方法则非常烦琐，王之江也曾请教过一些国外留学回国的专家，但都没有找到解决办法。最后，经过思考，王之江创造性地将物理光学原理引入光学设计理论，运用费马原理导出了分析高级像差的表达式，这种方法远比英国、德国的方法简捷、高效。可见，对思想与方法的重视与探索，是王之江能够提出创新高级像差理论的根本原

---

① 王之江访谈，2018年11月8日，上海。资料存于采集工程数据库。

因。再如，中国第一台红宝石激光器中直管脉冲氙灯的设计，由于梅曼在美国第一个红宝石激光器中采用的是螺旋状脉冲氙灯，我们通常的做法应该是模仿梅曼的螺旋状结构，但王之江根据光学的基本原理，指出螺旋状的效率低，所以设计出了直管脉冲氙灯。同样，激光器的照明系统也没有采用梅曼的椭圆照相形式，而是采用他自己设计的球形成像照明方式。直管脉冲氙灯和球形成像照明，这些不走寻常路的设计，使得中国的第一台红宝石激光器的效率很高，只用很小的能量就实现了激光器的成功运转，这是中国第一台红宝石激光器能够成功的根本原因。

  由于注重思想与工作方法，王之江提出的科学判断往往远超常人的认知，也因此常被质疑、误解，但他又坚持自己的观点，便逐渐在广大群众中形成了他特立独行的形象。以他在"640-3"工程中作出的系列科学判断为例。在工程开展之初，因无经验可供参考，提高激光器的输出能量是所有参与科研人员的共识，但王之江经过理论计算指出，仅提高激光器的输出能量是不能实现激光反导的目标的，必须要提高激光的亮度。这一论断远超常人的判断，在国外直到1987年美国物理学会提交的《定向能武器的科学与技术》研究报告才有类似的公开表述，所以一经提出便遭到了很多人的反对和批判。[1] 1976年，王之江根据激光打靶试验取得的大量试验数据判断，"640-3"工程采用的技术路线无法实现激光反导的目标，决定终止该工程。这个判断也远超常人的认知，美国是在2007年美国国防部提交的激光定向能武器报告中公开这一论断的，当时我国国防科学技术工业委员会情报所的工作人员根据新闻报道认为美国那时已实现相关目标，不相信王之江的判断，反对终止"640-3"工程，"640"工程总指挥钱学森也希望工程继续下去，但王之江坚持自己的判断，力主终止工程。尽管反对意见很大且来自上级领导，但王之江仍坚持自己的判断与决定，表现出来的就是与科研团体和社会的格格不入，特立独行的形象更深入人心。

  不仅仅是在科学研究上，对于科技管理体制的一些大政方针，王之江

---

[1] Bloembergen N, Patel C K N, Avizonis P, et al. Report to The American Physical Society of the Study Group on Science and Technology of Direct Energy Weapons. Reviews of Modern Physics, 1987, 59（3）: 1-200.

同样敢于表达自己的不同立场。1987年，中国科学院实行科技体制改革，要求研究所建立工厂进行产品生产，通过产业化生产实现研究所的经济自立，以减轻国家的经济负担。对这个政策，王之江公开持批评态度，认为中国科学院研究机构的专长是科学研究，不应该去从事产品生产，他直言："社会分工是社会进步的标志。中国科学院的研究所要是一竿子到底，从基础研究一直做到产品生产，一方面财力不容许，另一方面则一定走向低水平低效率。一般而言，一个机构不可能有这样全面的专长。至于形成规模经济更是工业部门的职责，不是中国科学院可能实现的目标。"强调"研究所应对产业的形成起重大作用，但不能一竿子插到底，自成体系地形成产业。"[①] 由于主张没有得到当时中国科学院领导的支持，他在一些公开场合对院领导"也不理睬，根本不管这一套，就是坚持他自己的观点"。[②] 当然，作为上海光机所一所之长，王之江还是要贯彻中国科学院的这项改革措施，但他在实施过程中始终把基础研究放在研究所所有工作的首要位置，保证了上海光机所的长远发展方向。对于1986年国家出台的跟踪国外先进研究的"863"高技术计划，王之江也持明确的反对态度，直言："对中国科学院来讲，跟踪不是正确方针，探索才应该是对的，所以'863'的跟踪方针是有问题的。"[③] 基于这样的思想，在担任"863-410"主题的指导专家时，他旗帜鲜明地反对"863-410"主题的一些专家盲目跟踪美国高能激光研究的做法，提出要根据自己的判断选择合理的技术路线进行探索。

　　王之江这种特立独行的表现，经常遭到一些人的反对、指责甚至批判，但他从不屈服于外界舆论或领导权威。这样一种科研态度，使他能够排除权威等外界因素对科学活动的干扰，始终对科学问题有清晰的判断，能够把握住科学问题的关键，这是他能够取得像创立中国特色应用光学理论体系、开创激光科学事业等卓越科学成就的根本原因。

---

① 王之江：略谈我院技术科学领域研究所的发展问题．《中国科学院院刊》，1992年第1期，第43-44页。
② 何绍康访谈，2020年1月11日，上海．资料存于采集工程数据库。
③ 王之江访谈，2019年10月3日，上海．资料存于采集工程数据库。

开拓创新　奠定中国光学事业基石

谈及王之江，人们通常知道他领导研制出了中国第一台红宝石激光器、领导开展了激光反导的"640-3"工程探索，因而称他为"中国激光之父"，但这种认识明显忽视了王之江在中国应用光学、现代光学等领域中所作出的卓越贡献。

王之江的第一个卓越科学贡献在于他奠定了中国应用光学事业发展的理论、实践和人才基础。中国应用光学学科的建立与发展，有严济慈、龚祖同、王大珩等老一辈光学家的突出贡献，其中尤以王大珩的贡献最大。王大珩领导建立了中国光学事业的摇篮——长春光机所，培养了中国光学事业的第一代"科班人才"，领导完成了"150 工程"等系列国防尖端光学仪器的研制，因贡献特别突出，王大珩有"中国光学之父"之称。但是，中国应用光学学科建立的几个重要标志——中国特色应用光学理论体系的建立、光学设计专业人才队伍的培养、象征国防尖端光学仪器"要害技术"突破的"150 工程"的光学系统的设计等工作都是王之江完成的。王之江的大学同学、长春光机所创业时期的同事吴世法曾直言："应该说，把我们国家光学设计的理论体系真正系统地建立起来，培养很多搞光学设计的专家，王之江是第一功劳，是我们国家的第一人，应该说比老一辈的贡献都大。"[1] 王大珩等老一辈光学家在中国应用光学事业建立中的贡献主要体现在技术支撑体系的建立与学科建设的组织方面，因此，王之江在中国应用光学学科建立中的贡献丝毫不亚于老一辈光学家，某种程度上说更为关键。

王之江的第二个贡献、也是最为卓越的科学贡献，在于他领导开创了中国的激光科学事业，并推进了中国激光科学事业的长远发展。1961 年，在世界上第一台红宝石激光器诞生 1 年后，王之江就领导实现了中国第一

---

[1] 吴世法访谈，2019 年 12 月 16 日，大连。资料存于采集工程数据库。

台红宝石激光器的成功运转，开创了中国的激光科学事业。在如此短的时间内就能跟上这门科学的国际发展步伐且是由中国科学家独立开创的，这在当代中国科学技术发展史中是极为罕见的。在这个过程中，王之江设计的球形成像照明激光器装置不但结构独特而且效率很高，"使红宝石棒好像泡在光源（氙灯）的像中"，[1]只用很小的能量实现了激光输出，这是中国第一台红宝石激光器成功运转的关键。1964年，王之江承担了进行激光反导探索的"640-3"工程任务，该工程最后虽然终止了，但对中国激光事业整体的发展起到了很大的推动作用，中国科学院院士干福熹、中国工程院院士范滇元等很多激光专家都高度肯定了"640-3"工程对中国激光科学整体发展水平的重要影响。在领导"640-3"工程的过程中，王之江凭借其敏锐的科学洞察力很早就提出"亮度"这一关键技术指标，带领团队自主解决了一系列技术难题，所研制装置的激光输出能量和亮度至今仍是国际上已公开数据的最高水平。20世纪80年代，在激光分离铀同位素、光信息处理、光刻机、自由电子激光等现代光学前沿领域，王之江带领团队也取得了一系列创新成果，推动了我国国防、经济建设等多方面的发展。王之江对中国激光科学事业的贡献，还体现在中国第一个专业激光研究所——上海光机所的建立和发展过程中，他是创立上海光机所的主要成员之一，并在1984—1992年连任该所所长，其坚持强激光研究方向和基础研究的举措，对上海光机所的长远发展产生了深远影响。

王大珩曾说过："激光的诞生标志着传统光学、近代光学进入现代光学和光子学的新世纪。实际上，这一发明标志着现代光学和光电子学的诞生。"[2] 中国光学在从传统光学走向现代光学的发展过程中，应用光学——传统光学的这一主要分支的建立主要依赖于王之江的卓越贡献，标志着现代光学诞生的激光学科也是由王之江领导开创的。正是由于在应用光学和激光科学领域取得的科学成就特别突出，王之江获得了国内外光学界的一致高度评价。长春光机所陈星旦院士曾直言："在光学界，我不谈王大珩

---

[1] 王大珩：激光，具有巨大的生命力，《中国激光》，2000年第12期，第1058-1062页。

[2] 王大珩：光学迈向新的世纪。见：母国光，《现代光学与光子学的进展：庆祝王大珩院士从事科研活动六十五周年专集》。天津：天津科学技术出版社，2003年，第78-102页。

先生、龚祖同先生，他们是老一辈的，就我们这一辈，王之江是光学理论方面最有学问、最有思想的，应该是第一，其他人谁也赶不上。"[1] 中国光学泰斗王大珩院士也说："王之江在我的学生中是最著名的，也是在学术上贡献最大的一个，"坦言自己也"要向自己的学生（王之江）学习"。[2] 1988年，王之江被选为美国光学学会特别会员，成为中国第一位获此荣誉的光学家。这些国内外光学界给他的高度评价和崇高荣誉，充分显示了王之江在中国光学界的杰出地位，也表明他无愧于中国光学事业"基石"的赞誉。

当前，中国正处于实现民族复兴的伟大征程之中，迫切需要年轻一代承担起建设国家的重任，希望年轻一代借鉴王之江等老一辈科学家的学术成长经历，学习他们以国家需求为己任的爱国精神，学习他们勇攀高峰、敢为人先的创新精神，学习他们追求真理、严谨治学的求实精神，学习他们淡泊名利、潜心研究的奉献精神，学习他们甘为人梯、奖掖后进的育人精神，努力奋斗，勇于创新，为中华民族的伟大复兴贡献自己的一份力量。

---

[1] 陈星旦访谈，2019年9月26日，长春。资料存于采集工程数据库。

[2] 王大珩：《七彩的分光》。南京：江苏人民出版社，2008年，第239页。

附录一　王之江年表

1930年
10月15日，出生在浙江杭州。不久，其父王翼初结束在杭州推销面粉的生意，全家回到籍贯地常州居住。后，其父任职于恒源畅染织厂，初为一般职员，后任工场长、厂长等职，1949年以后当选常州市政协委员。

1935年
夏，入读常州市教会学校恺乐小学。

1937年
秋，因抗日战争全面爆发，下乡避难停学1年。

1938年
9月，避难结束回到常州，仍就读于常州市恺乐小学。

1942年
7月，恺乐小学六年级毕业。
9月，入读江苏省立常州中学。

1945年

7月，江苏省立常州中学初中毕业。

9月，考入江苏省立常州中学高中。

1948年

7月，江苏省立常州中学高中毕业。

9月，考入江苏无锡私立江南大学，就读于化工系。

冬，受同学李新庚影响，阅读油印本《新民主主义论》等进步书籍。

1949年

5月，加入新民主主义青年团（时无锡尚未解放）。

7—8月，参加无锡青年团第一届团训班。

9月，先后被大连大学、上海交通大学（插班）录取。因上海交通大学录取的通知分发较晚等原因，决定到大连大学就读。

9月底，到大连大学报到，就读于冶金系。

1950年

10月，大连大学工学院成立应用物理系，受王大珩的影响，转入应用物理系学习。

1951年

秋，何泽庆任物理系助教，传授"工欲善其事，必先利其器"等思想，对其思想产生深远影响。

1952年

9月，大连工学院毕业，被分配到中国科学院长春仪器馆。

10月，与同班同学姚骏恩、王乃弘、吴世法、沃新能一起到中国科学院长春仪器馆报到，接受光学设计的工作任务。

自学康拉迪的《应用光学与光学设计》（*Applied Optics and Optical*

Design，王大珩留学英国伦敦大学时的教材），开展光学设计的实践探索。

1953年

为长春仪器馆仿制、试制光学仪器开展光学设计工作。1953—1954年，共完成数十项光学设计。自行完成光学设计20多种。

1954年

夏，为修复青岛观象台小赤道仪镜筒，到南京紫金山天文台、上海佘山天文台考察，成功修复镜筒。

9月，和顾美玲（她当时是南京江南光学仪器厂工人）结为夫妻。

1955年

被隔离审查，受开除团籍处分，并扣发工资。

长女王征出生。

冬，审查结束，结论清白，恢复团籍。

1956年

被评为助理研究员。

12月，被评为吉林省先进工作者。

完成《光学设计方法和高级像差分析》初稿（未发表）。

1957年

11月，开办光学设计训练班，编撰讲义，讲授课程。

被评为长春市"向科学进军积极分子"（共青团）。

11月2日，与谭维翰合著《光学信息论及其他》，多次受到所内奖励。

"反右"运动开始，被列为只专不红的典型，内控使用。

长子王颖出生。

1958年

再次开办光学设计训练班。

5月，响应"大跃进"号召，长春光机所成功研制出一系列先进光学仪器，时称"八大件、一个汤"，主持特大口径镜头等多种仪器的光学设计。

7月1日，与王乃弘、袁幼心合作翻译的《光学仪器理论》由科学出版社出版发行。

12月2日，完成《照相物镜光学设计》（油印本）讲义。

1959年

4月19日，编撰完成《光学设计方法及高级像差分析》讲义。

9月1日，完成多倍投影仪的光学设计。

9月16日，与薛鸣球合作完成广角长工作距离物镜的光学设计。

9月21日，与项敏达完成变焦距照相物镜的光学设计。

10月16日，与王乃弘、薛鸣球合作完成广角及特种物镜的光学设计。

10月16日，完成照相物镜（大口径照相物镜）的光学设计。

参加全国光学设计学术报告会，与谭维翰、薛鸣球等合作撰写论文和工作报告数十篇，19篇编入《光学设计论文集》（1964年国防工业出版社出版），该文集收录王之江的光学设计论文14篇，其中第一作者12篇。

次子王庆出生。

与邓锡铭、王乃弘、谭维翰、刘顺福、汤星里等开始光学新方向的探索，召开多次读书报告会。

1960年

春，任教吉林大学，教授应用光学。

4月，论文《高级象差理论》《同轴柱面光学系统的象差》在《物理学报》上发表。

6月，与谭维翰合作论文《关于光学成像的谱项分析及信息传递》在

《物理学报》上发表。

秋，完成"150工程"的总体论证及"150工程"观测镜头的光学结构设计。

秋，梅曼的第一台红宝石激光器报告发表，与邓锡铭、王乃弘、汤星里等专门召开读书报告会，推进激光器研究。年底，制定激光器实验方案并在小组报告。

1961年

6月，与邓锡铭合作的论文《光量子放大器》在《科学通报》上发表。

7月，中国第一台红宝石激光器装置安装完成，开始运转。

9月，中国第一台红宝石激光器出光，开创了中国激光科学技术事业。

1962年

2月，参加全国第一次光量子放大会议（长春），作《光量子放大器实验方案》《光量子放大器实验结果》报告。

优化红宝石激光器实验参数，输出能量达0.1焦，在实验中烧穿刀片。

5月，论文《光学设计》在《科学通报》上发表。

1963年

春，红宝石激光器输出能量达10焦，在实验中成功打穿钢尺。

5月，论文《电磁辐射的相干性》《受激光发射和强光光学》在《物理学报》上发表。

7月，参加全国第二届光受激发射会议，作《二年来受激光发射研究的进展》报告。

8月，与邓锡铭、孙功虞等带红宝石激光器和氦氖激光器赴中国科学院院部展示，院党组书记、副院长张劲夫陪同国家科学技术委员会主任聂荣臻观看激光演示。不久，国家有关方面决定成立专门研究激光的研究所。

9月，与邓锡铭、孙功虞赴上海开展建立激光研究所的调研，主讲《激光应用和发展前景》专题报告。

10月，与邓锡铭、孙功虞再次到上海，在衡山饭店、锦江饭店、上海大厦等当时上海三个制高点演示激光通信，在衡山饭店展示激光打孔。上海市领导同意将激光研究所建在上海。

11月，论文《论平面光栅单色计的光学质量》《光学系统的低对比分辨本领和象差的公差》在《物理学报》上发表。

1964年

1月，论文《红宝石光量子放大器》在《物理学报》上发表。论文《红宝石光量子放大器工作参数对受激发射输出能量的影响》在《科学通报》上发表。

2月，论文《光频谱振腔的结构和波型限制》在《科学通报》上发表。

4月，论文《瞬时大功率红宝石受激光发射器》在《科学通报》上发表。

4月，经中国科学院第四次院务会议批准，由助理研究员升副研究员。

5月，中国科学院光学精密机械研究所上海分所在嘉定建立，专门从事激光研究。研究所建立之初，主要开展大能量、大功率激光研究。全家迁往上海。

5月，任光机所上海分所一室副主任，领导开展大能量激光研究，即"640-3工程"，时称"100#任务"。

11月，论文《关于光学信息量》在《物理学报》上发表。

12月，领导研制的高能钕玻璃激光输出能量达1000焦。

任《物理学报》编委。

当选中国物理学会理事。

12月，当选第三届全国人民代表大会代表。

1965年

6月，论文《关于相对论的最近实验》在《物理通报》上发表。

8月20—21日，参加全国"100#任务"研讨会，提交激光辐射武器的破坏机理的报告，提出"激光作为反导弹的武器，需解决能量、亮度、效率三个主要问题"，预见了激光亮度是激光破坏的关键指标。

秋，受"四清"运动影响，被免去一室副主任职务，不再承担高能激光研究的领导工作。

10月，专著《光学设计理论基础》由科学出版社出版发行。

12月，出席中国科学院主办的"大能量激光方案论证会"。会议提出1970年实现百万焦耳能量输出的目标。

12月，钕玻璃高能激光输出达10000焦。

高能输出钕玻璃光激射器研究获中国科学院优秀奖。

1966年

6月，"文化大革命"开始，被作为反动学术权威典型，受到批判、隔离审查，被多次抄家，妻子顾美玲亦被隔离审查，岳母因此精神失常。

7月，论文《几个受激发射实验结果及解释》在《物理学报》上发表。

1967年

被隔离审查，调离研究岗位，从事体力劳动。

1968年

被诬告为国民党特务，与大批科研人员一起被集中关押，再次被抄家。

1969年

应电影镜头光学设计的需要，从事电影镜头的光学设计研究，从隔离审查状态回到科学研究岗位。

在上海和合肥先后开展室外远距离激光打靶试验。打靶试验结果表明，没有亮度的高能量激光不能实现"640-3工程"的目标，激光亮度开始作为高能钕玻璃激光探索的一个关键指标而得到重视。

1970年

开展8.75电影缩放机镜头设计、紫外照相机镜头的设计。

1971年

秋，赴合肥开展激光打靶试验的技术指导工作。

11月，在合肥参加中国科学院激光工作会议，提高激光亮度开始成为课题组的一个重要探索方向。

开展高能高亮度大口径片状钕玻璃激光器装置研究。

年底，出任"640-3工程"技术小组副组长、第一研究室副主任、第一研究室革命委员会副主任。

1972年

春，为 CO_2 气动激光项目组设计了气体喷嘴，保证了实验的顺利进行。

指导开展光学设计的计算机编程研究。

提出提高激光亮度的有效措施——提高钕玻璃的功率负载，除掉钕玻璃中的铁离子、铂杂质。

1973年

春，提出具有高能量、高亮度、高负载的大口径片状钕玻璃激光器装置的运动扫描激光实验方案，成功将输出激光的亮度提高1~2个量级，10米远激光打靶，可打穿80毫米厚的铝板。

6月19—29日，合肥董浦岛远距离激光打靶试验，在1.7千米处击穿0.2毫米厚铝靶，在2千米处将铝靶击成网状。

1974年

研制运动扫描钕玻璃激光器。

1975年

6月，论文《直角棱镜谐振腔的共振模》在《物理学报》上发表。

研制成功"105"振荡——扫描放大激光系统，输出能量达 2.8×10^4 焦，室内打靶达58毫米深。

1976年

6月6—15日，出席中国科学院、国防科学技术工业委员会和国防工业办公室联合召开的强激光工作会议，提出钕玻璃固体激光不宜作为激光反导探索的方向，终止"640-3工程"。

8月，完成基于计算机进行光学设计的光线计算768程序。

1977年

指导并参加所光学设计组，完成可计算包含柱面、偏心组元系统的775程序编写。

研制广角非球面变焦距摄影物镜。

11月，论文《光学信息处理》在《激光与光电子学进展》上发表。

被评为上海市先进科技工作者。

"高能钕玻璃激光器研究"获上海市重大科技成果奖。

1978年

3月，被评为全国科学大会先进工作者，专著《光学设计理论基础》获全国科学大会奖。

4月，中国科学院授予研究员职称。

4月，第一台红宝石激光器、多倍投影仪获吉林省重大科技成果奖。

6月，论文《几个激光光学问题》《三平板环路干涉仪》在《激光》上发表，论文《全息术和信息编码》在《科学通报》上发表。

当选第五届全国人民代表大会代表。

任《中国科学》和《科学通报》编委。

任上海光机所副所长。

"高能钕玻璃激光器研究"获中国科学院重大科技成果奖。

1979年

3月，完成可计算包含任何偏心组元系统和能定出任意弯曲形状像面的 793 程序编写。

5 月，经陈国华、梁宝根介绍，加入中国共产党，1980 年 5 月转正。

5 月，参加第七届激光工程与应用会议，作《关于中国的激光科学与技术》特邀报告。

7 月，与王能鹤合著《谈谈激光科学技术》由上海科学技术出版社出版发行。

8 月，被评为上海市劳动模范。

10 月，论文《一种全息显示方法》在《激光》上发表。

11 月，论文《访美激光观感》在《激光》上发表。

11 月，科研课题"扫描式投影光刻机"获上海市科学技术委员会审批。

11 月 29—30 日，主持上海光机所"机载激光测高仪样机"鉴定会。

兼任上海激光技术研究所所长。

当选国务院科学技术委员会测试技术与仪器仪表专业学科成员。

当选中国科学院图书情报委员会成员。

1980年

4 月，论文《关于全息术的几个问题》在《激光》上发表。

5 月，任中国国际激光会议节目委员会主席。

当选中国光学学会第一副理事长。

任《中国激光》主编。

任《物理学报》编委。

1981年

1 月，论文《光频谐振器的准几何理论》在《光学学报》上发表。

1 月 25 日至 2 月 1 日，应日本激光学会主席山中千代卫邀请，参加日本电光/激光讲习班，作特邀报告《中国的激光发展和应用》。回程顺访香港中文大学并作报告。

3 月，论文《电子与电子相互作用辐射》在《光学学报》上发表，论文《激光参数与模式测量》在《应用光学》上发表。

3月，参加全国人民代表大会会议。其间，就激光武器研究致信张爱萍，希望得到国防科学技术工业委员会支持。

3月，开始开展自由电子激光课题研究。

4月，论文《非相干光三维成像》在《光学学报》上发表。

4月30日、5月8日主持召开上海光机所8112次、8113次学术委员会会议，讨论所的发展方向、任务等问题，确定强激光等研究为光机所长远发展方向。

6月，论文《访日观感》在《激光与光电子学进展》上发表。

6月，任上海光机所副所长，兼任上海激光技术所所长，兼任中国科学院长春光机所副所长。

11月3日，经国务院批准，获博士生导师资格。

11月，论文《高亮度电子束及其作用》在《激光》上发表，论文《关于电子束的亮度极限》在《科学通报》上发表。

任美国物理学会 Chinese Physics 编委。

任 Optics Letters 海外编委。

被评为上海市劳动模范。

1982年

1月，论文《电子束干涉和自由电子辐射》在《光学学报》上发表。

3月，论文《论电子束的亮度极限》(*On the Brightness Limit of Electron Beam*) 在《科学月刊》(*A Monthly Journal of Science*) 上发表。

5月1—14日，与唐九华、沈柯参加美国国际光学工程会议，对美国工程光学、高能激光等研究进行全面考察。

5月，论文《扫描投影光刻机的光学系统设计》在《光学仪器》上发表，论文《用象散光学系统提高光谱照片的信噪比》在《光学学报》上发表。

6月1—9日，与邓锡铭等5人参加国防科学技术工业委员会主办的激光在国防上的应用会议。

6月17日，主持上海光机所8205次学术委员会会议，重点讨论了激光分离同位素课题的开展事宜。

6月28日，主持上海光机所8206次学术委员会会议，重点讨论了X光激光的开题事宜。

7月，论文《关于激光加速电子》在《科学通报》上发表。

8月，论文《光学信息处理的发展近况》在《激光与光电子学进展》上发表。

8月4—23日，与干福熹、邓锡铭等赴长春光机所参加中国科学院技术科学部学部会议、对长春光机所的评议会及所庆。

9月3日，主持自由电子激光工作讨论会。

10月30日至11月7日，参加院工作会议，参加在天津召开的同位素分离会议。

11月25日，参加全国人民代表大会全体会议，参加中国科学院举办的科技成果展览会。

当选第八届上海市人民代表大会代表。

1983年

1月，论文《环路干涉仪》在《光学学报》上发表。

3月，论文《电子束通过磁化等离子体辐射光》在《科学通报》上发表，论文《当前应用光学研究中的问题及改进的建议》在《世界科学》上发表，论文《电子束穿过磁化等离子体的光发射》在《科学月刊》上发表。

4月，与中国科学技术大学合作开展康普顿自由电子激光研究，1986年11月在国内首次实现康普顿自由电子激光的自发辐射。

6月，论文《红宝石激光大能量实验》在《光学学报》上发表。

任中国国际激光会议节目委员会主席。

任国际量子电子学会议中国地区节目委员会主席。

1984年

2月，领导开展亚微米光刻机研究。

4月，论文《一个非轴对称的光刻用光学系统》《三平板环路干涉仪的特征及其在显微术中的应用》在《光学学报》上发表。

4月11日，接待英国卢瑟福实验室激光部主任 M. H. Key 博士及夫人，参观六路大功率激光等离子体实验装置等。

任中国科学院上海光机所所长。

1985 年

2月，专著《光学设计理论基础》第二版由科学出版社出版发行。

2月，获得中国第一张电子全息图。

3月，开设拉曼自由电子激光器课题。

5月，论文《为进一步办好〈光学学报〉而努力》在《光学学报》上发表。

8月15日，中国科学院副秘书长胡启恒到上海光机所调研，就所科研情况进行汇报。

8月21日，课题1∶1扫描式投影光刻机（Ⅰ型）通过验收。该课题填补了国内在该领域的研究空白，对打破国外在该领域的"禁运"发挥了重要作用。

8月26—28日，参加中国科学院召开的激光分离铀同位素院内专家决策论证会。

8月29日至9月30日，参加第二届国际激光会议，作《超短脉冲和内腔色散补充》邀请报告。

10月，领导电子束干涉和全息研究小组，成功拍摄出 MgO 单晶颗粒的纯振幅全息图，并在一张干板上用两次曝光技术拍摄出 MgO 单晶的等厚图。

当选国务院学位委员会成员。

当选中国科学院军工委员会成员。

任《光学学报》主编。

任《物理学进展》编委。

参加以华罗庚为团长的中国科学院代表团访问朝鲜，制订院际合作协议。

1986年

4月4—5日,与干福熹、邓锡铭参加国家科学技术委员会组织的制订高技术发展计划的讨论会。

5月5—10日,接待美国Berkeley研究协会的Colson教授讲学。

6月23日至8月23日,赴日本进行学术交流。

8月,承担上海市科学技术委员会研究课题——激光打印机研制。

10月13—16日,参加中国科学院技术科学部和军工办在上海光机所召开的"863"会议,参与自由电子激光、X光激光、准分子激光等专题讨论。

12月1—2日,迎接国务院学位委员会、中国科学院学位委员会部分成员组成的研究生教育和学位授予质量评估专家组对所研究生培养工作的检查和评估。

12月30日,接待美国加州大学激光物理学家沈元壤教授。

任中国科学技术大学、浙江大学、大连理工大学兼职教授。

1987年

1月,向上级部门提交"优先发展基础研究领域的意见"的建议。

1月,主持的拉曼自由电子激光器通过国家鉴定。

2月,论文《评价光学显微镜象质的新方法》在《光学学报》上发表。

3月,论文《投影光刻机光学系统的总体设计》在《光学学报》上发表。

4月,与高能物理研究所、原子能研究所、上海原子核研究所合作开展"北京自由电子激光装置"课题研究,该装置于1993年成功出光,获1994年中国科学院科学技术进步奖特等奖。

6月11—13日,出席在上海光机所召开的激光分离原子法总体组扩大会议。

6月28日,陪同国家"863"计划强激光专家组陈能宽参观上海光机所强激光课题组。

7月1—4日，与邓锡铭一起参加"推进我国激光技术成果工业化及应用"软课题论证。

8月24—28日，参加在加拿大魁北克召开的国际光学会议，协商解决中国光学学会加入国际光学学会的问题，中国光学学会正式加入国际光学学会。

10月，论文《光计算技术进展》在《中国科学院院刊》上发表。

10月18—28日，与复旦大学章志鸣出席在美国召开的国际量子电子学特定委员会会议。

10月28日，主持的亚微米光刻机研究通过院级鉴定。

主编《光学技术手册》（上册）由机械工业出版社出版发行。

1∶1扫描式光刻机获上海市科学技术进步奖一等奖。

微分干涉相衬显微镜获中国科学院科学技术进步奖二等奖。

1988年

1月24—26日，与何慧娟、王润文等参加在广州召开的激光战略讨论会，陪同王大珩到深圳参观学习。

1月31日至2月5日，赴北京参加高技术专家组会议。

3月18日，当选上海市第九届人民代表大会代表。

3月，主持筹备激光工程技术实验室。

4月8日，参加远紫外和真空紫外反射率测量仪技术鉴定。

5月12—13日，参加在北京举行的光计算技术研讨会。

6月11—12日，出席核工业部召开的激光分离铜激光器技术论证会。

7月10—22日，出席日本国际量子电子学会议，邓锡铭同行。

7月25日，被授予美国光学学会特别会员，是中国第一位获此荣誉的光学家。

8月25日，召开上海光机所大恒公司第一届董事会第一次会议，任董事长。

8月27—31日，赴哈尔滨参加高技术专家组会议。

9月1—30日，与王育竹同行赴苏联参加非线性光学会议，作邀请报告；出席在匈牙利举办的第三次国际光学会议；出席在保加利亚举办的第五届量子电子学国际会议。

任中国国际激光材料和激光光谱学会议主席。

11月8—10日，出席中国科学院基础研究工作会议，邓锡铭、王育竹同行。

11月18—19日，在苏州西山主持召开在上海光机所试点的"在职人员申请博士、硕士学位"试点工作验收会议。

12月，向上级部门提交"发展光电子学的基础研究"的建议。

拉曼自由电子激光器获中国科学院科学技术进步奖二等奖。

1989年

2月13—15日，出席全国基础研究和应用基础研究工作会议。

2月22—23日，参加并主持我国光学与光电子发展战略研究组会议，部署参加发展战略研究人员的具体工作。

3月6—10日，参加"863"专家组会议。

3月22日，主持召开"关于激光分离同位素铀激光与光学系统的总装问题"会议，成立总体组，受命担任组长。

4月4日，出席中国科学院量子光学开放实验室第一次学术委员会会议，并被推举为学术委员会主任。

6月5—8日，出席中国光学学会第三届理事会议暨学术报告会，以副理事长身份作修改学会章程报告。

9月19—23日，接待苏联科学院院士、诺贝尔物理学奖获得者普罗霍洛夫及夫人，签署中国科学院上海光机所和苏联科学院普通物理研究所科技合作协议书。

10月5—10日，出席"863-410"专家组会议。

10月27日，课题JGD-1激光打印机通过成果鉴定。

11月13—15日，和核工业总公司钱皋韵共同主持"激光与铀原子相互作用学术讨论会"和"七五"攻关课题"激光分离铀同位素技术研究第四次专家组会议"。

任量子电子学国际理事会理事。

当选中国科学院发展战略研讨组成员。

EDL-851型准分子激光抽运染料激光器获中国科学院科学技术进步奖二等奖。

1∶1 Stepper亚微米光刻镜头获上海市科学技术进步奖二等奖。

1990年

3月1日，陪同上海市委书记、市长朱镕基参观光机所，并作工作汇报。

3月2—6日，参加"863-410"主题专家组工作会。

4月2—4日，主持量子光学开放实验室第一届学术委员会第二次会议。

4月11—12日，"七五"国家重点科技项目（攻关）计划、中国科学院重大课题"原子法激光分离铀同位素——激光与光学系统"（光束合成与光束反射系统）通过鉴定。鉴定委员会认为：装置是我国首次研制成功的用于激光分离同位素的一项重大的综合性激光光学工程，使我国成为国际上掌握这种高技术的少数国家之一。

5月10日，申请"激光技术开发实验室"院自筹开放实验室，担任实验室学术带头人。

5月20日，赴美国参加国际量子电子学会议，涉及中国申请举办会议的议题。

7月3—5日，主持的国家基金委组织软课题"我国光学与光电子发展战略"在嘉定通过专家评议。

7月14日，参加中国科学院周光召主持的上海分院所长、书记座谈会并发言。

8月5—14日，出席第15届国际光学会议。

10月19—26日，赴新加坡参加亚太光学技术大会。

12月，论文《简单的回顾与展望》在《激光与光电子学进展》上发表。

1991年

6月，向上级部门提交"技术科学的核心是应用研究"的建议。

7月，当选为国际光学工程学会特别会员。

9月，与伍树东合著的《成像光学》由科学出版社出版发行。

10月24日，参与课题"电子束干涉和电子全息术研究"通过成果鉴定。

10月，参与"863-410"课题"光学调速管的研究"通过成果鉴定。

12月，当选中国科学院学部委员（院士）。

JGD-1激光打印机获上海市科学技术进步奖一等奖。

原子法分离铀同位素激光系统和光谱测量获中国科学院科学技术进步奖一等奖。

FC-数字图像处理系统及其应用获中国科学院科学技术进步奖三等奖。

1992年

2月17日，主持的Ⅱ型1∶1扫描式投影光刻机通过中国科学院院级鉴定。

3月，论文《增强实验室X激光的亮度》（英文）在《光学学报》上发表。

3月，主持课题"光计算器件和材料的超快非线性光学特性测量"通过成果鉴定。

4月，论文《略谈我院技术科学领域研究所的发展问题》在《中国科学院院刊》上发表。

5月21—23日，中日第二届激光讨论会在日本大阪举行，任会议主席，作《X射线激光的亮度增强和X射线全息照相》特邀报告。

7月，论文《制作离轴电子全息图的新方法》在《中国激光》上发表。

出席国际激光等离子相互作用学术讨论会。

出席世界（华人）光学大会。

激光对光学薄膜损伤机理的研究获中国科学院自然科学奖二等奖。

光学调速管的研究获中国科学院自然科学奖三等奖。

电子束干涉和电子全息术研究获中国科学院科学技术进步奖三等奖。

光计算器件和材料的超快非线性光学特性测量获中国科学院科学技术进步奖三等奖。

1993年

12月，论文《纳米小孔和纳米X光显微术》在《科学通报》上发表，《电子全息法及其在观测微电场分布中的应用》在《物理学报》上发表。

当选上海市第十届人民代表大会代表。

多功能光学非线性测量仪获中国科学院科学技术进步奖二等奖。

Ⅱ型1∶1扫描式投影光刻机获中国科学院科学技术进步奖二等奖。

自由电子激光器能量理论获中国科学院自然科学奖二等奖。

原子法激光浓缩宏观测量试验（合作）获国家科学技术进步奖二等奖。

开始调查研究半导体泵浦固体激光。

1994年

3月，论文《自锁模激光器》在《物理》上发表。

3月9日，主持的"偏振小孔球面干涉仪"课题通过鉴定。

主编《光学技术手册》（下册）由机械工业出版社出版发行。

偏振小孔球面干涉仪获中国科学院科学技术进步奖二等奖。

1995年

6月，论文《光电子学·光电子技术·光电子工业》在《激光与红外》上发表，论文《三毫米波拉曼自由电子激光器实验研究》在《中国激光》上发表。

7月，论文《台式拉曼自由电子激光器建议》在《光学学报》上发表。

拉曼自由电子激光偏振器获中国科学院自然科学奖三等奖。

康普顿自由电子激光理论与实验获中国科学院自然科学奖三等奖。

1996年

5月,《拉曼自由电子激光器》在《物理》上发表。

任《非线性光学期刊》(*Journal of Nonlinear optics*)编委。

1997年

12月,获何梁何利基金科学与技术进步奖。

1998年

偏振小孔球面干涉仪获国家发明奖四等奖。

光学二维并行处理获中国科学院自然科学奖三等奖。

1999年

"大功率高效包层抽运光纤激光器""大功率二极管抽运固体激光器的光学耦合系统"两项技术获美国专利授权。

2000年

在上海光机所领导开展半导体泵浦光纤激光研究。

2001年

"光耦合系统""大功率高效包层抽运光纤激光器"两项技术获美国专利授权。

2002年

向上级部门提交"尽快开展极紫外光刻技术研究"的建议。

9月24日,赴大连理工大学参加"原子力与光子扫描隧道组合显微镜(AF/PSTM)"功能样机鉴定。

9月26日,出席上海光机所为其专门举办的从事科学研究50年庆祝活动，作《固体激光的发展》报告。

10月，受聘深圳大族激光科技产业集团股份有限公司，任副董事长兼总工程师。

"包层抽运光纤激光器"技术获美国专利授权。

2003年

11月，领导研制出"高功率掺镱双包层光纤激光器"，输出功率达107瓦，处于国内领先地位。

2004年

10月，首届中国科学院上海光机所光学设计高级讲学班开班，为学员讲授光学设计理论。

2005年

9月9日，在上海光机所作大能量激光器专题学术讲座。

10月，第二届中国科学院上海光机所光学设计高级讲学班开班，为学员讲授光学设计理论。

高功率掺镱双包层光纤激光器获上海市科学技术进步奖二等奖。

2006年

10月，参加第三届中国科学院上海光机所光学设计高级讲学班活动。

2007年

10月，参加第四届中国科学院上海光机所光学设计高级讲学班活动。

10月，出席上海光机所举办的"高功率光纤激光器及其应用发展"的东方科技论坛，任论坛主席。

主编《实用光学技术手册》，由机械工业出版社出版发行。

2008年

10 月，参加第五届中国科学院上海光机所光学设计高级讲学班活动。
大芯径光纤激光器获上海市发明创造专利奖三等奖。

2009年

10 月，参加第六届中国科学院上海光机所光学设计高级讲学班活动。
领导研制的高功率光纤激光器输出功率达 1774 瓦，达到国际先进水平。
主编《现代光学应用技术手册》(上、下册)，由机械工业出版社出版发行。

2010年

10 月，参加第七届中国科学院上海光机所光学设计高级讲学班活动。
论文《浅谈中国第一台激光器的诞生》在《中国激光》上发表。

2011年

10 月，参加第八届中国科学院上海光机所光学设计高级讲学班活动。

2012年

10 月，参加第九届中国科学院上海光机所光学设计高级讲学班活动。

2013年

10 月，参加第十届中国科学院上海光机所光学设计高级讲学班活动。
10 月 23 日，访问南京先进激光技术研究院。
11 月 2 日，参加第十届"中国光谷"国际光电子博览会暨论坛活动。

2014年

向上级部门提交"采用激光开发地热发电"的建议。

2016年

8月，到中国科学院成都光电研究所进行学术交流。

2018年

10月27日，与姜中宏一起访问南京先进激光技术研究院。

2021年

7月9日,"王之江激光创新中心"成立。

附录二 王之江主要论著目录

一、论文

[1] 王之江. 高级象差理论[J]. 物理学报, 1960, 9(4): 189-204.

[2] 王之江. 同轴柱面光学系统的象差[J]. 物理学报, 1960, 9(4): 205-213.

[3] 谭维翰, 王之江. 关于光学成象的谱项分析及信息传递[J]. 物理学报, 1960, 9(6): 305-315.

[4] 邓锡铭, 王之江. 光学量子放大器[J]. 科学通报, 1961, 6(11): 25-29.

[5] 王之江. 光学设计[J]. 科学通报, 1962, 7(10): 10-15.

[6] 王之江. 受激光发射和强光光学[J]. 物理通报, 1963(5): 238-240.

[7] 王之江. 电磁辐射的相干性[J]. 物理学报, 1963, 12(5): 320-335.

[8] 王之江. 光学系统的低对比分辨本领和象差的公差[J]. 物理学报, 1963, 12(11): 741-752.

[9] 王之江, 薛鸣球. 论平面光栅单色计的光学质量[J]. 物理学报,

1963，12（11）：705-716.

［10］吕大元，王之江，余文炎，等．瞬时大功率红宝石受激光发射器［J］．科学通报，1964，9（8）：733-736.

［11］王之江．光频谱振腔的结构和波型限制［J］．科学通报，1964，9（3）：269-271.

［12］王之江，汤星里，沈冠群，等．红宝石光量子放大器工作参数对受激发射输出能的影响［J］．科学通报，1964，9（2）：151-154.

［13］王之江．红宝石光量子放大器［J］．物理学报，1964，13（1）：63-71.

［14］王之江．关于光学信息量［J］．物理学报，1964，13（11）：1180-1181.

［15］王之江．关于相对论的最近实验［J］．物理通报，1965（6）：254.

［16］王之江，唐贵琛，余文炎．几个受激发射实验结果及解释［J］．物理学报，1966，15（7）：836-840.

［17］王之江，方洪烈．直角棱镜谐振腔的共振模［J］．物理学报，1975，24（6）：454-457.

［18］王之江．光学信息处理［J］．激光与光电子学进展，1977，14（11）：1-7.

［19］王之江．几个激光光学问题［J］．激光，1978，5（S1）：3.

［20］王之江，蔡希洁，高脐媛．三平板环路干涉仪［J］．激光，1978，5（S1）：152-153.

［21］王之江．全息术和信息编码［J］．科学通报，1978，23（12）：719-722.

［22］王之江，沃敏政，马永华，等．一种全息显示方法［J］．激光，1979，6（10）：26-27.

［23］王之江，章志鸣．访美激光观感［J］．激光，1979，6（11）：51-55.

［24］王之江．关于全息术的几个问题［J］．激光，1980，7（4）：3-8.

［25］Wang Z J, Cai X J, Wang G Y, et al. Laser beam wavefront diagnostics by a three-plate ring interferometer and a grating spatial filter system［J］. IEEE Journal of Quantum Electronics, 1981, 17（9）：1768-1771.

[26] 王之江,方洪烈. 光频谐振腔的准几何理论[J]. 光学学报,1981, 1(1):31-35.

[27] 王之江,王能鹤. 非相干光三维成象[J]. 光学学报,1981, 1(3):193-202.

[28] 沃敏政,王能鹤,王之江. 角隅棱镜干涉仪中光的偏振与干涉[J]. 光学学报,1981, 1(5):415-422.

[29] 王之江. 电子与电子相互作用辐射[J]. 光学学报,1981, 1(2):115-119.

[30] 王之江,徐至展. 高亮度电子束及其作用[J]. 激光,1981, 8(11):8-10.

[31] 王之江. 访日观感[J]. 激光与光电子学进展,1981, 18(1):1-2.

[32] 王之江. 关于电子束的亮度极限[J]. 科学通报,1981, 26(22):1359-1360.

[33] 王之江. 激光参数及模式测量[J]. 应用激光,1981, 1(1):1-4.

[34] Wang Z J. On the brightness limit of electron beam[J]. A Monthly Journal of Science, 1982, 27(5):491-492.

[35] 王之江,王能鹤,李庆熊,等. 用象散光学系统提高光谱照片的信噪比[J]. 光学学报,1982, 2(5):400-405.

[36] 王之江. 电子束干涉和自由电子辐射[J]. 光学学报,1982, 2(1):1-3.

[37] 王之江,王书泽,高瑞昌. 扫描投影光刻机的光学系统设计[J]. 光学仪器,1982, 4(2):1-5.

[38] 汤星里,潘安培,王之江. 利用增益饱和及频率锁定效应产生可调谐毫微秒序列脉冲的理论和实验研究[J]. 激光,1982, 9(5):48.

[39] 王之江,伍树东. 光学信息处理的发展近况[J]. 激光与光电子学进展,1982, 19(8):1-5.

[40] 王之江,陈守华. 关于激光加速电子[J]. 科学通报,1982, 27(13):780-783.

[41] Wang Z J. Light emission from an electron beam passing through a

magnetized plasma [J]. A Monthly Journal of Science, 1983, 28 (5): 602-603.

[42] Wang Z J, Chen S H. Electron acceleration by laser [J]. A Monthly Journal of Science, 1983, 28 (7): 994-998.

[43] 陈建文, 王之江, 林福成, 等. 光子-电子和光子-原子 (或分子) 相互作用的研究 [J]. 光学学报, 1983, 3 (3): 203-206.

[44] 王之江, 周复正, 林康春. 红宝石激光大能量实验 [J]. 光学学报, 1983, 3 (6): 521-524.

[45] 王明常, 周慧芬, 王之江. 非均匀 Wiggler 场自由电子激光器的模拟计算 [J]. 光学学报, 1983, 3 (9): 779-784.

[46] 王之江. 环路干涉仪 [J]. 光学学报, 1983, 3 (1): 52-57.

[47] 王之江. 电子束通过磁化等离子体辐射光 [J]. 科学通报, 1983, 28 (4): 211-212.

[48] 王之江. 当前应用光学研究中的问题及改进的建议 [J]. 世界科学, 1983 (2): 61-62.

[49] 王明常, 周慧芬, 王之江. 自由电子激光器的设计和 Wiggler 磁场的实验 [J]. 中国激光, 1983, 10 (S1): 588.

[50] Wang M C, Zhou H F, Wang Z J. Computer simulation of free-electron lasers with variable Wigglers [J]. Chinese Physics, 1984, 4 (2): 427-432.

[51] 王之江, 李元康, 江建忠. 一个非轴对称的光刻用光学系统 [J]. 光学学报, 1984, 4 (4): 322-324.

[52] 杨健, 伍树东, 王之江. 部分相干成像下的空间线宽确定 [J]. 光学学报, 1984, 4 (12): 1067-1073.

[53] 王之江, 陈守华. 三平板环路干涉仪的特征及其在显微术中的应用 [J]. 光学学报, 1984, 4 (4): 336-338.

[54] 楼祺洪, 袁一凤, 王之江. 高压氢中的级联泵浦受激喇曼散射 [J]. 光学学报, 1985, 5 (12): 1069-1073.

[55] 王之江, 杨本祺. 超短脉冲和腔内色散 [J]. 光学学报, 1985, 5

（8）：697-701.

［56］杨健，伍树东，王之江. 相位直边像反映的光学系统某些特性［J］. 光学学报，1985，5（5）：446-451.

［57］王之江. 为进一步办好《光学学报》而努力［J］. 光学学报，1985，5（4）：289.

［58］王之江，李元康. 高分辨 X 光显微镜的设计及其现实性［J］. 科学通报，1985，30（17）：1358-1359.

［59］张大可，陈建文，王之江. 轴向场自由电子激光器的辐射谱［J］. 应用激光，1985，5（6）：241-243.

［60］傅淑芬，陈建文，王之江，等. 电子束干涉和电子干涉仪［J］. 光学学报，1986，6（3）：257-261.

［61］陈钜涛，刘玉璞，王之江. 考虑相干作用的碰撞锁模性质的研究［J］. 光学学报，1986，6（9）：781-788.

［62］刘立人，黄洪欣，王之江. 几何近似傅里叶计算全息衍射干涉法［J］. 光学学报，1986，6（11）：988-996.

［63］傅淑芬，戚张芬，王之江. 小型高功率 XeCl 激光器［J］. 中国激光，1986，13（4）：244.

［64］陈钜涛，刘玉璞，王之江. 碰撞锁模的理论研究［J］. 中国激光，1986，13（9）：541-542.

［65］傅恩生，凌根深，王之江. 工作在可见和紫外波段的自由电子激光器［J］. 中国激光，1986，13（9）：565.

［66］Fu S F, Qi Z F, Wang Z J. Compact high power XeCl laser［J］. Science Bulletin，1987，32（22）：1572-1575.

［67］覃文骅，蔡希洁，王之江，等. 调 Q 钕玻璃激光器宽频带倍频［J］. 光学学报，1987，7（2）：151-158.

［68］傅恩生，凌根深，王之江. 工作在可见和紫外波段的自由电子激光器［J］. 光学学报，1987，7（4）：317-323.

［69］丘志仁，蔡希洁，王之江. 边带和频作用在宽频带激光频率转换中的贡献限制［J］. 光学学报，1987，7（12）：1063-1068.

[70] 王之江, 邹海兴. 投影光刻机光学系统的总体设计 [J]. 光学学报, 1987, 7 (2): 159-165.

[71] 傅淑芬, 戚张芬, 王之江. 小型高功率 XeCl 激光器 [J]. 科学通报, 1987, 32 (8): 580-582.

[72] 杨健, 王之江. 评价光学显微镜象质的新方法 [J]. 科学通报, 1987, 32 (3): 225-227.

[73] 陈钜涛, 刘玉璞, 王之江. 染料碰撞脉冲锁模的理论研究 [J]. 中国激光, 1987, 14 (2): 65-69.

[74] 孙海音, 梁培辉, 王之江. 杨氏干涉法监测激光波长 [J]. 中国激光, 1987, 14 (2): 123-125.

[75] 王之江. 光计算技术进展 [J]. 中国科学院院刊, 1987, 2 (3): 198-205.

[76] Qin W H, Cai X J, Wang Z J. Broad-band SHG of Q-switched Nd: glass laser [J]. Chinese Physics, 1988, 8 (2): 481.

[77] Fu E S, Ling G S, Wang Z J. Free electron laser in the visible or UV region [J]. Chinese Physics, 1988, 8 (2): 482-487.

[78] Fu E S, Wang Z J, Wang B, et al. Experimental study of compton type free electron laser [J]. International Journal of Electronics, 1988, 65 (3): 573-577.

[79] Yang J, Wang Z J. New method of evaluating optical microscope quality [J]. Science Bulletin, 1988, 32 (3): 251-254.

[80] 黄洪欣, 刘立人, 王之江. 谱衍射干涉的计算模拟 [J]. 光学学报, 1988, 8 (3): 222-227.

[81] 王之江, 孙保定, 路敦武, 等. 1∶1 分步亚微米光刻镜头 [J]. 光学学报, 1988, 8 (10): 928-932.

[82] 楼祺洪, 李士新, 王之江. 紫外激光消融有机物的理论和实验研究 [J]. 光学学报, 1988, 8 (11): 1024-1029.

[83] 钱秋明, 李庆熊, 王之江. 光计算机结构和算法研究的现状 [J]. 激光与光电子学进展, 1988, 25 (7): 2-3.

[84] 王之江,伍树东. 光计算技术 [J]. 激光与光电子学进展, 1988, 25 (7): 1.

[85] 傅恩生,王之江. 储存环自由电子激光器的高次谐波运转特性研究 [J]. 中国激光, 1988, 15 (5): 257-259.

[86] 傅恩生,王之江,王兵,等. 康普顿型自由电子激光器的实验研究 [J]. 中国激光, 1988, 15 (9): 553-555.

[87] Qiu Z R, Cai X J, Wang Z J. Contribution limitation of side-band sum-frequency processes to laser frequency conversion [J]. Chinese Physics, 1989, 9 (3): 820.

[88] Ma J, Liu L R, Wang Z J, et al. Controllable real-time simple spatial filter based on selectively erasing in photorefractive two-beam coupling [J]. Optics Communications, 1989, 74 (1/2): 15-18.

[89] Lin S M, Liu L R, Wang Z J. Optical implementation of the 2-D Hopfield model for a 2-D associative memory [J]. Optics Communications, 1989, 70 (2): 87-91.

[90] 马健,傅淑芬,王之江. 二次电位分布静电双棱镜 [J]. 光学学报, 1989, 9 (2): 190-192.

[91] 王明常,王之江,V.L.哥莱内斯坦,等. 光学速调管的研究 [J]. 光学学报, 1989, 9 (7): 608-617.

[92] 钱秋明,李庆熊,王之江. 光学一般三值逻辑运算器件的结构 [J]. 中国激光, 1989, 16 (12): 725-728.

[93] Huang H X, Liu L R, Wang Z J. Optical triple matrix multiplication using incoherent orthogonal imaging system [J]. Japanese Journal of Applied Physics, 1990, 29 (7A): L1287-L1289.

[94] Huang H X, Liu L R, Wang Z J. Parallel multiple matrix multiplication using an orthogonal shadow-casting and imaging system [J]. Optics Letters, 1990, 15 (19): 1085-1087.

[95] Liang M H, Liu L R, Wang Z J. Optical multichannel-scale range-tunable Fourier-transforming system: experiment [J]. Optics Letters,

1990, 15（2）: 93-95.

[96] 王之江. 贺辞 [J]. 光学学报, 1990, 10（7）: 579.

[97] 王之江. 简单的回顾与展望 [J]. 激光与光电子学进展, 1990, 27（12）: 9.

[98] 陈基忠, 王明常, 王之江, 等. 光学速调管结构喇曼自由电子激光器研究 [J]. 物理学报, 1990, 39（9）: 1379-1384.

[99] 王明常, 王之江, 周慧芬, 等. 射频自由电子激光腔的实用设计 [J]. 中国激光, 1990, 17（7）: 386-389.

[100] Huang H X, Liu L R, Wang Z J. Cyclic matrix representation for sequential multiplication of complex matrices [J]. Applied Optics, 1991, 30（23）: 3275-3277.

[101] Zhou C H, Liu L R, Wang Z J. Optical demonstration of the hartline lateral inhibition model [J]. Microwave and Optical Technology Letters, 1991, 4（12）: 547-551.

[102] Wang M C, Wang Z J, Chen J Z, et al. Experiments of a Raman free electron laser with distributed feedback cavity [J]. Nuclear Instruments and Methods in Physics Research Section A: Accelerators, Spectrometers, Detectors and Associated Equipment, 1991, 304（1/2/3）: 116-120.

[103] 丘志仁, 蔡希洁, 王之江. 宽频带激光频率转换中的色散补偿 [J]. 光学学报, 1991, 11（3）: 208-211.

[104] 吴周令, 范正修, 王之江. 强激光对薄膜的损伤研究 [J]. 物理, 1991, 20（3）: 93-96.

[105] Feng B B, Wang M C, Wang Z J, et al. A novel small-period wiggler for free-electron lasers [J]. Chinese Physics, 1992, 12（4）: 824-829.

[106] Zhou C H, Liu L R, Wang Z J, et al. Optical implementation of hopfield associative memory based on imaging system using a liquid crystal device [J]. Microwave and Optical Technology Letters, 1992, 5（13）:

673-675.

[107] Wang M C, Yuan Y L, Wang Z J. The grazing incidence, ring resonator for a free-electron laser [J]. Nuclear Instruments and Methods in Physics Research Section A: Accelerators, Spectrometers, Detectors and Associated Equipment, 1992, 318 (1/2/3): 874-876.

[108] Zhou C H, Liu L R, Wang Z J. The second-order interpattern association model and the compact optical implementation method for the second-order neural networks [J]. Optics Communications, 1992, 94 (1/2/3): 25-29.

[109] Zhou C H, Liu L R, Wang Z J. Binary-encoded vector - matrix multiplication architecture [J]. Optics Letters, 1992, 17 (24): 1800-1802.

[110] Feng B B, Wang M C, Wang Z J, et al. A novel small-period wiggler for free-electron lasers [J]. Review of Scientific Instruments, 1992, 63 (8): 3849-3851.

[111] 周常河, 刘立人, 王之江. 异联想 IPA 模型、高阶异联想 IPA 模型以及光学实现 [J]. 光电子·激光, 1992, 3 (5): 65-67.

[112] 王之江, 张正泉. 增强实验室 X 激光的亮度（英文）[J]. 光学学报, 1992, 12 (3): 284-288.

[113] 周常河, 刘立人, 王之江. Hartline 侧抑制神经网络模型的光学实现 [J]. 光学学报, 1992, 12 (5): 451-456.

[114] 汤雪飞, 范正修, 王之江. 氧化物薄膜的离子束溅射沉积 [J]. 光学学报, 1992, 12 (5): 473-475.

[115] 汤雪飞, 范正修, 王之江. 激光辐射致热单层薄膜温度响应 [J]. 光学学报, 1992, 12 (11): 1032-1037.

[116] 张雨东, 邹海兴, 王之江. 宽带折反射式紫外光刻物镜的设计 [J]. 光学学报, 1992, 12 (4): 359-364.

[117] 王桂英, 张鸿, 王之江. 超精细检测技术评述 [J]. 激光与光电子学进展, 1992, 29 (3): 1-3.

[118] 封碧波，王明常，王之江，等. 新型小周期wiggler的研制[J]. 物理学报, 1992, 41（3）: 442-447.

[119] 陈建文，高瑞昌，王之江. 脉冲全息法测量高速转镜的动态变形[J]. 应用激光, 1992, 12（6）: 249-251.

[120] 王之江，陈建文. 制作离轴电子全息图的新方法[J]. 中国激光, 1992, 19（7）: 506.

[121] 王之江. 略谈我院技术科学领域研究所的发展问题[J]. 中国科学院院刊, 1992, 7（1）: 43-44.

[122] 白迎新，陈时胜，王之江，等. 增益介质的斯塔克分裂和窄带激光自锁模[J]. 科学通报, 1993, 38（21）: 2014.

[123] Wu Y M, Liu L R, Wang Z J. Modified gamma network and its optical implementation[J]. Applied Optics, 1993, 32（35）: 7194-7199.

[124] Wu Y M, Liu L R, Wang Z J. Characteristics, routing algorithm, and optical implementation of two-dimensional perfect-shuffle networks[J]. Applied Optics, 1993, 32（35）: 7210-7216.

[125] Wu Y, Liu L R, Wang Z J. Optical programmable shifting for data processing[J]. Applied Optics, 1993, 32（26）: 4989-4991.

[126] 封碧波，王明常，王之江. 小周期波荡器自由电子激光器：数值模拟与实用化设计[J]. 光学学报, 1993, 13（1）: 1-6.

[127] 陈建文，徐至展，王之江，等. 记录X光全息图的新设想[J]. 光学学报, 1993, 13（11）: 1055-1056.

[128] 沈爱东，王海龙，王之江，等. ZnSe-ZnTe应变层超晶格的光吸收研究[J]. 光学学报, 1993, 13（3）: 281-283.

[129] 鄢雨，邹海兴，王之江. 一种紫外或深紫外光刻的1∶1折反射式光学系统[J]. 光学学报, 1993, 13（10）: 940-943.

[130] 王之江. 纳米小孔和纳米X光显微术[J]. 科学通报, 1993, 38（23）: 2205-2206.

[131] 陈建文，王之江. 电子全息法及其在观测微电场分布中的应用[J]. 物理学报, 1993, 42（12）: 1919-1927.

[132] 汤雪飞, 范正修, 王之江. 离子束溅射沉积光学薄膜速率分布 [J]. 中国激光, 1993, 20 (5): 345-348.

[133] Wu Y M, Liu L R, Wang Z J. Optical crossbar elements used for switching networks [J]. Applied Optics, 1994, 33 (2): 175-178.

[134] Tang X F, Fan Z X, Wang Z J. Surface inclusion adhesion of optical coatings [J]. Optical Engineering, 1994, 33 (10): 3406-3410.

[135] 李晓雄, 傅恩生, 王之江. 康普顿型谐波自由电子激光器的增益与饱和特性 [J]. 光学学报, 1994, 14 (3): 230-236.

[136] 白迎新, 王之江. 自锁模激光器 [J]. 物理, 1994, 23 (3): 147-152.

[137] Fu E S, Wang Z J, Wang Y Z, et al. Optical diagnostics of laser beam quality for the Beijing Free Electron Laser (BFEL) [J]. Chinese Science Bulletin, 1995, 40 (19): 1602-1607.

[138] Zhu J B, Wang M C, Wang Z J, et al. Improved pulse line accelerator-driven, high-power, high-brightness pseudospark electron beam [J]. Chinese Science Bulletin, 1995, 40 (18): 1577-1580.

[139] Wang M C, Zhu J B, Wang Z J, et al. Design of the pseudospark discharge for a Raman FEL [J]. Nuclear Instruments and Methods in Physics Research Section A: Accelerators, Spectrometers, Detectors and Associated Equipment, 1995, 358 (1/2/3): ABS38-ABS39.

[140] 向世清, 楼祺洪, 王之江. 308nm 处气体的拉曼微分散射截面值 [J]. 光学学报, 1995, 15 (1): 53-57.

[141] 汤雪飞, 范正修, 王之江. 双离子束溅射沉积薄膜的光学特性与激光损伤研究 [J]. 光学学报, 1995, 15 (2): 217-224.

[142] 王明常, 王之江. 台式拉曼自由电子激光器建议 [J]. 光学学报, 1995, 15 (7): 841-844.

[143] 王明常, 朱俊彪, 王之江, 等. 虚火花电子束源研制成功 [J]. 光学学报, 1995, 15 (2): 255.

[144] 魏在福, 王润文, 王之江. 90°束旋转环形非稳腔几何特性分析 [J].

光学学报, 1995, 15 (5): 513-519.

[145] 魏在福, 王润文, 王之江. 90°束转动环形非稳腔模场数值分析 [J]. 光学学报, 1995, 15 (6): 696-702.

[146] 朱俊彪, 王明常, 王之江. 新型电子束源: 虚火花放电室设计 [J]. 光学学报, 1995, 15 (5): 536-539.

[147] 王之江. 光电子学·光电子技术·光电子工业 [J]. 激光与红外, 1995, 25 (3): 3-5.

[148] 丁志华, 王桂英, 王之江. 相移干涉显微镜中移相误差分析 [J]. 计量学报, 1995 (4): 262-268.

[149] 傅恩生, 王之江, 王玉芝, 等. 北京自由电子激光光束质量的诊断 [J]. 科学通报, 1995, 40 (10): 875-879.

[150] 朱俊彪, 王明常, 王之江, 等. 改进的脉冲线加速器驱动的高功率高亮度虚火花电子束 [J]. 科学通报, 1995, 40 (24): 2280-2282.

[151] 陈建文, 寇雷刚, 王之江. 用电子全息法观测磁畴结构 [J]. 中国激光, 1995, 22 (9): 669-674.

[152] 黄羽, 王明常, 王之江, 等. 可调谐拉曼自由电子激光器的研究 [J]. 中国激光, 1995, 22 (11): 801-805.

[153] 王明常, 王之江, 张立芬, 等. 三毫米波喇曼自由电子激光器实验研究 [J]. 中国激光, 1995, 22 (6): 415-418.

[154] 魏在福, 王润文, 王之江. 90°束转动环形非稳腔场畸变数值模拟 [J]. 中国激光, 1995, 22 (12): 881-890.

[155] Ding Z H, Wang G Y, Wang Z J. An intelligent system for the measurement of surface microstructure [J]. Proceedings of SPIE, 1996, 2778: 27782G.

[156] Wang M C, Wang Z J, Huang Y, et al. A new beam source for free electron lasers [J]. Nuclear Instruments and Methods in Physics Research Section A: Accelerators, Spectrometers, Detectors and Associated Equipment, 1996, 375 (1/2/3): 143-146.

[157] Zhu J B, Wang M C, Wang Z J, et al. Design of high-voltage and

high-brightness pseudospark-produced electron beam source for a Raman free-electron laser [J]. Optical Engineering, 1996, 35（2）: 498-501.

[158] Ding Z H, Wang G Y, Wang Z J. Microscopic interferometer for surface roughness measurement [J]. Optical Engineering, 1996, 35（10）: 2956-2961.

[159] 丁志华, 王桂英, 王之江, 等. 智能化表面粗糙度检测仪 [J]. 计量学报, 1996（1）: 25-30.

[160] 王明常, 王之江. 拉曼自由电子激光器 [J]. 物理, 1996, 25（5）: 257-261.

[161] 朱俊彪, 王之江, 张立芬, 等. 高功率强流密度低发射度高亮度赝火花电子束产生 [J]. 物理学报, 1996, 45（6）: 924-928.

[162] 朱俊彪, 王明常, 王之江, 等. 虚火花放电产生的强流脉冲电子束流强度测量 [J]. 中国激光, 1996, 23（1）: 43-46.

[163] Zhao Q A, Fan Z X, Wang Z J. In-situ measuring and monitoring of the laser conditioning of optical coatings [J]. Proceedings of SPIE, 1997, 2966: 353.

[164] Zhao Q, Fan Z X, Wang Z J. Role of interface absorption in laser-induced local heating of optical coatings [J]. Optical Engineering, 1997, 36（5）: 1530-1536.

[165] 张需明, 王桂英, 王之江. 傅里叶变换全息术中振动模糊的影响分析 [J]. 光学学报, 1997, 17（10）: 1357-1361.

[166] 黄羽, 王明常, 王之江. 磁场预增强的锥型波荡器 [J]. 光学学报, 1997, 17（10）: 1394-1397.

[167] Wang M C, Huang Y, Wang Z J, et al. New experiment of high-brightness beam source for free electron laser [J]. Proceedings of SPIE, 1998, 3465: 340-343.

[168] 赵永华, 何慧娟, 王之江. 单纵模 BBO 光学参量振荡器 [J]. 光学学报, 1998, 18（3）: 268-271.

[169] 陈侦, 王桂英, 王之江. 移相显微干涉系统中的衍射效应分析 [J].

光学学报, 1998, 18 (7): 877-880.

[170] 赵永华, 何慧娟, 王之江. 非共线相位匹配的参量增益分析 [J]. 光学学报, 1998, 18 (12): 1611-1615.

[171] 韦春龙, 陈明仪, 王之江. 运用泽尼特多项式的相位去包裹算法 [J]. 光学学报, 1998, 18 (7): 912-917.

[172] 黄羽, 王明常, 王之江. 高电压虚火花电子束的发射度和亮度测量 [J]. 科学通报, 1998, 43 (3): 319-321.

[173] 赵永华, 何慧娟, 王之江. 近红外可调谐种子注入光学参量振荡器 [J]. 中国激光, 1998, 25 (8): 686-688.

[174] 韦春龙, 陈明仪, 王之江. 基于一维快速傅里叶变换的相位去包裹算法 [J]. 中国激光, 1998, 25 (9): 813-816.

[175] 赵强, 范正修, 王之江. 激光对光学薄膜加热过程的数值分析 [J]. 光学学报, 1999, 19 (8): 1019-1023.

[176] 赵永华, 何慧娟, 王之江. 种子注入光学参量振荡器的纵模特性研究 [J]. 中国激光, 1999, 26 (5): 385-389.

[177] 陈侦, 王桂英, 王之江. 利用 Mirau 型相关显微镜进行面型检测的研究 [J]. 中国激光, 1999, 26 (8): 706-710.

[178] 步扬, 王桂英, 王之江, 等. 共焦显微镜中变距圆光栅函数掩模的研究 [J]. 光学学报, 2000, 20 (7): 979-983.

[179] 徐至展, 王之江. 强激光科学技术的研究与发展 [C] // CCAST "强场激光物理" 研讨会. 上海: 中国科学院上海光学精密器械研究所, 2000: 11-49.

[180] 王之江. 尽快开展极紫外光刻技术研究 [J]. 科学新闻, 2002 (21): 14.

[181] 陈雷, 楼祺洪, 王之江. 纳米随机激光 [J]. 光学与光电技术, 2003, 1 (3): 5-8, 15.

[182] 楼祺洪, 周军, 王之江. 光纤激光作为激光武器的能力分析 [J]. 激光技术, 2003, 27 (3): 161-165.

[183] Zhou J, Lou Q H, Wang Z J. Research on the 20-W double-cladding fiber laser pumped by 915-nm and 975-nm diode lasers [J].

Proceedings of SPIE, 2004, 5280: 880-883.

[184] Lou Q H, Zhou J, Wang Z J. Double-cladding fiber laser and frequency doubling with PPLN [J]. Proceedings of SPIE, 2004, 5460: 31-34.

[185] Chen L, Lou Q H, Wang Z J. Study on stimulated emission from ZnO nanoparticle [J]. Proceedings of SPIE, 2005, 6020: 60201Z.

[186] 陈雷, 楼祺洪, 王之江, 等. 随机激光的发展现状 [J]. 激光与光电子学进展, 2005, 42 (5): 2-7.

[187] 陈雷, 楼祺洪, 王之江. 光在随机增益介质中的放大 [J]. 强激光与粒子束, 2006, 18 (9): 1409-1412.

[188] 陈雷, 楼祺洪, 王之江, 等. 纳米 ZnO 粉末中随机激光现象 [J]. 物理学报, 2006, 55 (2): 920-922.

[189] 王之江. 浅谈中国第一台激光器的诞生（邀请论文）[J]. 中国激光, 2010, 37 (9): 2188-2189.

二、著作

[1] 杜德罗夫斯基. 光学仪器理论 [M]. 王之江, 王乃弘, 袁幼心, 译. 北京: 科学出版社, 1958.

[2] 王之江. 光学设计理论基础 [M]. 北京: 科学出版社, 1965.

[3] 王之江, 王能鹤. 谈谈激光科学技术 [M]. 上海: 上海科学技术出版社, 1979.

[4] 王之江. 光学设计理论基础（第二版）[M]. 北京: 科学出版社, 1985.

[5] 王之江. 光学技术手册（上册）[M]. 北京: 机械工业出版社, 1987.

[6] 王之江, 伍树东. 成像光学 [M]. 北京: 科学出版社, 1991.

[7] 王之江. 光学与光电子学 [M]. 北京: 科学出版社, 1991.

[8] 王之江. 光学技术手册（下册）[M]. 北京: 机械工业出版社, 1994.

[9] 王之江. 现代光学应用技术手册（上下册）[M]. 北京: 机械工业出版社, 2010.

三、专利

[1] 王之江. 扫描式投影光刻机物镜：85 1 04369.0 [P]. 1985.

[2] 徐毓光，王之江，戎中华. 微分干涉相衬显微镜：85 1 05355.6 [P]. 1985.

[3] 王之江，张国轩，黄国松. 一种高平均功率固体激光系统：88 1 00715.3 [P]. 1988.

[4] 马国欣，邹海兴，王之江. 激光尘埃粒子计数器光学探头：ZL 90 1 02997.1 [P]. 1990.

[5] 傅恩生，沈桂荣，李颖峰，等. 激光束多种参量测试仪：ZL 91 1 07468.6 [P]. 1991.

[6] 王之江，张雨东. 有像差校正的1∶1折反射式光学系统：ZL 91 1 07489.9 [P]. 1991.

[7] 钱秋明，陈秋水，赵建明，等. 共轭等光成纵向扫描器：ZL 91 1 07491.0 [P]. 1991.

[8] 钱秋明，赵建明，杨少辰，等. 互补光束波面检测仪：ZL 91 1 07496.1 [P]. 1991.

[9] 王之江，王颖. 光学扫描方法与圆弧扫描痕迹 .5216247 [P]. 1992.

[10] 王之江，邹海兴，严琪华. 薄膜分光1∶1折反射式光学系统：ZL 92 1 13811.3 [P]. 1992.

[11] 鄢雨，邹海兴，王之江. 平行平板分光的1∶1折反射式光学系统：ZL 92 1 13820.2 [P]. 1992.

[12] 王之江，王颖. 用半导体激光产生强照明的方法和系统（一）：ZL 94 1 12281.6 [P]. 1994.

[13] 王之江，王颖. 用半导体激光产生强照明的方法和系统（二）：93112552.9 [P]. 1993.

[14] 王之江. 利用多次反射的柱形照明器：ZL 95 1 11768.8 [P]. 1995.

[15] 王之江，王颖. 用半导体激光产生强照明的方法和系统（三）：94112281.6 [P]. 1994.

[16] 丁志华, 王桂英, 王之江, 等. 表面微结构检测系统及其检测方法: ZL 96 1 16263.5 [P]. 1996.

[17] 张需明, 王桂英, 曹根娣, 等. 软 X 射线非冗余全息束中纳米针孔探头及其制备: ZL 97 1 06366.4 [P]. 1997.

[18] 陈侦, 王桂英, 王之江, 等. 超精细结构的光学测量系统: ZL 97 1 06440.7 [P]. 1997.

[19] 王之江, 潘俊华. 用于 EUV 光刻的反射光学系统: US 6331710 B1 [P]. 1998.

[20] 王之江, Alice Z.Gheen, 王颖. 大功率高效包层抽运光纤激光器: 6101199 [P]. 1999.

[21] 王之江, Alice Z.Gheen, 王颖. 大功率二极管抽运固体激光器的光学耦合系统: US 6377410 B1 [P]. 1999.

[22] 王之江, 余勤跃, 王颖. 光学耦合系统: 01821242.5 [P]. 2001.

[23] 王之江, 余勤跃, 王颖. 光学耦合系统(二): US 6462883 B1 [P]. 2000.

[24] 王之江, 余勤跃, 王颖. 光耦合系统(三): US 6556352 B2 [P]. 2001.

[25] 王之江, 余勤跃, 王颖. 大功率高效包层抽运光纤激光器(二): US 6816513 B2 [P]. 2001.

[26] 王之江, 王颖. 包层抽运光纤激光器: US 6831934 B2 [P]. 2002.

[27] 王之江, 王颖. 包层光泵光纤激光器: ZL 02809131.0 [P]. 2002.

[28] 金石琦, 王之江. 多波长光学参量高功率光纤放大装置: ZL 02 1 57654.8 [P]. 2002.

[29] 王之江, 楼祺洪, 周军. 大芯径光纤激光器: ZL 2004 1 0016478.X [P]. 2004.

[30] 楼祺洪, 何兵, 王之江, 等. 激光束组束复合平板腔: ZL 2006 1 0024488.7 [P]. 2006.

参考文献

[1] 舒美冬. 王之江科研生涯 [M]. 上海：中国科学院上海光学精密机械研究所，2015.

[2] 常州市地方志办公室. 常州史稿－近代卷 [M]. 南京：凤凰出版社，2018.

[3] 周叔莲. 自述 [M]// 国务院学位委员会办公室. 中国社会科学家自述. 上海：上海教育出版社，1997.

[4] 魏宸官. 心系玉梅桥——回忆我的中学老师 [M]// 郑焱. 沐浴夕阳. 北京：北京理工大学出版社，2009.

[5] 王之江. 要注意思想方法和工作方法. [M]// 路甬祥，中国科学院院士工作局. 科学的道路（下卷）. 上海：上海教育出版社，2005.

[6] 孙懋德，郭必康. 大连理工大学校史（1949—1989）[M]. 大连：大连理工大学出版社，1989.

[7] 王大珩. 七彩的分光 [M]. 南京：江苏人民出版社，2008.

[8] 刘金远，赵明山. 百卉含英 [M]// 大连理工大学物理与光电子工程学院发展史. 大连：大连理工大学出版社，2017.

[9] 姚志健. 回忆关东医学院大连大学 [M]// 政协大连市西岗区委员会文史资料委员会. 西岗文史资料第5辑. 大连：大连文史资料委员会出版，1990.

[10] 杨善德，吴式枢. 中国科学技术专家传略·理学编·物理学卷·2 [M]. 北京：中国科学技术出版社，2001.

[11] 本书编写委员会. 何泽慧文选与纪念文集 [M]. 太原：山西教育出版社，

2015.

[12] 王大珩. 中国光学发展历程的若干思考［M］. 北京：科学出版社，2005.

[13] Conrady A E. Applied optics and optical design［M］. London：Oxford University Press，1929.

[14] 张欣婷，向阳，牟达. 光学设计及 Zemax 应用［M］. 西安：西安电子科技大学出版社，2019.

[15] 马晓丽. 光魂：著名光学家王大珩［M］. 北京：解放军出版社，1998.

[16] 王之江. 光学设计讲义（内部资料）［Z］. 上海：中国科学院上海光学精密机械研究所，2004.

[17] 王之江. 高级象差理论［J］. 物理学报，1960，9（4）：189-204.

[18] 王之江. 光学设计理论基础［M］. 北京：科学出版社，1965.

[19] 钱临照. 钱临照文集［M］. 合肥：安徽教育出版社，2001.

[20] 严济慈. 严济慈文选［M］. 上海：上海教育出版社，2000.

[21] 卢曙火. 科学泰斗：严济慈传［M］. 杭州：杭州出版社，2004.

[22] 张应吾. 中华人民共和国科学技术大事记（1949—1988）［M］. 北京：科学技术文献出版社，1989.

[23] 严济慈. 前北京研究院物理学研究所磨制巴拿马瞄准镜样品的经过［J］. 科学通报，1950（1）：19.

[24] 毛泽东. 毛泽东选集（第八卷）［M］. 北京：人民出版社，1993.

[25] 杨菁. 当代中国史事略述［M］. 杭州：浙江人民出版社，2003.

[26] 鲁善增. 责任·使命：浙江科协 50 年［M］. 北京：科学普及出版社，2008.

[27] 胡晓菁. 赤子丹心　中华之光：王大珩传［M］. 北京：中国科学技术出版社，2016.

[28] 林大键. 工程光学系统设计［M］. 北京：机械工业出版社，1987.

[29] 宣明，孙成志，王永义，等. 中国科学院长春光学精密机械与物理研究所所志（1952—2002）［M］. 长春：吉林人民出版社，2002.

[30] 林小波. 党的八大二次会议研究［J］. 北京党史，2018（3）：33-38.

[31] Becker J. Hungry ghosts：Mao's secret Famine［M］. New York：Henry Holt &Co.，1998.

[32] 周飞舟. 锦标赛体制［J］. 社会学研究，2009，24（3）：54-77，244.

[33] 中国科学院光学精密机械仪器研究所. 在今后六年内赶上国际先进水平［J］.

科学通报，1958，3（8）：230-232.

［34］中国科学院光学精密机械研究所. 光学设计论文集［M］. 北京：国防工业出版社，1964.

［35］朱云青，胡晓菁，董佩茹. 回顾长春光机所与"150-1"大型电影经纬仪的研制 朱云青研究员访谈录［J］. 科学文化评论，2018，15（1）：79-87.

［36］叶青，朱晶. 聚焦星空：潘君骅传［M］. 北京：中国科学技术出版社，2019.

［37］王大珩. 发扬自主开发的创新精神——回忆150工程的研制［M］//母国光. 现代光学与光子学的进展，庆祝王大珩院士从事科研活动六十五周年专集. 天津：天津科学技术出版社，2003.

［38］《当代中国的国防科技事业》编辑部. 当代中国的国防科技事业［M］. 北京：当代中国出版社，2009.

［39］全国政协文史资料委员会. 中华文史资料文库（第12辑）［M］. 北京：中国文史出版社，1996.

［40］中国人民政治协商会议云南省昆明市委员会. 昆明文史资料集萃：第4卷［M］. 昆明：云南科技出版社，2009.

［41］中国科学技术协会. 中国科学技术专家传略·工程技术编·自动化仪器仪表卷·3［M］. 北京：中国科学技术出版社，2007.

［42］武衡. 东北区科学技术发展史资料 解放战争时期和建国初期 科研管理卷［M］. 北京：中国学术出版社，1986.

［43］王大珩. 我的自述［J］. 办公自动化，2012（S1）：28-34.

［44］龚祖同. 誓为祖国添慧眼［J］. 中国科技史料，1981，2（2）：62-65.

［45］曾妍，王志昆，袁佳红. 中国战时首都档案文献·战时科技［M］. 重庆：西南师范大学出版社，2017.

［46］戴念祖，张旭敏. 光学史［M］. 长沙：湖南教育出版社，2001.

［47］王大珩. 中国科学院仪器馆筹备处近况［J］. 科学通报，1951（5）：541.

［48］王之江，王能鹤. 回顾我国第一台红宝石激光器的诞生［M］//1979自然杂志年鉴. 上海：上海科学技术出版社，1980.

［49］邓锡铭. 回顾：纪念长春光机所建所三十周年［J］. 光学机械，1982（3）：12-16.

［50］王之江. 自由电子振荡辐射［J］. 中国科学院光学精密机械研究所集刊，

1963：117-132.

[51] Schawlow A L, Townes C H. Infrared and optical masers [J]. Physical Review, 1958, 112 (6)：1940-1949.

[52] 邓锡铭. 中国激光史概要 [M]. 北京：科学出版社, 1991：1-2.

[53] Maiman T H. Stimulated optical radiation in ruby [J]. Nature, 1960, 187 (4736)：493-494.

[54] 王之江. 光泵方式对受激光发射的作用 [M] // 吕大元. 受激光发射论文汇编. 北京：科学出版社, 1964.

[55] 王之江. 光泵方法中的聚焦装置性能 [M] // 吕大元. 受激光发射论文汇编. 北京：科学出版社, 1964.

[56] 王之江. 浅谈中国第一台激光器的诞生（邀请论文）[J]. 中国激光, 2010, 37 (9)：2188-2189.

[57] 杜继禄, 冯兆新. 脉冲石英氙灯的制造工艺 [M] // 吕大元. 受激光发射论文汇编. 北京：科学出版社, 1964.

[58] 汤星里, 杜继禄. 受激光发射器脉冲氙灯的若干问题讨论 [M] // 吕大元. 受激光发射论文汇编. 北京：科学出版社, 1964.

[59] 邓锡铭. 我国激光的早期发展（1960—1964）[J]. 激光与光电子学进展, 1990, 27 (12)：13-16.

[60] 王之江. 红宝石光量子放大器 [J]. 物理学报, 1964, 13 (1)：63-71.

[61] 王大珩. 激光, 具有巨大的生命力 [J]. 中国激光, 2000, 27 (12)：1058-1062.

[62] Maiman T H. Stimulated optical emission in fluorescent solids I. theoretical considerations [J]. Physical Review, 1961, 123 (4)：1145-1150.

[63] Maiman T H, Hoskins R H, D'Haenens I J, et al. Stimulated optical emission in fluorescent solids II. spectroscopy and stimulated emission in ruby [J]. Physical Review, 1961, 123 (4)：1151-1157.

[64] 王之江. 光频谐振腔的结构和波形限制 [M] // 吕大元. 受激光发射论文汇编. 北京：科学出版社, 1964.

[65] 邓锡铭. 利用 Fabry-Perot 干涉器改善受激光发射器的波形选择特性 [M] // 吕大元. 受激光发射论文汇编. 北京：科学出版社, 1964.

[66] Ladenburg R. Research on the anomalous dispersion of gases [J]. Z.Phys.,

1928, 48: 15-25.

[67] 林福成. 漫谈激光器的发明过程: 纪念激光器发明50年 [J]. 大学物理, 2010, 29 (1): 2-7.

[68] 纪锤, 群苾. 中国激光发展20年概貌 (Ⅰ) [J]. 中国激光, 1980, 7 (1): 1-12.

[69] 再创辉煌——纪念中国科学院电子学研究所成立四十周年 (内部资料) [Z]. 北京: 中国科学院电子学研究所, 1996.

[70] 魏志义, 张杰. 物理所光学研究的历史和现状 [J]. 物理, 2008, 37 (6): 400-404.

[71] 徐德祖, 于春雷. 无华的演绎——姜中宏传 [M]. 上海: 中国科学院上海光学精密机械研究所, 2018.

[72] Hecht J. Short history of laser development [J]. Optical Engineering, 2010, 49 (9): 091002.

[73] 沃新能, 王克武, 李逸蜂, 等. 光激射器的应用 [J]. 光受激发射器情报, 1965, 2 (1): 1-8.

[74] 沃新能, 李逸蜂, 王克武. 激光武器及大能量激光 [J]. 光受激发射器情报, 1966, 3 (2): 1-8.

[75]《所志》编纂办公室. 中国科学院上海光学精密机械研究所所志 (简本) [M]. 上海: 中国科学院上海精密机械研究所, 2003.

[76] 毛泽东, 中共中央文献研究室. 毛泽东文集 (第八卷) [M]. 北京: 人民出版社, 1999.

[77] 石磊, 王春河, 张宏显. 钱学森的航天岁月 [M]. 北京: 中国宇航出版社, 2011.

[78] 沃新能. 纪念《国外激光》办刊二十年 [J]. 国外激光, 1980, 17 (12): 1-11.

[79] 王之江. 辐射武器的可能性与现实性 [M] // 舒美冬. 王之江科研生涯. 上海: 中国科学院上海光学精密机械研究所, 2015.

[80] Bloembergen N, Patel C K N, Avizonis P, et al. Report to The American Physical Society of the study group on science and technology of directed energy weapons [J]. Reviews of Modern Physics, 1987, 59 (3): S1-S201.

[81] 王之江. 钕玻璃大能量激光器的发展 (1976) [M] // 舒美冬. 王之江科研生

涯.上海：中国科学院上海精密机械研究所，2015：73-91.

［82］干福熹.科海拾贝：六十年科研生涯的点滴回顾［M］.桂林：广西师范大学出版社，2011：56-57.

［83］干福熹.中国近代和现代光学与光电子学发展史［M］.上海：上海科学技术出版社，2014.

［84］坚持党的原则，排除"左""右"干扰，认真落实党对知识分子政策——关于对副研究员王之江同志的教育情况［A］.上海：中国科学院上海光学精密机械研究所，1972.

［85］中华人民共和国中央人民政府.第七章 十年"文化大革命"的内乱［EB/OL］.（2012-10-19）［2023-03-05］.http://www.gov.cn/18da/content_2247076.htm.

［86］中华人民共和国中央政府.共和国的足迹——1966年："文化大革命"十年内乱开始［EB/OL］.（2009-08-24）［2023-03-05］.http://www.gov.cn/test/2009-08/24/content_1399618.htm.

［87］马晓丽.王大珩传［M］.北京：中国青年出版社，2015.

［88］王扬宗，曹效业.中国科学院院属单位简史（第一卷下册）［M］.北京：科学出版社，2010.

［89］胡晓菁，董佩茹.追光：薛鸣球传［M］.北京：中国科学技术出版社，2020.

［90］电影镜头设计组.电影摄影物镜光学设计［M］.北京：中国工业出版社，1971.

［91］钧跃.第七届激光工程及应用会议［J］.激光与红外，1979，9（7）：30.

［92］王之江，章志鸣.访美激光观感［J］.激光，1979，6（11）：51-55.

［93］中国光学学会副理事长王之江教授作为第一位中国学者被授予美国光学学会特别会员（Fellow）荣誉称号［J］.光学学报，1988，8（11）：1017.

［94］王之江.应用光学的发展（手稿）［Z］.激光工业应用讨论会，1982.

［95］国家自然科学基金委员会.自然科学学科发展战略研究报告：光学与光电子学［M］.北京：科学出版社，1991.

［96］李元康，王书泽，翁自强.激光打靶透镜的设计［J］.中国激光，1983，10（7）：427-429.

［97］谭维翰，王之江.关于光学成象的谱项分析及信息传递［J］.物理学报，

1960, 9（6）：305-315.

[98] 王之江. 关于光学信息量[J]. 物理学报, 1964, 13（11）：1180-1181.

[99] 王之江. 光学信息处理[J]. 激光与光电子学进展, 1977, 14（11）：1-7.

[100] 金国藩. 国外光计算的进展[J]. 仪器仪表学报, 1988, 9（3）：271-283.

[101] 王之江. 尽快开展极紫外光刻技术研究[J]. 科学新闻, 2002（21）：14.

[102] 中国科学院上海应用物理研究所. 杨振宁访问上海光源[EB/OL].（2017-09-29）[2023-06-05]. http://www.sinap.cas.cn/xwzx/zhxw/201709/t20170929_4866730.html.

[103] 李鹏, 黎明, 吴岱, 等. 我国自由电子激光技术发展战略研究[J]. 中国工程科学, 2020, 22（3）：35-41.

[104] 周大凡. 原子法激光分离铀同位素[J]. 中国科学院院刊, 1986, 1（4）：342-343.

[105] 朱健强, 雷仕湛, 刘德安. 激光发展史概论[M]. 北京：国防工业出版社, 2013：260.

[106] 殷立峰, 胡企铨, 林福成, 等. Ne空阴极放电中1S2-2p反常脉冲光电流信号的研究[J]. 光学学报, 1984, 4（8）：673-679.

[107] 胡企铨, 殷立峰, 张延平, 等. 用空心阴极放电管研究金属原子的光离化过程（Ⅰ）：铀原子的共振三步光电离实验[J]. 光学学报, 1986, 6（5）：385-390.

[108] 姜均露, 辛希孟. 国家"七五"科技攻关项目计划执行情况验收评价报告汇编[M]. 北京：化学工业出版社, 1992.

[109] 司秉玉. 激光分离铀同位素学术交流会在天津召开[J]. 核科学与工程, 1986, 6（1）：2.

[110] 国务院发展研究中心课题组. 改革开放40年回顾与经验总结[M]. 北京：中国发展出版社, 2019.

[111] 樊洪业. 中国科学院编年史（1949—1999）[M]. 上海：上海科技教育出版社, 1999.

[112] 王之江. 略谈我院技术科学领域研究所的发展问题[J]. 中国科学院院刊, 1992, 7（1）：43-44.

[113] 苏瑞常. 调整科技队伍, 做到人尽其才——上海激光技术研究所打破人员只进不出局面[N]. 文汇报, 1980-08-15（1）.

[114]《上海科技》编辑部. 上海科技信息指南［M］. 上海：上海科学技术出版社，1985.

[115]苏瑞常. 为科学的春天增色［M］//上海老新闻工作者协会. 我们的脚印 第2辑 上海老新闻工作者的回忆. 上海：上海老新闻工作者协会，1997.

[116]要有敢于改革的勇气（短评）［N］. 人民日报，1980-08-21（3）.

[117]《上海科技》编辑部. 上海科技（1949—1984）［M］. 上海：上海科学技术文献出版社，1985.

[118]顾九纲，胡孝葆. 从研究所到技术开发中心［M］//中国经济体制改革研究会. 联合改组与专业化协作经验选编. 北京：机械工业出版社，1984.

[119]大江，尧民. 加强研究所经济核算的一些做法［M］//科技管理五十例. 上海：上海科学学研究所，1982：49-54.

[120]雷仕湛，邵兰星，闫海生. 中国激光史录［M］. 上海：复旦大学出版社，2016.

[121]屈景富. 现代信息技术［M］. 北京：兵器工业出版社，1997.

[122]李玉凤，马海群，佘诗武. 信息管理学概要［M］. 西安：西安出版社，1997.

[123]《共和国日记》编委会. 共和国日记（1983）［M］. 郑州：河南人民出版社，2020.

[124]金眉玉. 贺王之江先生90华诞［N/OL］. 美篇网，2019-09-29（1）［2023-03-04］. https://www.meipian.cn/2f3t52w0.

[125]王之江. 半导体激光泵浦固体激光器进展［M］//舒美冬. 王之江科研生涯. 上海：中国科学院上海光学精密机械研究所，2015：320-359.

[126]工业和信息化部电子第一研究所. 军用电子元器件领域科技发展报告［M］. 北京：国防工业出版社，2017.

[127]楼祺洪，张海波，袁志军. 光纤和光纤激光器［J］. 科学，2018，70（2）：32-37，2，4.

[128]张玉明. 中国中小上市公司成长报告（2011年度）［M］. 济南：山东人民出版社，2011：320.

[129]大族激光上市路演实录［J］.《大族人》上市专刊，2004：21-25.

[130]王之江. 怎样搞好公司的研发工作［J］.《大族人》年刊，2004：19.

[131]谢婧，王晓峰. 光学设计，现代光学仪器的灵魂：资深光学设计专家王之

江院士访谈［J］. 激光与光电子学进展，2008，45（12）：68-70.

［132］王伟之. 重思想、求实践、促交流：中科院上海光机所光学设计周专题报道［J］. 激光与光电子学进展，2008，45（11）：76-78.

［133］朱俊刚，王伟之，汤超. 名师授课 品牌凸显：中科院上海光机所光学培训月进行中［J］. 激光与光电子学进展，2009，46（11）：112-113.

［134］《上海科技年鉴》编辑部. 上海科技年鉴2008［M］. 上海：上海科学普及出版社，2008.

［135］王之江. 略谈我院技术科学领域研究所的发展问题［J］. 中国科学院院刊，1992，7（1）：43-44.

［136］王大珩. 光学迈向新的世纪［M］// 母国光，红外与激光工程编辑部. 现代光学与光子学的进展：庆祝王大珩院士从事科研活动六十五周年专集. 天津：天津科学技术出版社，2003：78-102.

后 记

与王之江院士结识始于 2008 年，那时我刚刚确定以中国激光科学发展史作为博士论文研究内容，有幸在上海光机所拜访了他。会面时，看到我对中国激光科学的发展历史不甚了解，王之江院士非常耐心地向我讲述了中国激光科学的发展概况及相关文献线索，并安排时任上海光机所办公室副主任李芬女士带我到所里的图书室、档案室查阅相关史料，这为我顺利完成博士论文的撰写奠定了重要基础。其后，我与王之江院士的联系一直未断，经常会通过邮件向他请教一些激光发展史问题，其间还到上海光机所拜访过几次。在王之江院士的指导和鼓励下，我的中国激光科学史研究取得了一点小小的成绩，相关研究也得到了王之江院士、激光学术界以及科学史界同行的认可。每每念到他这些年对我的帮助和支持，心中满是感激之情。

在与王之江院士的交往过程中，我于 2011 年就向他介绍过"老科学家学术成长资料采集工程"，提出要为他写一本传记的想法，他没有同意。2015 年，我又通过邮件提出为他写一本传记，他回复道："我讨厌那种伪造的假历史。所以一向拒绝采访、写传记之类。"与此同时，上海光机所在 2013 年启动了《王之江科研生涯》的编写工作，也曾提出为他写传记的动议，他仍一口拒绝。由于王之江在中国光学界的地位，提出写传记被他拒绝这类事情应该还有不少。2017 年 11 月，考虑到王之江院士已 87 岁高龄，其学术成长资料采集工作不宜再拖，经上海光机所领导同意，我再次向王之江院士提出为他写传记的想法，终于得到了他的同意。关于同意我来写这本传记的原因，王之江院士在不同场合解释过，说是我发表的《历尽艰辛 锐意创新——中国第一台红宝石激光器的研制》那篇论文打动了他，他认为那篇论文比较符合史实。所以，在传记的撰写过程中，他一再叮嘱我要忠实于档案等史料，要像写"中国第一台红宝石激光器"那样真实撰写他的学术成长经历。2019年，"王之江学术成长资料采集"正式被中国科协立项，王之江传记的撰写工作正式开始。

为获得可靠的史料，我先后到过上海、长春、大连、北京、苏州、常州、深圳等地调研，访谈了长春光机所陈星旦院士和黄营生（同事），北京理工大学姚骏恩院士（同学），苏州大学潘君骅院士（同事），大连理工大学吴世法教授（同学），上海光机所姜中宏院士、何绍康、高瑞昌、陈国华等同事，上海激光技术研究所聂宝成（同事）和沈冠群（学生），大族激光副董事长张建群，以及王之江的妻子顾美玲、长子王颖等，他们为传记的撰写提供了丰富的口述史料和照片等原始史料。在采集资料过程中，我还得到了上海光机所、长春光机所、大连理工大学、江苏省常州中学等单位的大力支持。上海光机所所长陈卫标在百忙之中为本传记写序，舒美冬、何绍康、高瑞昌提供了编写《王之江科研生涯》的所有资料，吴燕华主任、岳文杰、陶玲、赵纯、杨洁等为采集档案等史料提供了诸多便利和无私帮助。长春光机所董佩茹多次为我查找相关档案，大连理工大学校史馆刘思远、江苏省常州中学陈晓霞、大族激光陈碧艳也在资料采集方面给予了无私帮助，很多参与采集的同行、专家也提供了一些帮助，这里不再一一列出。在此对以上所有为本传记撰写提供大力帮助的专家、学者以及工作人员表示衷心的感谢！

王之江院士一直活跃在科学前沿，长春光机所和上海光机所保存了大量关于他的档案史料，其中包括他创新高级像差的手稿、设计第一台红宝石激光器结构的手稿、领导开展"640-3工程"过程的手稿等大量科研档案，还包括为王之江落实知识分子政策、入党手续、担任所长时的工作总结等系列文书档案。同时，王之江的人事档案也保存了他撰写的几份个人自传，这些原始档案为本传记的撰写提供了坚实的史料基础。丰富的档案史料，加以大量的口述访谈史料、原始论文以及王大珩等与王之江联系密切的科学家传记内容等，且有不同类型的史料相互佐证，基本保证了本传记内容的真实性与客观性。

传记撰写期间正值新冠疫情时期，因王之江院士居住在美国，我无法与王之江院士面谈传记内容，但一直通过邮件保持着联系，每完成一部分的撰写，就发给他审阅。王之江院士会在很短的时间内对文稿中部分与史实不符的地方进行订正。比如1964年秋输出能量为104焦的钕玻璃激光器的钕玻璃棒长度值，《无华的演绎——姜中宏传》中记录为1米，我最初也采用了这一数值，后经王之江院士订正，才将钕玻璃棒长更正为15厘米。经王之江院士订正的内容还有很多，这里不再一一列举。

王之江院士是当代中国光学学科的奠基人及其发展见证者，通过这本传记，我们不仅可以了解到王之江院士创新、奉献的科研经历，同时还能了解到当代中国光学发展的一些重要史实以及很多不为人知的历史细节。比如，中国特色应用光学理论体系是王之江创立的，新中国第一代专业的光学设计人才是王之江培养出来的，"150工程"的光学系统是王之江设计的，第一台红宝石激光器研究是"大跃进"时期的"黑课题"，等等。假如没有这个采集项目，后人很难了解到这些史实与细节。所以在传记完成之时，我非常庆幸王之江院士答应我为他写一本传记的请求。

初稿完成后，导师胡化凯先生、"老科学家学术成长资料采集工程"首席专家张黎教授等专家对全文进行了审阅，并提出了许多修改意见，在此谨向他们表示衷心的谢意！

传记从开始酝酿到成稿历经4年，感觉有些仓促，难免有一些不足之处，真诚欢迎诸位专家批判指正。

陈崇斌

2023年8月16日

老科学家学术成长资料采集工程丛书
已出版（161种）

《卷舒开合任天真：何泽慧传》　《此生情怀寄树草：张宏达传》
《从红壤到黄土：朱显谟传》　　《梦里麦田是金黄：庄巧生传》
《山水人生：陈梦熊传》　　　　《大音希声：应崇福传》
《做一辈子研究生：林为干传》　《寻找地层深处的光：田在艺传》
《剑指苍穹：陈士橹传》　　　　《举重若重：徐光宪传》

《情系山河：张光斗传》　　　　《魂牵心系原子梦：钱三强传》
《金霉素·牛棚·生物固氮：沈善炯传》《往事皆烟：朱尊权传》
《胸怀大气：陶诗言传》　　　　《智者乐水：林秉南传》
《本然化成：谢毓元传》　　　　《远望情怀：许学彦传》
《一个共产党员的数学人生：谷超豪传》《没有盲区的天空：王越传》

《含章可贞：秦含章传》　　　　《行有则　知无涯：罗沛霖传》
《精业济群：彭司勋传》　　　　《为了孩子的明天：张金哲传》
《肝胆相照：吴孟超传》　　　　《梦想成真：张树政传》
《新青胜蓝惟所盼：陆婉珍传》　《情系梁菽：卢良恕传》
《核动力道路上的垦荒牛：彭士禄传》《笺草释木六十年：王文采传》

《探赜索隐　止于至善：蔡启瑞传》《妙手生花：张涤生传》
《碧空丹心：李敏华传》　　　　《硅芯筑梦：王守武传》
《仁术宏愿：盛志勇传》　　　　《云卷云舒：黄士松传》
《踏遍青山矿业新：裴荣富传》　《让核技术接地气：陈子元传》
《求索军事医学之路：程天民传》《论文写在大地上：徐锦堂传》

《一心向学：陈清如传》　　　　《铃记：张兴铃传》
《许身为国最难忘：陈能宽传》　《寻找沃土：赵其国传》

《钢锁苍龙　霸贯九州：方秦汉传》
《一丝一世界：郁铭芳传》
《宏才大略　科学人生：严东生传》

《我的气象生涯：陈学溶百岁自述》
《赤子丹心　中华之光：王大珩传》
《根深方叶茂：唐有祺传》
《大爱化作田间行：余松烈传》
《格致桃李半公卿：沈克琦传》
《躬行出真知：王守觉传》
《草原之子：李博传》

《此生只为麦穗忙：刘大钧传》
《航空报国　杏坛追梦：范绪箕传》
《聚变情怀终不改：李正武传》
《真善合美：蒋锡夔传》
《治水殆与禹同功：文伏波传》
《用生命谱写蓝色梦想：张炳炎传》
《远古生命的守望者：李星学传》

《善度事理的世纪师者：袁文伯传》
《"齿"生无悔：王翰章传》
《慢病毒疫苗的开拓者：沈荣显传》
《殚思求火种　深情寄木铎：黄祖洽传》
《合成之美：戴立信传》
《誓言无声铸重器：黄旭华传》
《水运人生：刘济舟传》
《在断了A弦的琴上奏出多复变
　　最强音：陆启铿传》

《虚怀若谷：黄维垣传》
《乐在图书山水间：常印佛传》
《碧水丹心：刘建康传》

《我的教育人生：申泮文百岁自述》
《阡陌舞者：曾德超传》
《妙手握奇珠：张丽珠传》
《追求卓越：郭慕孙传》
《走向奥维耶多：谢学锦传》
《绚丽多彩的光谱人生：黄本立传》

《探究河口　巡研海岸：陈吉余传》
《胰岛素探秘者：张友尚传》
《一个人与一个系科：于同隐传》
《究脑穷源探细胞：陈宜张传》
《星剑光芒射斗牛：赵伊君传》
《蓝天事业的垦荒人：屠基达传》

《化作春泥：吴浩青传》
《低温王国拓荒人：洪朝生传》
《苍穹大业赤子心：梁思礼传》
《仁者医心：陈灏珠传》
《神乎其经：池志强传》
《种质资源总是情：董玉琛传》
《当油气遇见光明：翟光明传》
《微纳世界中国芯：李志坚传》
《至纯至强之光：高伯龙传》

《弄潮儿向涛头立：张乾二传》
《一爆惊世建荣功：王方定传》
《轨轨丹心：沈志云传》
《继承与创新：五二三任务与青蒿素研发》

《淡泊致远　求真务实：郑维敏传》
《情系化学　返璞归真：徐晓白传》
《经纬乾坤：叶叔华传》
《山石磊落自成岩：王德滋传》
《但求深精新：陆熙炎传》
《聚焦星空：潘君骅传》

《逐梦"中国牌"心理学：周先庚传》
《情系花粉育株：胡含传》
《情系生态：孙儒泳传》
《此生惟愿济众生：韩济生传》
《谦以自牧：经福谦传》

《世事如棋　真心依旧：王世真传》
《大地情怀：刘更另传》
《一儒：石元春自传》
《玻璃丝通信终成真：赵梓森传》
《碧海青山：董海山传》

《追光：薛鸣球传》
《愿天下无甲肝：毛江森传》
《以澄净的心灵与远古对话：吴新智传》
《景行如人：徐如人传》

《材料人生：涂铭旌传》
《寻梦衣被天下：梅自强传》
《海潮逐浪　镜水周回：童秉纲口述人生》

《采数学之美为吾美：周毓麟传》
《神经药理学王国的"夸父"：金国章传》
《情系生物膜：杨福愉传》
《敬事而信：熊远著传》

《恬淡人生：夏培肃传》
《我的配角人生：钟世镇自述》
《大气人生：王文兴传》
《历尽磨难的闪光人生：傅依备传》
《思地虑粮六十载：朱兆良传》

《心瓣探微：康振黄传》
《寄情水际砂石间：李庆忠传》
《美玉如斯　沉积人生：刘宝珺传》
《铸核控核两相宜：宋家树传》
《驯火育英才　调土绿神州：徐旭常传》

《通信科教　乐在其中：李乐民传》
《力学笃行：钱令希传》
《与肿瘤相识　与衰老同行：童坦君传》

《没有勋章的功臣：杨承宗传》　　　《科学人文总相宜：杨叔子传》

《百年耕耘：金善宝传》　　　　　　《一生情缘植物学：吴征镒传》
《耕海踏浪谱华章：文圣常传》　　　《一腔报国志　湿法开金石：
《守护女性生殖健康：肖碧莲传》　　　　陈家镛传》
《心之历程：夏求明传》　　　　　　《"卓"越人生：卓仁禧传》
《仰望星空：陆埮传》　　　　　　　《步行者：闻玉梅传》
《拥抱海洋：王颖传》　　　　　　　《潜心控制的拓荒人：黄琳传》
《爆轰人生：朱建士传》

《献身祖国大农业：戴松恩传》　　　《一位"总总师"的航天人生：
《中国铁路电气化奠基人：曹建猷传》　　　任新民传》
《一生一事一方舟：顾方舟传》　　　《扎根大地　仰望苍穹：
《科迷烟云：胡皆汉传》　　　　　　　　俞鸿儒传》
《寻找黑夜之眼：周立伟传》　　　　《锻造国防"千里眼"：毛二可传》
《泽润大地：许厚泽传》　　　　　　《地学"金钉子"：殷鸿福传》